리폼드 시리즈 REFORMED SERIES

개혁주의는 하나님 중심, 말씀 중심, 교회 중심의 신학을 말합니다. '성령으로 돌아가자'던 종교개혁자들의 외침을 따라 하나님의 주권에 복종하고 성경의 권위를 인정하고 근본 교리를 믿었던 사람들이 바로 개혁주의자들입니다. 존 칼빈, 존 번연, 리처드 백스터, 조나단 에드워즈, 존 오웬 등은 대표적인 개혁주의 신학자들입니다. 그들 신앙의 중심에는 성경이 있었고 성경의 바른 교리를 따라 성도들을 가르쳤습니다. 오늘 우리는 그 어느 때보다 신앙의 근본이 절실한 시대를 살고 있습니다. 생명의말씀사는 신앙 선배들의 깊은 통찰이 담긴 양서들을 새롭게 단장하여 한국교회를 섬기고자 합니다.

쉽게 읽는
죄와 유혹

TRIUMPH OVER TEMPTATION
edited by James M. Houston

Copyright © 2005 by James M. Houston
Copyright © 1983 as SIN AND TEMPTATION by James M. Houston
Cook Communications Ministries, 4050 Lee Vance View,
Colorado Springs, Colorado 80918 U.S.A.
All rights reserved.

Korean Edition published by Word of Life Press, Seoul 2007, 2016
Translated and published by permission.
Printed in Korea.

쉽게 읽는
죄와 유혹

© 생명의말씀사 2016

2016년 11월 21일 1판 1쇄 발행

펴낸이 | 김재권
펴낸곳 | 생명의말씀사

등록 | 1962. 1. 10. No.300-1962-1
주소 | 서울시 종로구 경희궁1길 5-9(03176)
전화 | 02)738-6555(본사)·02)3159-7979(영업)
팩스 | 02)739-3824(본사)·080-022-8585(영업)

기획편집 | 박미현, 유영란
디자인 | 김혜진
인쇄 | 영진문원
제본 | 정문바인텍

ISBN 978-89-04-16566-7 (04230)
ISBN 978-89-04-00161-3 (04230)

저작권자의 허락없이 이 책의 일부 또는 전체를
무단 복제, 전재, 발췌하면 저작권법에 의해 처벌을 받습니다.

쉽게 읽는
죄와 유혹

Triumph over Temptation

존 오웬 지음 | 조계광 옮김 | 제임스 휴스턴 엮음

JOHN OWEN

CONTENTS

이 책에 대하여
존 오웬과 본서의 적절성_ 제임스 휴스턴 · 6
서문 J. I. 패커 · 12

PART 1 . THE NATURE, POWER, DECEIT, AND PREVALENCY OF INDWELLING SIN

신자 안에 거하는 죄

1. 죄가 내주한다는 현실	· 42
2. 죄의 본질	· 60
3. 생각을 기만하는 죄	· 90
4. 감성을 유혹하는 죄	· 128
5. 의지를 끌어내는 죄	· 136
6. **점검 /** 신자의 삶에 침투하는 죄	· 158

PART 2. OF TEMPTATION
유혹에 대해서

7. 유혹과 시험	· 182
8. 시험에 든다는 것	· 194
9. 모든 신자를 노리는 유혹	· 202
10. 모든 심리를 꿰뚫는 유혹	· 218
11. 모든 순간을 덮치는 유혹	· 228
12. **지침** / 그리스도의 인내의 말씀	· 244

PART 3. OF THE MORTIFICATION OF SIN IN BELIVERS
죄 죽임

13. 육신의 행실을 죽인다는 것	· 264
14. 죄를 죽이는 일반 원칙	· 278
15. 특정한 죄 죽임의 실천	· 294
16. **지침** / 오직 그리스도, 오직 성령	· 328

이 책에 대하여

존 오웬과 본서의 적절성

요즘 세대는 자기만족과 나르시시즘을 숭배하는 이유로 종종 "자기중심 세대"로 불린다. 한 저명한 심리학자가 "도대체 죄는 어떻게 되고 만 것일까?"라고 문제를 제기했지만 우리 사회는 귀를 틀어막은 채 관심이 없다. 허버트 모러는 이 점을 아래와 같이 솔직하게 지적했다.

> 우리 심리학자들은 수십 년간 죄와 도덕적 책임이라는 문제를 끔찍한 악몽으로 간주하고 그로부터의 해방을 획기적인 사건이라며 쌍수를 들어 환영했다. 하지만 "죄"를 "질병"이라는 말로 얼버무리며 확보한 "자유"가 결국에는 방향을 잃고 헤매는 위험을 자초한 셈이었다는 사실을 발견하기에 이르렀다.[1]

우리는 이제야 비로소 탕자의 비유가 일깨워주는 진리, 즉 도덕적 책임을 회복해야만 진정한 자아실현이 가능하다는 진리를

---

1 Herbert Mowrer, "Sin, the Lesser of Two Evils," *American Psychologist* XV (1960): 301-304.

깨닫기 시작했다. 이 시대에 변화가 일어나려면 다시 한 번 죄를 자각해야 한다. 형식적이고 피상적인 기독교는 결코 그런 자각을 일깨워줄 수 없다. 존 오웬의 『신자 안에 거하는 죄 *Indwelling Sin in Believers*』와 같은 작품에 관심을 기울여야 하는 이유가 여기에 있다. 이 저작물뿐만 아니라 동일한 주제를 다룬 두 편의 다른 저작도 이 시대 사람들에게 소개하는 것이 매우 중요하다고 생각한다.

이 책의 필요성

존 오웬은 누구인가

존 오웬은 1616년에 태어나서 1683년에 세상을 떠났다. 그는 청교도 혁명, 찰스 1세의 처형, 아일랜드 전쟁, 왕정복고, 비국교도에 대한 탄압 등과 같은 소란한 사건들이 일어났던 역사의 격변기를 풍미했다. 그는 건강이 나빴으며 변화무쌍한 인생을 살았다.

회중교회의 지도자였던 오웬은 당시의 청교도 학자들 가운데 가장 위대한 인물로 손꼽혔다. 그는 몇몇 부유층 가족을 섬기는 목사로 일하다가 아일랜드에서 크롬웰의 종군목사를 지냈으며, 옥스퍼드 크라이스트처치 칼리지의 학장을 거쳐 옥스퍼드대학의 부총장을 역임했다. 잉글랜드를 위한 그의 야심은 원대했다. 그는 경건한 신자들로 구성된 의회가 국가를 다스리게 되기를 원했다. 그는 목회자와 설교자와 신학자로도 전국에 명성을 떨쳤으며, 친구들은 그를 "잉글랜드의 칼빈"으로 추앙했다.

오웬은 교회사의 한 획을 긋는 뛰어난 인물이다. 다섯 권으로 된 그의 성령론은 조직신학 분야에서 그 주제에 관한 한 영국인으로서 가장 탁월한 기여를 했다고 평가된다. 그의 히브리서 주석 역시 위대한 작품이다.

인간 안에 거하는 죄의 현실을 알라

존 오웬은 경건생활을 주제로 한 실천신학 분야에서도 중요한 저작 몇 권을 남겼다. 본서에 실은 세 편의 저작도 그 분야의 주요 저작물이다.

첫 번째 저작은 1656년 『죄 죽임 *Of the Mortification of Sin in Believers*』이라는 제목으로 출판되었다. 이 저작은 존 오웬이 크라이스트처치 칼리지의 학장과 옥스퍼드대학의 부총장을 지내는 동안 옥스퍼드대학에서 2주에 한 번씩 전했던 설교 내용을 편집한 것이다. 오웬의 친구들은 그에게 다른 설교들도 출판하자고 권유했는데, 그 결과 1658년에 『유혹에 대해서 *Of Temptation*』가 빛을 보게 되었다. 그 무렵은 분열상황이 악화되어 잉글랜드에서 청교도의 영향력이 점차 쇠퇴하던 시기였다. 세 차례의 소요가 일어나면서 급기야는 2년 뒤에 왕정복고가 이루어졌다. 오웬은 그런 상황을 겪으면서 개인적으로 경건에 힘쓰기를 원했는데, 그 결실이 작품으로 탄생한 것이다.

『신자 안에 거하는 죄의 본성과 힘과 속임수와 위력 *The Nature, Power, Deceit, and Prevalency of Indwelling Sin*』이라는 이름의 세 번째 저작은 오웬과 그의 친구들이 비국교도에 대한 탄압 아래 고초를 당하던 1667년에 저술되었다. 그는 한때 옥스퍼드를 방문했다가 가까스로 체포와 투옥을 모면하기도 했는데, 그는 "숨을 죽이고 지내는 동안에" 이 책을 포함해 여러 편의 글을 썼다.

오웬은 잉글랜드 공화국(청교도 혁명으로 왕정이 일시 폐지되었던 기간 _옮긴이 주) 말기의 현상들을 목격하며 신자 안에 죄가 내재하는 현실을 확인할 수 있었다. 그는 왕이 되려는 크롬웰의 개인적인 야심을 비판했으며, 동포들의 분열과 갈등에 정면으로 대처했다. 하지만 그는 나중에 "경건한 자들의 왕국"을 세우고자 했던 꿈이 좌절되는 현실을 목격해야 했다. 오웬의 정치적인 열망은 물거품처럼 사라지고 말았다. 그는 그 원인을 신자들 안에 내재하는 죄에 있다고 생각했다.

우리 시대의 교회가 인간의 마음에 존재하는 죄의 현실을 계속 무시한다면 오웬과 비슷한 경험을 하게 될지 모른다.

이 세 편의 저작들은 마음이 움직이는 원리와 동기를 깊이 들여다보는 기회를 준다. 항상 철저하게 분석적인 태도를 취한 오웬은 또한 매우 겸손했고 성경의 권위를 온전히 받아들였다.

지금도 오웬의 설교가 필요한가

본서는 오웬의 저작 세 편을 약간 축약해 고쳐 썼다. 하지만 존 오웬의 문체와 특성을 최대한 살리려고 세심한 주의를 기울였다. 수려한 문체 뒤에 감추어진 그의 사상은 글로 표현된 것보다 훨씬 더 심오하다. 그의 문체는 라틴어풍이고, 논제를 철저히 분석하려다 보니 다소 중복된 듯한 인상을 준다. 또한 많은 소주제와 항목과 대소요지로 나뉘어져 약간 혼란스러운 느낌이 들기도 한다. 이런 이유로 축약하지 않은 원본은 내용이 좀 산만해 열심 있는 독자만이 끝까지 논리를 추적할 수 있는 형편이다.

본서는 윌리엄 굴드가 1850년에서 1853년 사이에 편집한 저서를 토대로 했으며, 오웬의 작품을 간추려 옮기는 과정에서 당시 그가 취했던 입장을 따르려고 노력했다.

오웬의 시대를 포함해 그 어느 시대의 신학 작품에서 이토록 심오하고 포괄적인 사상의 보고(寶庫), 즉 하나님의 생각을 이보다 더 명료하고 확고하게 대변하는 거룩한 지식의 보고를 발견할 수 있단 말인가? 실로 그의 작품은 황금이 가득 매장된 광산과 같다. 인내심 있게 이를 파헤치는 사람은 반드시 찬란한 천연의 금맥을 발견하게 될 것이다.[2]

약간의 돌과 자갈을 걷어낸 뒤 순금을 캐내는 횡재를 얻듯이 현대의 독자들이 본서를 통해 비교적 쉽고 빠르게 진리의 금맥을 발견했으면 하는 것이 우리의 바람이다.

오웬이 저술가보다는 설교자로서의 소양을 더 많이 갖추었기 때문에 오웬의 책은 소리를 내어 읽으면 좀 더 쉽게 이해할 수 있다. 소리 내어 읽다 보면 그의 말들이 생동감 있게 다가오면서 진리가 더욱 선명하게 깨달아질 것이다.

아울러 오웬에 대해 서문을 써주신 J. I. 패커 박사에게 감사드린다. 세계적으로 존경받는 신학자가 서문을 써주셔서 오웬의 사상에 많은 유익이 담겨 있음을 알릴 수 있었다. 패커 박사는 오웬의 사상이 여전히 우리 모두에게 중요한 의미를 지니는 이유를 명쾌하게 밝혀주었다.

_ 제임스 휴스턴 (리젠트신학교 초대학장)

---

[2] A. Chalmers, *Life of Owen*(1850).

서문

지난 주일에 예배를 마치고 교회 문을 나서는데 한 젊은이가 "지금 목사님 친구 분이 쓴 책을 읽는 중입니다. 그분은 저를 속 속들이 아는 것 같아요"라고 말하며 웃음을 지었다.

나는 "누가 쓴 책인데요?"라고 물었다.

"존 오웬입니다. 그는 제 내면에서 현재 떠오르는 생각은 물론 다음에 떠오를 생각까지 정확히 꿰뚫고 있어요. 참으로 놀랍습니다." 그의 대답이었다.

나도 1947년에 수 세기 전 인물인 오웬의 저작을 읽고 큰 도움을 얻었던 적이 있다. 그의 작품은 자칫 그릇된 경건주의에 빠져 영적인 건전성을 잃을 뻔했던 나를 구해주었다. 그런 경험이 있던 터라 그 젊은이의 말에 쉽게 공감할 수 있었다.

오웬은 1683년에 세상을 떠났다. 그럼에도 여전히 그의 저작들은 모두 책으로 출판되고 있다. 아무도 그가 가장 위대한 영국 신학자라는 데에 이의를 제기하지 않는다. 그는 과연 어떤 인물이며, 그의 저작이 독자들에게 지속적인 영향력을 행사하는 이유는 과연 무엇일까?

오웬은 1616년에 태어났다. 그는 12세의 나이에 옥스퍼드 퀸스 칼리지에 입학해 1635년에 석사학위를 취득했다. 그는 학자로서 대성하길 꿈꾸며 열심히 공부했다. 하지만 20대 초반에 극도의 쇠책감에 사로잡혀 심한 정신적 혼란에 휩싸인 나머지 석 달이나 말을 제대로 하지 못하는 지경에 빠지고 말았다. 그러나가 점차 그리스도를 신뢰하는 법을 터득했고 마침내 마음의 평화를 회복했다.

1637년에 그는 양심상의 이유로 대학을 그만두고 목회자의 길에 들어섰다. 그는 1640년대에 올리버 크롬웰의 종군목사로 일했으며, 1651년에는 옥스퍼드대학에서 가장 규모가 컸던 크라이스트처치 칼리지의 학장이 되었다. 그 이듬해 부총장에 임명된 그는 뛰어난 행정수완을 발휘해 옥스퍼드대학의 눈부신 발전을 일궈냈다. 1660년 이후부터는 혹독한 박해 속에서 독립교회파를 이끌었다. 그러던 중 하버드대학의 총장직을 맡아달라는 요청을 받았지만 거절했고, 세상을 뜨기 몇 년 전부터는 천식과 담석으로 심한 고통을 받았다.

오웬은 박학다식한 신학자이자 탁월한 행정가였다. 그의 사상은 애매하거나 복잡하지 않았다. 그의 사상은 마치 노르만 건축물의 기둥처럼 단순하고 견고한 특성을 띠고 있으며 웅장하기까지 하다. 당시에는 자신의 속내를 감춘 글쓰기가 유행했는데 오웬은 부주의하다고 생각될 정도로 솔직했다. 하지만 글은 항상 간결하고 꼼꼼하고 정확했다. 더욱이 일단 어떤 주제를 생각하기 시작하면 밑바닥이 보일 때까지 지치지 않고 열심히 파고드는 독자층을 대상으로 삼았다. 그의 책들은 각기 다른 하나의 주제를 다루고 있으면서도 전체적으로 철저한 신학체계를 갖춘 시리즈처럼 보인다는 평을 듣는다. 그는 어떤 글을 쓰든지 항상 전체를 염두에 두었다.

오웬은 청교도 신앙이 추구하는 고귀한 이상을 구현한 인물이었다. 후배 학자 데이비드 클라크슨은 오웬의 장례식 설교에서 "그가 이룬 업적들을 거룩하게 빛내 주었던 것은 바로 그의 경건한 삶이었습니다"라고 말했다. 오웬은 매우 겸손했다. 그는 "겸손한 마음을 지니려면 두 가지 관점이 필요하다. 먼저 하나님의 위대하심과 영광과 거룩하심과 권능과 권위와 위엄을 생각하고, 그런 다음 우리의 천박하고 추하고 악한 본성을 생각해야 한다"[1]고 말했다. 우리 자신을 생각하는 것이 중요한 이유는 "자

---

[1] Owen, *Works* ed. W. H. Goold (London: Banner of Truth, 1966), VI.200. Calvin, *Institutes* I.i.I.

신의 마음이 얼마나 악하고 부패했는지를 이해하는 사람만이 많은 결실을 맺는 유익한 사람이 될 수 있으며 굳센 믿음으로 복종할 수 있기 때문이다."[2]

오웬은 자기 자신의 부패함을 깨달아야만 비로소 하나님을 올바로 섬길 수 있다는 진리를 경험을 통해 터득했다. 그는 자신의 메시지가 지닌 영향력을 익히 알았다. 항상 자신을 설교자로 생각했던 그는 "설교자는 자신이 전하는 진리를 직접 경험해야 한다. ……먼저 자신의 영혼에 적용된 설교이어야만 다른 사람들에게도 깊은 영향을 미칠 수 있다"[3]고 주장했다. 그는 "내 양심과 명예를 걸고 말하건대 성령의 감동을 받아 진리의 신령한 의미를 이해하고 그 맛을 알아 시편 저자처럼 '내가 믿으니 말하리라'는 확신이 생기지 않는 한, 출판은 고사하고 단 하나의 진리도 올바로 알고 있다고 생각하지 않겠다"[4]고 덧붙였다.

오웬은 탁월한 글솜씨와 권위로 인간의 어둡고 부패한 마음을 철저히 파헤쳤다. 앤드류 톰슨은 오웬의 『유혹에 대해서』를 평가하며 "한 문장씩 읽어갈 때마다 독자는 마치 자신을 위해 쓴 글 같다는 인상을 받는다"고 말했다. 지금으로부터 백여 년 전 유명한 "랍비"였던 던컨은 제자들에게 『신자 안에 거하는 죄』를

---

2 Ⅵ. 201.
3 ⅩⅥ. 76.
4 Ⅹ. 458.

읽으라고 권하면서 "예리한 칼날로 해부당할 각오를 해야 한다"고 말했다.

오웬은 라틴어풍의 영어를 구사했다. 그의 문체는 보통 수준의 사람에게는 좀 부담스러울지 몰라도 전반적으로 유려하고 웅장하다. 웅변적인 특성을 지니고 있어 소리 내어 읽으면 더욱 좋다. 천천히 생각을 하며 읽으면 사상의 방대함과 완벽함에 깊은 감동을 느낄 수 있다. 스펄전은 "오웬의 글이 장황스럽다는 평이 있지만 오히려 간결하고 압축적이라는 평이 사실에 더 가깝다. 그의 문체가 무겁게 느껴지는 이유는 그의 방대한 지성에서 우러나오는 위대한 사상들이 충분히 발전되지 않은 채 곧장 글로 옮겨졌기 때문이다. 그를 이해하려면 열심히 연구해야 한다. 그의 그런 특성을 못마땅하게 생각해서는 안 된다"고 말했다.

오웬은 경건한 기독교 신앙의 발전에 도움이 되고자 말씀도 전하고 글도 썼다. 그가 늘 생각했던 주제는 칼빈처럼 기독교 신앙의 실천이었다. 여러 면에서 칼빈을 빼닮은 오웬은 믿음의 실천을 논할 때마다 항상 네 가지를 강조했다.

첫째, 하나님의 형상으로 창조된 인간은 이성적인 존재라는 것이다. 인간은 지성과 의지와 감성의 세 기능이 일체가 되어 이성적인 행위를 하도록 창조되었다.

먼저 "생각, 또는 이해력은 영혼의 가장 으뜸되는 기능이다. ……지성은 선택하고, 방향을 결정하고, 인도하는 역할을 한다. ……그것은 영혼의 눈이다."[5]

지성이 이해의 원천이라면 의지는 행동의 원천이다. "의지는 이성적인 욕구로 정의될 수 있다. 이성적이라 함은 생각의 인도를 받기 때문이고 욕구라 함은 감성의 부추김을 받기 때문이다. ……의지는 선한 모양을 지닌 것을 지향한다."[6]

감성은 다양한 감정적 충동, 즉 긍정적이거나 부정적인 모든 형태의 감정을 포괄한다. 감성은 특정한 대상에 매력을 느끼게도 하고, 또 거부감을 불러일으키기도 한다. 모든 선택에는 반드시 감성이 개입하기 마련이다. 이런 점에서 "감성이 영혼 안에서 하는 역할은 키가 배에서 하는 역할과 같다. 노련한 조타수가 키를 잡으면 그가 원하는 길로 배를 몰 수 있다. ……어떤 것이 감성의 힘을 마음대로 좌우한다면 대항해보았자 아무 소용이 없다. 결국에는 패배할 것이 뻔하기 때문이다."[7]

인간은 선한 것을 이해하는 지성을 지녔다. 일단 선한 것을 알게 되면 감정적인 열정이 일어나고, 그 매력을 느끼는 순간 의지

---

[5] VI. 213, 216.
[6] VI. 254. 오웬은 여기에서 선한 것은 탐스러워야 하며, 대상에 대한 욕구는 현실이든 가공이든 겉으로 드러나는 선한 외관 때문에 생겨난다는 중세시대의 전통적인 교리를 되풀이하고 있다.
[7] VII. 397.

가 발동해 굳게 부여잡으려 한다. 따라서 선하신 하나님은 감성이나 의지에서 비롯하는 직접적인 행동이 아닌 말씀을 통해 먼저 인간의 생각에 호소하고 진리의 참 맛을 알게 하심으로써 인간을 움직이신다. 성경은 인간의 언어로 기록된 하나님의 말씀이다. 설교자의 가장 중요한 임무는 성경의 내용을 가르치는 것이고, 신자의 가장 중요한 임무는 성경을 배우는 것이다.

둘째, 신자는 타락한 인간, 즉 죄인이라는 것이다. 인간은 죄로 인해 하나님은 물론 자기 자신으로부터 소외된다. 신자가 용서받은 죄인이라고 해도 죄의 흔적이 여전히 잔존해 있다. 죄는 영혼을 혼란스럽게 하고 선한 성품을 배양하지 못하게 방해한다. "지정의가 서로 대립하는 상황이 벌어진다. 의지는 생각이 발견한 선을 따르지 않는다. ……대개 감성이 주도권을 쥐고 영혼을 제멋대로 끌고 다닌다."[8]

타락한 인간은 더 이상 이성적이지 않다. 그는 불안정하고 일관성이 없을 뿐 아니라 맹목적인 충동과 욕망에 이끌려 방향을 잃고 불순종의 길로 치닫는다. 오웬은 신자 안에 거하는 죄에 대해 이렇게 말했다. "죄는 본질적으로나 형식적으로나 하나님을 대적한다. 죄의 법은 율법을 주신 하나님, 거룩하신 하나님, 복

---

8 VI. 173.

음을 주신 하나님, 행위가 아닌 은혜로 받는 구원을 강력히 거부한다."[9]

죄는 불경건, 불의, 불신앙, 이단과 같은 형태로 그 부패한 본성을 드러낸다. 죄는 인간의 내면에 깊이 침투해 전인격을 부패시킨다. "죄는 우리의 생각에 어두움과 허영심을 불어넣는 부패한 원리로서 작용한다. 또한 우리의 감성을 욕정으로 이끌며, 우리의 의지를 왜곡시켜 선을 거부하게 만든다. ……죄는 악한 성향을 갖도록 유도할 뿐 아니라 늘 악을 암시하고 악에 치우치게 만든다."[10] 죄는 처음부터 끝까지 은혜의 사역을 거부한다. "그리스도가 영적 능력으로 죄를 정복하기 위해 우리의 영혼에 찾아오실 때 편안히 안착하실 곳이 아무 데도 없다. 마치 아군은 하나도 없고 사방에 온통 적군이 가득한 상황과 같다."[11]

따라서 먼저 영혼에 죄가 도사리고 있음을 인정하고 스스로의 악과 부패를 깨달아야만 경건한 삶이 가능해진다. "끊임없는 자기 겸손, 자기 부정, 자기 포기를 실천해야만 영혼을 사로잡는 죄의 권세에 정면으로 맞서 싸울 수 있다. 그런 태도 외에 죄의 독소를 제거할 수 있는 최상의 해독제는 없다. ……그런 태도는 은혜가 넘칠 수 있는 마음의 토양을 마련해 준다. ……늘 죄를

---
9 Ⅵ. 178.
10 Ⅵ. 157.
11 Ⅵ. 181.

슬퍼하며 자신을 낮추는 것이야말로 지혜로운 삶에 반드시 필요한 요소다. ……복음이 신자에게 주는 위로와 기쁨을 가로막는 요인들을 멀리하는 것만이 복음의 위로와 기쁨이 우리 내면에 뿌리내리게 하는 유일한 방법이다."[12]

셋째, 기독교인은 구원받은 사람이라는 것이다. 그리스도는 신자를 죄에서 구원하기 위해 죽으셨고 지금도 살아 계셔서 늘 죄의 권세로부터 지켜주신다. 그리스도께서 대신해주신 구속이 기독교 교리의 핵심이듯 그분을 사랑하고 믿는 것이 경건한 삶의 핵심이다.

"그리스도의 사랑을 느끼지 못하는 사람은 복음이 지닌 생명력과 능력을 알지 못한다. 뿐만 아니라 하나님의 은혜를 깨달을 수도 없고 기독교의 교리 어느 하나도 제대로 믿기 어렵다. 그리스도에게 감성이 이끌리지 않는 사람은 그분의 사랑을 이해하지 못한다. 그리스도의 사랑에 예민하게 반응하며 그것을 깊이 묵상함으로써 신령한 감성으로 그분을 진정으로 사랑하지 않는 사람은 경건의 모양새만 갖추기 쉽다. 그리스도를 향한 강렬한 사랑, 즉 그분의 사랑에 매료되어 마치 상사병을 앓기라도 하는듯 매 순간 기쁘고 헌신적인 태도로 그분을 사모하는 마음을 비현

12　Ⅶ. 532 f.

실적인 공상으로 치부하는 사람들은 기독교를 진정으로 알 수 없다."[13]

넷째, 기독교인은 그리스도 안에서 거듭난 새로운 피조물이라는 것이다. 새 생명의 원리, 즉 하나님을 알고 그분을 사모하며 그분의 인도를 따르려는 마음과 하나님의 율법에 복종하려는 새로운 습관이 신자에게 주어졌다. 성경은 이를 "마음의 할례"라고 표현한다. "우리 안에 있는 죄 때문에 눈이 어두워져 강퍅하고 완고한 성품이 생겨났다. 그 결과 마음과 감정이 왜곡되어 스스로의 힘으로는 결코 죄를 뉘우치고 하나님께로 돌아갈 수 없다. 왜곡된 성품이 마음의 할례로 제거되어야만 가능하다."[14] 최소한 성인(成人)이라면 마음의 할례를 받는 즉시 의식적인 회개가 뒤따른다. 그때부터 그의 마음은 전쟁터로 변한다. "육신"(옛 사람)이 "영"(새 사람)과 쉴 새 없이 주도권 싸움을 벌이는 탓이다. 신자는 처음 회심으로 죄와의 관계를 공식적으로는 청산한다. 하지만 죄는 여전히 위세를 떨친다. 오웬도 바울처럼 "옛 사람은 여러 가지 습성과 기능, 지혜, 술수, 힘, 지략을 지닌 살아 있는 생명체다"[15]라고 빗대어 표현했다.

---

13 I. 166 f.
14 III. 324.
15 VI. 8.

죄는 항상 마음에서 역사한다. 공격을 잠시 중단했다고 해서 완전히 죽었다고 생각하면 오산이다. 죄는 여전히 살아 있다. "죄는 아주 잠잠한 것처럼 생각될 때도 결코 잠잠하지 않다. 깊은 물이 고요하듯이 오히려 잠잠할수록 문제가 더욱 심각하다."[16] 죄는 잠시 거짓 평화를 누리게 하다가 방심한 틈을 노리는 전술을 구사한다. 마치 폭풍전야의 고요함처럼 말이다. "미처 의식할 새도 없이 죄의 충동질에 이끌려 격렬한 분노를 터뜨릴 때도 있고, 어리석은 생각을 일삼거나 선하지도 않고 유익하지도 않은 일들을 기뻐할 때가 적지 않다. ……마음은 전혀 다른 일을 궁리하고 있는데도……죄는 마음의 생각을 유도해 악하고 부패한 길로 몰고 간다. 영혼이 죄를 억제하기 위해 진지한 노력을 기울일 때면 마치 그 힘을 과시하려는 듯 죄가 고개를 쳐들고 그릇된 길로 나아가게 한다. ……죄가 기습적으로 공격하는 것보다 신자의 삶을 곤혹스럽게 하는 것은 없다. ……그래서 사도 바울은 로마서 7장 24절에서 깊은 탄식을 토했다."[17]

죄와의 싸움은 일평생 계속된다. "우리는 때로 은혜로 우리 영혼에 도사리는 죄로부터 완전히 해방되었다고 생각하거나 그렇게 되기를 소망한다. 충만한 은혜를 공급받았을 때, 하나님만을

---

16 VI. 11.
17 VI. 192 f.

기뻐할 때, 죄를 뉘우치고 돌아왔을 때, 여러 가지 고난을 받을 때, 마음이 지극히 겸손해질 때면 마침내 죄의 법에서 완전히 해방되었다고 생각하기 쉽다. 하지만 잠시 뒤에는 다시 죄가 고개를 쳐들고 그 영향력을 행사하기 시작한다."[18] 그러면 또다시 싸움이 재개된다. "로마서 7장이 적용되지 않는 사람은" 이 세상에 아무도 없다.

하나님의 관점에서 본다면 신자의 삶은 점진적인 성화의 삶이다. "성화는 신자의 영혼에 직접적으로 역사하시는 성령의 사역이다. 성화는 죄에 오염되어 더럽혀진 신자의 본성을 깨끗하게 정화하고 하나님의 형상을 회복해 은혜의 원리에 따라 하나님께 복종하게 만든다. ……좀 더 간단히 말하자면 성화는 우리의 본성을 혁신시켜 예수 그리스도를 통해 하나님의 형상을 닮게 만드는 성령의 사역을 의미한다. 성화의 사역이 맺는 결실은 경건한 삶이다. ……성화는 우리 안에 하나님의 형상이 새롭게 회복된다는 의미다. 그것은 은혜 언약의 법칙을 따라 예수 그리스도를 믿음으로 하나님께 복종하는 거룩한 삶을 목표로 한다."[19] 거룩한 삶은 "복음이 우리의 심비(心碑)에 새겨지는 과정, 다시 말

---
18 VI. 204 f.
19 III. 386.

해 복음의 말씀이 우리 마음에서 은혜로 바뀌는 것을 의미한다. ……영적 성장이란 말씀에 일치하는 삶이 점차 늘어나는 것을 뜻한다."[20]

성화는 적극적인 측면과 소극적인 측면으로 생각할 수 있다.

먼저 성화의 적극적인 측면은 중생으로, 우리 안에 심겨진 새로운 능력과 성향이 발전되어 나가는 것을 말한다. "행동을 거듭하다 보면 자연히 습관으로 정착되기 마련이다. 영적 습관들(즉 믿음, 소망, 사랑)의 경우도 같은 법칙을 따른다. ……계속 행동으로 옮길 때 좋은 습관이 형성된다. ……행동이 뒤따르지 않으면 결국 생명력을 잃고 퇴보할 수밖에 없다."[21] 따라서 신자는 은혜의 수단을 부지런히 사용하고, 묵상하고, 기도하고, 예배하고, 자아를 성찰하고, 말씀을 듣고 읽는 일에 열심을 내야 한다. 신자는 하나님의 계시된 뜻에 복종하고, 굳은 결심과 인내하는 자세로 거룩한 삶을 적극적으로 실천해야 한다.

하지만 신자는 그 모든 능력이 자신이 아닌 하나님께로부터 나온다는 사실을 명심하고 늘 기도하는 마음으로 그분을 의지해야 한다. 그러지 않으면 실패하고 만다. "성령의 도우심과 내적 사역이 반드시 필요하다. ……그래야만 생각과 의지와 감성

---

20 III. 370 f., 470.
21 III. 389.

에서 비롯되는 모든 행위를 통해 거룩한 삶을 살아갈 수 있다. ……늘 주어지는 은혜 안에서 능력 있는 신앙생활을 한다고 해도 단 한 가지라도 하나님께 대한 의무를 이행하려면 다시금 새로운 은혜가 필요하다."[22] 새로운 은혜의 필요성을 잊어버리고 구하지 않는 사람은 성령의 도우심을 받을 수 없다.

성화의 소극적인 측면은 죄의 극복을 의미한다. 이는 단순히 죄의 충동을 억제하거나 물리치는 것 이상의 의미를 갖는다. 죄를 극복한다는 것은 곧 죄를 제거한다는 것이다. "극복한다"는 말은 "죽인다"는 의미다. "죄를 극복하는 궁극적인 목표는 죄를 파괴하는 것, 즉 죽여 없애는 것이다. 다시 말해 저주스런 죄의 생명을 하나도 남기지 않고 점진적으로 말끔히 파괴시켜 없애는 것을 뜻한다."[23] 우리 안에 내재하는 죄는 그리스도의 죽으심과 연합하는 순간에 이미 결정타를 맞고 그 주도권을 빼앗기고 말았다. 이제는 성령의 도우심에 힘입어 일평생 죄의 잔존세력을 완전히 소탕해야 한다. 죄가 완전히 죽을 때까지 안심은 금물이다. "죄의 힘을 점진적으로 빼앗아 죽이지 않는다면 죄가 다시 상처를 치유하고 힘을 회복할 것이다."[24]

"하나님의 은혜를 의지해 죄의 원리와 습성과 결과에 맞서 싸

---

22 III. 529.
23 III. 545.
24 *loc. cit.*

우는 행위"[25] 즉 죄 죽임은 매우 힘들고 고통스럽다. 그리스도는 이를 눈알을 뽑아내고, 손을 자르는 것에 비유하셨다. 하지만 신자는 죄를 죽이려는 의무를 감히 소홀히 할 수 없다. 본서에 실린 오웬의 글은 죄를 죽일 수 있는 방법을 상세히 일러준다.

지금까지 경건한 삶을 주제로 한 오웬의 견해를 간단히 요약해 보았다. 지금부터 읽게 될 세 편의 저작에 그 견해가 자세히 드러나 있다. 『신자 안에 거하는 죄(1667)』는 은혜와 죄의 싸움이 전개되는 동안 신자의 내면에서 어떤 상황이 벌어지는지 알려준다. 이 저작은 그 분야에서 독보적인 위치를 차지하고 있다. 『유혹에 대해서(1658)』는 비슷한 통찰력을 지닌 저작으로 위의 책을 보완하는 성격을 띠고 있고, 『죄 죽임(1656, 개정증보 1658)』은 죄와의 싸움을 승리로 이끄는 전략을 소개한다.

세 편의 저작 모두 철저히 성경에 근거한다. 오웬은 성경에 나타난 진리를 고스란히 진술하고 있으며, 자신이 말하려는 요지마다 성경의 증거를 제시한다. 세 편의 저작 모두 영적으로 매우 심오하다. 인간의 마음에 대한 오웬의 통찰력은 참으로 무섭게 느껴질 정도다. 그의 논조는 언뜻 보면 아무 특징도 없고 어수선한 느낌을 주지만 사실은 깊은 통찰력을 전달하는 엄청난 힘이

---
25 Ⅲ. 543.

있다. 세 편의 저작 모두 오늘날에도 여전히 관심을 기울일 만한 충분한 가치를 지닌다.

요즘에 영성 신학 연구가 활발하게 진행되고 있다. 경건한 삶을 추구한 청교도의 사상은 교부시대, 중세시대, 16세기, 18세기, 20세기, 로마 가톨릭, 그리스 정교회, 성공회, 감리교, 루터교, 개혁주의가 미서 밝혀내지 못한 영적 현실을 드러내고 있다. 청교도 사상 가운데 가장 풍요로운 의미를 담은 사상은 누날 할 것도 없이 오웬의 사상이다. 믿음의 실천에 관심을 지닌 사람이라면 경건한 삶을 중시하는 청교도 사상을 접해보라. 오늘날의 영성이 지극히 피상적인 수준에 그치는 이유, 즉 죄를 바라보는 사람들의 견해가 유래 없이 얄팍한 이유를 알게 될 것이다. 오웬의 사상은 청교도 사상 가운데서도 가장 깊이 있는 통찰력을 제공할 뿐 아니라, 죄의 정체를 가장 신속하게 파악하게 해 준다. 이런 평가에 이의를 제기할 사람은 없을 것이다. 오늘날의 기독교인들에게는 오웬의 사상이 절실히 필요하다. 모두가 그 필요성을 인식하길 바란다.

본서가 경건한 삶에 관한 오웬의 견해를 모두 제시했다고 생각하면 오해다. 사실은 그 절반도 안 된다. 죄와 유혹에 관한 그의 견해는 굵직한 동아줄 같은 그의 사상 전체를 구성하는 한 가닥 끈에 불과하다. 그 사상 전반을 이해하려면 최소한 『성부와 성자와 성령과의 교제에 대해서 *Of Communion with God the Father, Son and Holy Ghost, each parson distinctly, in love, grace, and consolation*』 또는 『성부, 성자, 성령과 성도의 교제 *The Saint's Fellowship with the Father, Son and Holy Ghost, unfolded*(1657)』, 예수 그리스도에 대한 헌신을 다룬 『그리스도의 영광 *The Glory of Christ*(1684, 1691)』, 성령론을 다룬 기념비적인 저작 『성령론 *Pneumatologia: a Discourse on the Holy Spirit*(1674)』, 『하나님의 마음을 이해함에 대해서 *Causes, Ways and Means of Understanding the Mind of God*(1678)』, 『보혜사 성령 *The Work of the Spirit as a Comforter*(1693)』, 묵상을 소재로 한 『신령한 마음 *Spiritual-Mindedness*(1681)』, 하나님의 용서를 다룬 『시편 130편 *Psalm 130*(1668)』, 참된 경건의 실질적인 내용을 보여준 『복음적인 교회의 참된 본질 *The True Nature of a Gospel Church*(1689)』 등을 모두 읽어봐야 한다.

이뿐만 아니라 영성에 대한 견해에서도 오웬은 아우구스티누스, 루터, 칼빈, 에드워즈, 스펄전, 로이드존스와 같은 인물들과 어깨를 나란히 한다. 그는 자신의 시대는 물론 18, 19세기 복음주의자들 사이에서도 중요성을 인정받은 위대한 사상가이다. 20세기에 접어들면서 점차 세인의 기억에서 그의 이름이 사라지기 시작했지만 오웬의 사상을 접할 수 있는 기회는 사라지지 않았다. 청교도 식으로 말하자면, 오늘날 우리도 오웬처럼 "극한의 시대"를 살고 있다.[26] 내전과 무정부상태와 박해가 만연했던 역사의 격동기를 이겨낸 그의 사상을 역시 극한의 혼란기를 살아가는 우리가 배운다면 능히 어려움을 극복하는 지혜와 힘을 얻으리라 믿는다. 본서에 실린 세 편의 저작은 좋은 출발점이 될 것이다.

백 마디의 말보다 한 번의 경험이 더 낫다. 지금까지 강력히 추천한 오웬의 경건 신학을 통해 내가 개인적으로 얻었던 유익을 간단히 소개함으로써 글을 마무리하려 한다.

사실 나는 그 어떤 경건 서적보다도 오웬의 저작을 통해 많은 유익을 얻었다. 나는 1953년에 오웬의 『그리스도의 죽으심 *Death of Death in the Death of Christ*』을 읽고 나서 성경의 속죄 교리가 예정론에 입각한 진리임을 깨닫고, 4대 강령의 입장을 버리고 칼빈주의 5대 강령을 신봉하게 되었다. 나는 또한 오웬의 『성령론』을 읽고 중생과 회심의 관계를 이해할 수 있었다. 그 밖에도 오웬의 『복음적인 교회의 참된 본질』과 『은사론 *Discourse on Spiritual*

---

[26] 오웬의 생애는 다음 책을 참고하라. Peter Toon, *God's Stateman*(Exeter: Paternoster Press, 1971).

Gifts』과 『배교의 본질 *The Nature of Apostacy*』은 다른 어떤 책보다도 오랫동안 교회에 관한 내 생각에 깊은 영향을 미쳤다. 신학교수인 한 친구는 1950년대에 나를 오웬주의자로 부르곤 했는데 나는 그 평가를 부인할 수 없었다. 지금은 오웬의 경건 신학, 특히 본서에 실린 내용에만 관심이 있다.

나는 앞에서 그의 저작이 나에게 영적 건강을 되찾아 주었다고 말했는데, 이제 간단히 그 이유를 설명하겠다.

나는 대학 1학년 때 그리스도께 전적으로 헌신하기로 결심하고 하나님의 용서를 구했으며, 그리스도가 친히 나를 부르셨고 구원의 사랑을 베푸시기 원한다는 확신에 이르렀다. 즉 나는 회개했다. 내가 몸담고 신앙생활을 했던 교회의 신자들은 말씨와 외모에서 지나치다 싶을 정도로 경건주의적인 성향을 띠었는데, 나는 그들에게서 하나님과 동행하는 삶이 신자에게 가장 중요한 것이라는 인상을 받았다. 특히 그들의 사고방식은 엘리트적이었으며 오직 성경을 믿는 복음주의자들만이 경건한 삶을 배울 자격이 있다고 주장했다. 바꾸어 말해 그들은 자기들을 가르치는 지도자들만이 건전한 복음주의자들이며, 경건한 삶에 대한 그들의 견해는 무엇이나 옳게 여겼다.

누구나 처음 신앙을 가지면 주변 사람들의 말을 맹목적으로 수용하기 마련이다. 나도 예외가 아니었다. 나는 서서히 엘리트

주의에 물들었고, 그들이 매주 초청해 온 설교자들과 성경교사들의 말을 기대에 찬 마음으로 경청했다. 나는 그들을 전국에서 가장 경건한 지도자로 여겼다. 또한 나는 그들이 추천하는 경건서적들을 빠짐없이 읽었다. 나는 존중심과 겸손함 없이 다른 교회와 기독교인들을 지나치게 비판하면서, 추천받은 책에서 읽은 내용을 마치 하나님의 신탁이나 되는 것처럼 무비판적으로 흡수했다. 내가 그 모든 것을 그토록 진지하게 받아들이지 않았다면 내 충격도 그만큼 적었을 것이다.

그들이 실제로 이렇게 말했는지는 확실치 않다. 하지만 어렴풋이 기억을 더듬어 보면 이런 말이 생각난다. 그들은 고린도전서 3장 1-3절을 근거로 들면서 신자에는 두 종류가 있다고 했다. 하나는 "신령한 신자"로 분류되는 일등 신자이고, 다른 하나는 "육적인 신자"로 불리는 이등 신자다. 전자는 지속적인 평화와 기쁨과 내면의 확신으로 유혹과 죄를 극복하는 신자들을 말하고, 후자는 그러지 못하는 신자들을 말한다. 하나님께 도구로 쓰임 받으려면 먼저 "신령한" 신자가 되어야 했다.

나는 당시 사춘기를 채 벗어나지 못한 상태인데다 성격도 소심하고 내성적이었으며 더구나 홀로 있어 외로운 처지였다. 믿음의 확신을 갖게 되었더라도 하룻밤 사이에 내 기질이 변할 수는 없다고 생각한 나는 "신령한" 신자가 되기에는 턱없이 부족하다는 결론을 내릴 수밖에 없었다. 하지만 하나님께 쓸모 있는 사람이 되고 싶은 마음이 간절했다. 어떻게 해야 할지 묻고 싶었다. 그들은 내 물음에 다음과 같은 메시지로 응답했다. 육적인 신자의 수준을 벗어나 신령한 신자로 나아가는 비결이 있는데, 요약하자면 "자신을 포기하고 하나님을 붙잡으라"는 말이다. 그것이 곧 성령 충만한 사람이 되는 비결이라고 했다. 성령 충만한 사람은 로마서 7장 후반부(스스로의 힘으로는 항상 도덕적으로 패배할 수밖에 없다는 내용)에서 벗어나 광명천지와도 같은 로마서 8장(즉 성령 안에서 행함으로써 항상 도덕적으로 승리할 수 있다는 내용)으로 나아갈 수 있다는 것이다. 지금은 로마서 7장이나 8장을 그런 식으로 이해하거나 양자의 관계를 그렇게 풀이하는 해석방법을 인정할 수 없다. 솔직히 말해 지금은 그런 해석을 지나친 경건주의에 입각한 오류로 생각한다. 하지만 당시만 해도 그것은 내가 접할 수 있었던 유일한 해석방법이었다. 아무튼 당시의 일을 좀 더 말해보겠다.

그들이 말한 성령 충만의 비결은 두 가지 단계로 구성된다.

비결의 첫 번째 단계는 자기부인이다. 물론 자기를 부인하라는 예수님의 말씀은 "육신적인 자아", 즉 자기고집, 자기주장, 아담에게서 물려받은 타락한 본성, 태어날 때부터 형성되어온 자기중심적인 태도, 하나님께 복종하는 길을 버리고 제멋대로 행동하며 스스로 옳다고 생각하는 바를 추구하려는 충동을 버리라는 의미다.

하지만 그들의 메시지는 "인격적인 자아"를 부인하라는 의미인 것 같았다. 즉 자의적인 사고와 행위를 중단한 채 마음의 문을 열고 예수 그리스도를 온전히 받아들여야 한다는 것, 즉 나의 내면을 예수 그리스도가 완전히 장악하셔서 나를 대신해 생각하고 선택하는 삶이 이루어져야 한다는 것이 그들의 주장이었다. 그들의 주장은 신약성경이 말하는 그리스도의 내주하심을 뜻하기보다 일종의 귀신들린 상태를 말하는 듯한 뉘앙스를 풍겼다. 하지만 그때만 해도 나는 귀신들린 상태에 대해 아무것도 알지 못했다. 당시의 설교자들은 "그런즉 이제는 내가 사는 것이 아니요 오직 내 안에 그리스도께서 사시는 것이라"(갈 2:20)는 말씀을 액면 그대로 전달했다. 우리는 다음과 같은 찬송가를 종종 부르곤 했다.

사랑하는 주님, 제 자신으로부터 구원하시고
주님 안에 온전히 녹아들게 하소서.
이제는 제 안에 제 자신이 아닌
그리스도만이 살게 하소서.

찬송가 작가의 의도가 무엇이었든지 간에 나는 가사의 의미를 그대로 받아들여 열심히 찬송가를 불렀다.

비결의 두 번째 단계는 자기부인의 적극적인 측면, 즉 헌신과 믿음이다. 헌신은 자기를 전적으로 포기하는 태도, 즉 자신의 모든 것을 제단 위에 올려놓고 삶의 모든 측면에서 예수 그리스도의 주권을 인정하는 태도를 말한다.

지금은 헌신을, 복음이 신자에게 요구하는 삶, 즉 회개에서 자연스럽게 우러나오는 삶의 태도로 이해한다. 하지만 당시에는 좀 더 특별한 형태의 영적 경험을 가능케 하는 기술적인 방법으로 생각했다. 사실 그들은 그런 식으로 생각하도록 유도했다. 헌신을 통해 자아를 비우면 성령이 자동적으로 빈 공백을 채워 그리스도의 충만한 능력이 주입된다는 것이 그들의 주장이었다. 당시에는 몰랐지만 나중에 생각해보니 성령의 인격적인 사역을 마치 배터리를 충전하는 식, 즉 저장용기에 충전된 전류가 없어지면 전기코드를 이용해 다시 충전하는 방식으로 설명하는 것이 적절한지 의문이 들었다.

그들은 헌신과 믿음이 짝을 이루어야 한다고 강조했다. 그들이 말하는 믿음이란 매 순간 내주하시는 그리스도를 바라보는 삶, 즉 생각이나 결정은 물론 유혹에 맞서 싸우는 일까지 그리스도를 의지하는 태도를 의미했다. 즉 유혹에 직접 맞서 싸우지 말고 그리스도께 일임해 그분이 대신 처리해 주시기를 기대해야 한다는 것이 그들의 지론이었다. 하지만 지금의 내 생각은 다르다. 나는 유혹에 대처하려면 즉시 "안 돼"라고 말하고, 계속해서 그것을 거부하는 힘을 주님께 구하면서 그릇된 충동을 강하게 억눌러 완전히 없애야 한다고 믿는다. 하지만 당시에는 헌신과 믿음이라는 기교를 습득해야만 승리하는 삶을 살아갈 수 있다고 이해했고, 또 그러려고 노력했다.

하지만 뜻대로 잘 되지 않았다. 나는 온전한 헌신을 이루겠다는 생각으로 주님을 위해 포기할 것이 남았는지 샅샅이 찾아내려고 힘썼다. 또한 나는 유혹을 느낄 때면 "자신을 포기하고 하나님을 붙잡기 위해" 최선을 다했다. 나중에 안 사실이지만, 당시 시카고의 무디 메모리얼 교회의 목사 해리 아이언사이드도 나와 똑같은 방법으로 신령한 사람이 되는 비결을 찾다가 극도의 신경쇠약 증세에 시달린 적이 있다고 한다. 그때 내가 생각했던 신령한 신자란 아무도 도달할 수 없는 비현실적인 환상에 불과했다. 지금은, 그런 관점으로 자신의 경험을 풀이하는 이들이 오히려 현실을 왜곡시킨다는 점을 알지만 그때는 알지 못했다.

당시에 내가 알게 된 거라곤 기대했던 경험이 일어나지 않았다는 것, 즉 그들이 가르쳐준 방법이 아무런 효과가 없었다는 사실뿐이었다. 그들의 가르침대로라면 모든 것은 전적인 헌신에 달려 있으니 문제는 결국 나 자신에게 있었다. 나는 마음 한구석에 여전히 자아가 도사리고 앉아서 구더기처럼 꿈틀거리고 있을 거라 생각하며 그것을 찾아 없애려고 무진 노력을 기울였다. 그렇게 몇 달이 흐르자 나는 거의 미친 사람이 되다시피 했다.

그러나 다른 신자들은 전혀 문제가 없는 것처럼 보였다. 사실 그런 상황에 처하면 누구나 그런 생각을 갖기 마련이다. 나는 즐겁게 신앙생활을 하는 동료 신자들을 보면서 "저 사람들은 모두 죄를 극복하고 승리의 삶을 사는 비결을 터득했는데 나만 홀로 이렇게 고민하는구나"라는 생각이 들었다. 지금은 엘리트주의에 사로잡혀 빈틈없는 삶을 추구하는 집단을 보면 모두가 겉으로만 그런 척할 뿐이라는 사실을 안다. 하지만 당시에는 신앙생활에 철저한 듯 보였던 그들에게서 일종의 외경심마저 느끼며 초라하고 침울한 마음으로 나 자신의 내면을 샅샅이 살펴보아야 했다.

그러던 차에 전에 그 그룹에 속했던 신자 한 사람이 개인장서를 기증했고, 내가 관리 책임을 맡게 되었다. 그중 스물세 권으로 된 오웬 전집이 있었다. 평소에 책에 관심이 많았던 나는 그때까지 한 번도 이름을 들어본 적 없던 그의 책 이곳저곳을 넘겨 보면서 본서에 실린 내용 속으로 깊이 빠져들기 시작했다. 또한 그 책들 가운데는 라일의 고전 『거룩 *Holiness*』도 있었는데, 은혜로우신 하나님은 오웬과 라일의 저작을 통해 마침내 나를 구원하셨다. 서두에서 말한 젊은이처럼 나도 오웬이 내 안에서 일어나는 일을 정확히 알고 있으며 다음 생각까지 꿰뚫고 있다는 인상을 받았다. 수 세기 전의 인물이 내 상황을 그렇게 정확하게 알고 있을 수가 없었다.

그로부터 50년이 지났다. 내가 지금처럼 도덕적, 영적, 신학적 현실주의자가 될 수 있던 것은 누구보다도 오웬 덕분이다. 그는 신자 안에 거하는 죄와 하나님의 은혜로 이루어지는 성화에 대해 내가 미처 몰랐던 점들을 깨우쳐 주었다. 그의 사상은 내 존재의 근원을 예리하게 파헤쳤으며 하나님의 존재를 깊이 의식할 수 있게 해주었다. 그는 내게 죄를 죽인다는 의미가 무엇인지, 또 어떻게 죄를 죽일 수 있는지 가르쳐 주었다.

나는 오웬에게서 성령의 사역, 영적 성장과 진보, 믿음의 승리가 무엇을 의미하는지 배웠다. 그는 기독교인이 된다는 건 무슨 의미인지, 더도 덜도 말고 있는 모습 그대로 하나님 앞에서 도덕적으로나 영적으로 정직하게 살아가는 방법을 내게 가르쳐 주었다. 하나님이 그를 통해 건전한 삶을 되찾게 해주셨다고 해도 과언이 아니다. 그는 무슨 말이든 성경을 근거로 했다. 오웬은 당시 그 누구보다도 성경에 정통했다. 지금까지도 루터와 칼빈과

에드워즈를 제외하고는 그와 필적할 만한 사상가를 접해 본 적이 없다.

어쩌면 오늘날은 도덕적 상대주의와 왜곡된 관용을 부르짖는 사회적 분위기에 교회가 깊이 물들어 있기 때문에 오웬처럼 하나님의 거룩하심과 죄의 부패한 본성을 진지하게 받아들이는 사상가를 꺼려하는 이가 많을지도 모른다. 하지만 교회가 어려울수록, 심오한 성경 지식을 바탕으로 하나님 중심의 신학사상을 설파한 오웬의 저작들이 강조하는 영적 문제들에 관심을 집중하고, 하나님께 대한 경외심을 회복하는 것이 얼마나 긴급한 사안인지 깨닫게 된다.

_ J. I. 패커(『하나님을 아는 지식』의 저자)

묵·상·과·토·의·를·위·한·질·문

TRIUMPH OVER TEMPTATION

본서를 읽는 독자들이 각 장 마지막에 있는 질문들을 생각해 봄으로써, 개인적인 도전과 적용을 통해 좀 더 깊은 믿음을 갖게 되기를 바란다. 제시된 질문들은 혼자서든 그룹으로든 학교 강좌에서든 폭넓게 활용할 수 있다. 또한 친구들을 초청하여 함께 토의하는 시간을 가질 수도 있다. 바라건대, 인생의 가장 중요한 문제들에 대한 답변을 근거로 삶의 방향을 새롭게 결정하는 계기가 되었으면 한다.

1. 패커 박사는 서문에서 "오웬이 늘 생각했던 주제는 기독교 신앙의 실천이었다"고 말했다. 오웬의 신학적 주제에 관해 어떻게 생각하는가?

2. 오웬은 "하나님의 형상으로 창조된 인간은 이성적인 존재다. 인간은 지성과 의지와 감성의 세 기능이 일체가 되어 이성적인 행위를 하도록 창조되었다"고 했다. 신자가 어떻게 지성을 활용해 하나님의 형상을 반영할 수 있는지 생각해 보라. 또 어떤 식으로 감정을 통제하고, 의지를 활용해야만 그분의 형상을 반영할 수 있는지도 함께 생각해 보라.

PART 1

신자 안에 거하는 죄

그러므로 내가 한 법을 깨달았노니
곧 선을 행하기 원하는 나에게 악이 함께 있는 것이로다
_ 롬 7:21

The Nature, Power, Deceit, and Prevalency of Indwelling Sin

01

죄가 내주한다는 현실

내주하는 죄에 관한 교리는 기독교 신앙의 근본진리 가운데 하나다. 이 교리는 하나님을 알고 그분의 계시에 복종하는 사람만이 아는 진리다. "이 세상은 자기 지혜로 하나님을 알지 못하기" 때문이다. 세상 사람들은 자신과 다른 사람들 안에 존재하는 죄를 무시한다(고전 1:21).

하지만 신자에게는 죄의 교리와 그 현실에 대한 인식이 하나님과의 관계를 뒷받침하는 토대를 형성한다. 즉 현세에서 하나님을 기쁘시게 하는 일이든, 내세에서 그분을 영원히 즐거워하는 일이든 다 여기에 달려 있다. 죄의 교리를 모르면 그리스도의 중보사역과 결과와 그것으로 누릴 축복을 이해하지 못한다.

과거와 현재를 막론하고 경건한 신자에게는 한결같이 죄의 교리가 가장 중요한 문제였다. 그들은 죄의 본질을 탐구하거나 죄책의 본질에 관심을 기울였고, 역사적으로 죄의 교리를 설명한 신학사상을 더듬어보기도 했다. 또는 많은 성경 구절이 다루는 신자 안에 남아 있는 죄에 초점을 맞추기도 했다. 어쨌든 그들의 노력은 교회에 많은 유익을 안겨주었다.

본서는 신자 안에 거하며 은혜의 원리를 대적하는 죄의 현실을 살펴본다. 신자를 영적 파산으로 이끄는 죄, 많은 수치와 추문의 원인이 되는 죄의 현실을 연구하는 데 목적이 있다. 아울러 늘 경각심을 품고 부지런히 믿고 기도하는 삶이 얼마나 소중한지 보여주며, 회개와 겸손과 자기낮춤의 삶을 강조하겠다.

신자 안에 거하는 죄 : 로마서 7장 21절

사도 바울은 로마서 7장에서 신자 안에 거하는 죄의 현실을 다루었다. 죄의 권능과 효력과 결과를 논의한 그는 21절에서 "내가 한 법을 깨달았노니 곧 선을 행하기 원하는 나에게 악이 함께 있는 것이로다"라고 말했다. 바울이 이 구절에서 말하는 것은 네 가지다. 첫째는 죄를 "법"이라고 했고, 둘째는 그것을 발견했다고 묘사했으며("깨달았노니"), 셋째는 그것을 발견하게 된 상황을 언급했고("선을 행하기 원하는"), 넷째는 죄의 법이 활동하는 상태를 지적했다("나에게 악이 함께 있는 것이로다).

1. 내주하는 죄는 법이다.

하나, 법은 통치명령 또는 효력을 지닌 원리를 의미한다. 예를 들어, 도덕법은 여러 면에서 생각과 의지를 조율하고 명령하고 지시한다. 이것이 바로 법의 기능이다. 법은 보상과 형벌의 규칙에 의거해 어떤 일은 명령하고 어떤 일은 금지함으로써 어떤 일은 행하고 어떤 일은 피하게 만든다.

둘, 법은 사람에게 동기를 부여하는 내적 원리를 뜻한다. 모든 것이 그 자체의 목적을 지향한다고 말할 때 이를 "본성의 법"이라고 부른다. 로마서 8장 2절은 신자의 마음에 존재하는 그리스도의 은혜로 이루어지는 강력하고 효율적인 성령의 사역을 두고 "생명의 성령의 법"이라고 했다. 마찬가지로 로마서 7장 21절은 내주하는 죄를 "법"으로 표현했다. 그 이유는 죄의 법이 우리의 본성에 부합하는 것을 행위로 옮기도록 강요하고 유도하는 강력한 힘을 지닌 내적 원리이기 때문이다. 따라서 바울은 "선을 행하기 원하는 나에게 악이 함께 있는 것, 이것이 곧 나의 상태임을 깨달았다"고 인정했다. 그는 로마서 7장 23절에서도 똑같은 말을 되풀이한다.

"법"이라는 말을 죄에 적용하면 두 가지 의미를 갖는다. 첫째는 죄의 현실과 본질을 뜻하고, 둘째는 죄의 권능과 효력을 의미한다. 로마서 7장 21절에서 말하는 "법"은 이 두 가지를 모두 의미한다. 내주하는 죄는 신자 안에서 효력을 발휘하며 끊임없이 악을 유도한다.

물론 죄의 법은 신자 안에 거할 뿐 신자를 지배하지 않는다. 하지만 죄의 권세가 깨지고 그 뿌리가 절단되어 손상되고 그 힘이 약해졌다 해도 여전히 상당한 힘과 효력을 발휘한다. 죄의 권능이 가장 약하게 느껴지는 때가 사실은 가장 강력한 힘이 발휘되는 순간이다. 세속적인 사람들은 영적, 도덕적 문제와 관련해 오직 죄의 법에 따라서만 행동한다. 그들에게는 죄의 법이 주도적인 원리로 작용해 영원한 영적 의미를 지닌 도덕적 행위에 심각한 영향을 미친다. 하지만 우리의 우선적인 관심은 죄의 현실을 깨닫는 데 무력한 불신자들이 아니라 그것을 명확히 의식할 수 있는 신자들에게 있다.

2. 신자 개인이 내주하는 죄를 발견해야 한다.

사도 바울은 죄의 법을 발견할 수 있는 방법을 제시했다. 아마도 그는 다른 사람들이 죄의 법을 논하는 말을 듣고 죄의 법에 관한 일반적인 지식을 얻었을 것이다. 하지만 죄의 법을 직접 경험하고 깨닫는 것은 전혀 별개의 문제다. 바울은 그것을 개인적으로 경험했다. 그의 말에는 "나는 나 자신에게서 죄의 권능과 효력을 경험했다"는 의미가 함축되어 있다. 신자라면 누구나 죄의 권능을 직접 경험할 수 있다. 죄의 현실을 직접 발견한 사람은 그것이 얼마나 큰 권능을 지니는지 익히 안다.

3. 신자는 "선을 행하고자 할 때" 자기 안에 존재하는 죄의 법을 발견한다.

죄의 법은 신자에게 끈질기게 들러붙어 영향력을 행사하려 한다. 신자들이 항상 죄를 짓지는 않는다(요일 3:9 참조). 신자들은 은혜가 삶을 지배하는 덕분에 선을 행하려는 의지를 갖고 행한다. 즉 신자는 습관적으로, 또는 고집스럽게 죄를 범하지 않는다. 은혜 때문에 선을 행하려는 의지가 항상 있기 때문이다. 불신자들은 아무리 훌륭한 일을 해도 죄일 뿐이지만, 신자들은 최악의 일을 저지를 때만 죄를 짓는다. 하지만 신자는 선을 행하려고 할 때 "악이 함께 있는 현실"을 깨닫는다.

4. 신자는 자기 안에서 활동하는 죄의 상태를 관찰해야 한다.

선을 행하려는 신자의 의지는 두 가지 측면을 갖는다. 하나, 신자에게는 선을 행하려는 성향이 있어서 항상 선을 행하려는 의지에 이끌린다. 바울이 로마서 7장 18절에서 언급한 것이 이 것이다. 둘, "선을 행하기 원할 때"라는 말씀대로 은혜의 원리를 활용하는 데는 구체적인 시기가 존재한다.

하지만 죄는 이 두 가지를 방해한다. 죄는 선을 행하려는 성향을 거스르는 원리다. "선을 행하기 원하는" 순간에 "악이 함께 있다." 따라서 우리는 죄가 언제 모습을 드러낼지 알 수 있다. 바로 우리가 선을 행하려 하는 때이다. 바울이 갈라디아서 5장 17절에서 "육체의 소욕은 성령을 거스르고 성령은 육체를 거스르나니 이 둘이 서로 대적함으로 너희가 원하는 것을 하지 못하게 하려 함이니라"고 말한 이유가 여기에 있다.

로마서 7장 21절은 우리가 복종하는 과정에서 나타나는 선과 악의 역학 관계를 보여준다. 위에서 논의한 원칙들과 작용원리를 숙지하는 것이 지혜로운 신자가 되는 첩경이다. 그리스도의 죽으심을 통해 하나님의 은혜로 의롭다 함을 받았다는 진리를 이해하는 것 다음으로 이 원리를 이해하는 것이 중요하다. 거룩함과 죄, 의무와 번민, 회복과 불행이 모두 여기에서 비롯된다.

지금까지 말한 내용을 철저히 알면 우리는 하나님 앞에서 경건하게 살아가는 지혜를 터득할 수 있다. 정치인들이 정부의 긍정적인 측면과 부정적인 측면을 모두 알아야 하는 것처럼 신자들도 자신의 마음을 굳세게 하는 것과 파괴하는 것을 분별해야 한다.

세상 사람들은 단지 외형적인 필요를 충족시키는 데 도움이 될 것에만 관심을 기울인다. 즉 건강할 때나 아플 때나 오직 육체를 돌보는 일과 재물을 축적하는 일에만 관심이 있다. 그들은 속사람을 소홀히 하며 하나님은 물론 영원한 삶의 원리에 전적으로 무지하다. 자신들의 영원한 운명이 달린 중요한 문제인데도 아무런 지혜가 없다. 오직 신자들만이 그런 지혜를 가질 수 있다. 이는 하나님을 기쁘시게 하고 그분의 진노를 피하는 데 반드시 필요한 지혜다.

우리 안에 영혼의 원수가 거한다는 사실을 깨달으려면 늘 부지런히 자신을 살펴보아야 한다. 죄의 현실에 무지하고 무감각한 사람들이 얼마나 많은지 모른다. 불행히도 그들은 게으르고 부주의한 삶을 살 수밖에 없다. 신자 안에 거하는 죄는 막강한 영향력과 권능을 지녀서 끊임없이 우리를 악으로 유도한다. 하나님의 뜻대로 행하려면 항상 깨어 있어야 한다. 우리의 원수는 삼손의 경우처럼 우리 밖에뿐 아니라 우리 안에도 있다. 하나님과 그분의 복음을 욕되게 하지 않고, 하나님의 성도들을 분노케 하지 않으며, 양심을 저버림으로써 자기 영혼을 위험에 빠뜨리지 않으려면 늘 경각심을 잃지 말아야 한다.

죄의 법의 특징

죄의 법을 비롯한 모든 법은 두 가지 일반적인 속성을 지닌다.

첫째, 법은 지배력을 갖는다. 바울은 "너희는 그 법이 사람이 살 동안만 그를 주관하는 줄 알지 못하느냐"(롬 7:1)라고 말했다. "주관한다"는 말은 "지배한다"는 뜻이다. 즉 권세가 복종을 강요하는 행위를 뜻한다. 지배는 이중의 의미를 갖는데 하나는 도덕적 권위, 다른 하나는 실제적 지배력이다. 죄는 비록 지배력을 잃고 약화되었지만 여전히 신자에게 영향을 미친다.

둘째, 법은 그것이 요구하는 바를 행하도록 강요하는 효력을 지닌다. 법에는 반드시 상벌 조항이 포함된다. 죄의 법이 제공하는 보상은 쾌락이다. 죄의 법은 그것을 따르지 않을 경우 육체적 쾌락을 앗아가고 일시적으로 해악을 가하겠다고 위협한다. 하지만 모세는 상 주심을 바라보고 "하나님의 백성과 함께 고난 받기를 잠시 죄악의 낙을 누리는 것보다 더 좋아했다"(히 11:25). 죄는 쾌락을 보상으로 제시하며 세상을 굴복시키려 한다. 다른 한편으로 죄는 사람들을 악에 얽매이게 해 형벌을 가한다.

죄의 법은 성문법이 아닌 인간의 본성에 내재되어 충동과 강요를 일삼는 법이다. 이 때문에 유혹이 일어난다. 죄의 법은 본성에 내재되었기에 매우 강력한 힘을 발휘한다. 하나님이 새 언약을 마음에 새겨주시겠다고 말씀하신 이유가 여기에 있다. 하나님은 예레미야 31장 33절에서 "내가 나의 법을 그들의 속에 두며 그들의 마음에 기록하겠다"고 말씀하셨다. 이는 "글로 쓴 법은 효력이 없다. 나는 다른 방법을 취하겠노라. 나는 그 법을 마음에 새겨 생명력을 지닌 원리로 삼겠노라"라는 의미이다.

죄의 법도 내주하는 법이다. 바울은 로마서 7장 20절에서 "내 속에 거하는 죄"라고 말하며, "나에게 악이 함께 있다"(롬 7:21)고 고백하고, "내 지체 속에 있는 죄의 법"(롬 7:23)이라고 표현했다. 이처럼 죄는 내 안에 거하는 법, 즉 내적인 습관이자 원리다. 죄의 권능은 다음과 같은 사실들 때문에 더욱 강력해진다.

- 죄의 법은 항상 영혼 안에 거한다. 죄의 법이 사라지는 때는 없다. 죄의 법이 자기 안에 거한다고 말한 사도 바울의 말에 주목하자. 죄의 법은 단지 이따금 한 번씩 들르는 방문객이 아니다. 죄는 영혼에 거처를 정하고 거주한다.

- 죄는 자신이 지향하는 목적을 이룰 준비를 항상 갖추고 있다. 사도 바울은 "선을 행하기 원하는 나에게 악이 함께 있다"고 말했다. 기도하고 구제하고 묵상하고 하나님을 사랑하는 마음으로 그분에게 복종하려고 할 때마다 우리를 당황스럽게

하고 곤란하게 만드는 죄의 법이 우리를 방해한다. 죄는 부패한 원리로서 끈질기게 우리를 물고 늘어진다.

• "얽매이기 쉬운 죄"(히 12:1)라는 말씀대로 죄는 언제든지 쉽게 그 힘을 발휘한다. 죄는 문을 열어 젖일 필요도 없고, 엔진을 가동시킬 필요도 없다. 죄는 우리의 마음과 생각에 놓여 있다. 또 의지와 감정에서도 죄가 발견된다. 따라서 죄는 우리가 하는 모든 일에 악한 영향력을 행사하거나 선한 모든 일을 매우 손쉽게 방해할 수 있다. 죄는 우리의 영혼과 그만큼 가깝다. 죄는 우리의 행동을 유발하는 영혼의 기능에 전반적인 영향력을 행사한다. 한마디로 죄는 우리의 영혼을 거처로 삼고 거주한다.

신자는 집안에 화재를 일으킬 만한 불씨를 찾듯이 경각심을 곤두세우고 자기 안에 거하는 죄의 법의 실체를 찾아내야 한다. 은혜를 사모하는 열정, 깨어 있는 삶, 근면한 복종 등이 죄의 법을 발견하느냐 못 하느냐에 달려 있다. 한마디로 이것이 우리의 삶 전체를 유지하는 축이다. 죄의 법을 모르면 무감각하고 부주의하고 나태하고 자만에 빠진 삶을 살아갈 수밖에 없다. 하나님은 그런 삶을 미워하신다. 양심에 어긋나는 수치스런 죄를 저지르게 되는 이유는 내주하는 죄의 법에 마땅한 주의를 기울이지 않은 탓이다.

우리는 죄의 법이 영혼에 어떤 영향을 미치는지 알아야 한다. 그 독소를 파헤쳐야 한다. 선을 행하기 원한다면 겸손하게 자기를 낮추고 열심히 기도하고 부지런히 살며 항상 자신을 성찰해야 한다. 그럴 때에 성령의 도우심과 은혜를 체험할 수 있다.

마음 : 죄가 거하는 곳

성경은 죄의 장소가 마음이라고 가르친다. 마음은 마땅히 하나님이 거하시는 장소가 되어야 하지만, 죄가 침투해 들어와 장악한 상태이다. 성경은 "인생의 마음에는 악이 가득하여 그들의 평생에 미친 마음을 품고"(전 9:3), "마음에서 나오는 것은 악한 생각과 살인과 간음과 음란과 도둑질과 거짓 증언과 비방이니"(마 15:19)라고 말씀한다. 사람들을 부추겨 악을 행하게 자극하는 외부의 유혹들이 많지만 악의 뿌리이자 원천은 마음에 있다. 마음에 죄의 법이 없다면 유혹은 어떤 영향도 미치지 못한다.

"그의 마음으로 생각하는 모든 계획이 항상 악할 뿐임을 보시고"(창 6:5)라는 말씀에 내주하는 죄의 활동과 영향력이 잘 요약되어 있다. 창세기 8장 21절도 같은 내용이다. 주님은 "악한 자는 그 쌓은 악에서 악을 내나니 이는 마음에 가득한 것을 입으로 말함이니라"(눅 6:45)고 말씀하셨다. 악은 항상 마음에 넘쳐나며 결코 다함이 없다. 이 원리는 서로 반대되는 두 가지 결과를 낳는다. 즉 죄를 지으면 지을수록 내면에 더 많은 죄가 쌓이고, 하나님의 은혜를 의지해 선을 행하면 행할수록 더 많은 선이 쌓인다. 악과 선의 원리가 둘 다 마음에 있다. 악과 선 둘 중에 한 가지만 가진 사람은 아무도 없다.

성경은 "마음"이란 용어를 다양한 의미로 사용한다. 때로는 생각이나 이해력을, 때로는 의지를, 때로는 양심이나 영혼을 가리킨다. 일반적으로 마음은 인간의 영혼과 그 기능을 일컫는다. 그런데 영혼의 기능에는 각각 고유한 임무가 있다. 먼저 생각은 무엇이 선하고 악한지 묻고, 해야 할 일과 해서는 안 될 일을 윤리적으로 판단한다. 감정은 싫고 좋음을 나타내어 어떤 것은 취하고 어떤 것은 거부한다. 양심은 경고하고 결정하는 일을 한다. 마음은 이 모든 기능을 통합한다. 죄의 법이 마음에 거한다는 말은 바로 이런 의미에서다.

성경은 선악 간에 이루어지는 인간의 행동을 두 가지 의미에서 마음과 결부시킨다. 하나는 영혼이 인간의 행동에 방대한 영향을 미친다는 점에서다. 인간은 기쁨으로, 즉 온 마음을 다해 어떤 일을 수행한다. "내가 기쁨으로 그들에게 복을 주되 분명히 나의 마음과 정성을 다하여 그들을 이 땅에 심으리라"(렘 32:41)는 말씀에서 알 수 있듯이 심지어는 하나님께서도 사랑과 기쁨으로 축복을 베푸신다. 다른 하나는 먼저 마음의 결심이 있고, 또 지속적으로 밀고 나가려는 의향이 있어야만 행동이 이루어진다는 점에서다. 이처럼 어떤 일을 하고자 하는 동기나 그것을 이루려는 추진력이 모두 마음에서 비롯한다.

바로 이 마음에 죄가 거한다. 죄는 마음에 거하는 원수다. 죄는 마음에 성채를 마련하고 하나님을 거역하라며 평생토록 우리를 부추긴다. 적군과 전쟁을 할 때는 비단 군대의 숫자나 막강한 화력뿐 아니라 그들이 차지한 난공불락의 요새 또한 두려움의 대상이 된다. 죄도 마찬가지다. 죄는 마음에 막강한 성채를 쌓고 앉아 우리의 영혼을 괴롭히고 하나님을 대적한다.

그렇다면 죄의 성채인 마음의 특징을 잠시 살펴보자.

첫째, 마음은 그 정체를 간파하기 어렵다. 성경은 "만물보다 거짓되고 심히 부패한 것은 마음이라 누가 능히 이를 알리요마는 나 여호와는 심장을 살피며"(렘 17:9, 10)라고 말씀한다. 인간의 마음은 오직 하나님만이 아신다. 우리는 다른 사람의 마음을 알 수 없다. 심지어 우리 자신의 마음이 품는 생각과 계획은 물론 그 미묘한 변화와 행동 방식과 성향조차 알지 못한다. 전지전능하신 하나님을 제외하고는 그 누구도 자신이나 다른 사람의 마음을 알지 못한다.

도무지 알 길이 없는 마음에 바로 죄의 법이 존재한다. 죄는 그곳에 안전하게 도사리고 앉아 영향력을 행사한다. 우리는 원수의 실력을 가늠할 길이 없다. 더구나 원수는 아예 모습조차 보이지 않는다. 드디어 죄를 정복했다는 생각이 들 때도 단지 시야에서 일시적으로 사라진 것에 불과할 때가 많다. 죄는 우리가 추적할 수 없는 곳으로 후퇴하여 그 모습을 숨기곤 한다.

이처럼 죄는 무지한 생각, 왜곡된 의지, 속된 욕망 안에 자신을 위장하기에 쉽게 발견되지 않는다. 가장 지혜로운 방법은 죄가 처음 모습을 드러냈을 때를 포착하는 것이다. 하지만 알 길이 없는 마음이라도 하나님 앞에서는 "벌거벗은 것 같이 드러난다"(히 4:13). 사물의 본질을 꿰뚫어 보는 분은 오직 하나님 한 분뿐이시다.

둘째, 마음은 알 수 없을 뿐 아니라 거짓되다. 성경은 마음을 "만물보다 거짓되다"(렘 17:9)고 말씀한다. 세상에는 속이는 일들이 많다. 정치나 장사를 비롯해 사회 전반에 그런 현상이 만연하다. 그러나 세상의 모든 속임수는 이미 마음에서부터 시작되는 것이다. 마음 자체가 거짓으로 가득하다. 게다가 죄의 속임수까지 마음에 더해지는 탓에 거짓은 더욱더 증폭된다. 잠언 26장 25절은 "그 마음에 일곱 가지 가증한 것이 있음이니라"라고 말씀한다. 즉 마음에는 거짓을 비롯해 가증한 일들이 매우 많다. 오죽하면 "일곱"이라는 완전수로 표현했으랴!

이러한 마음의 거짓은 주로 두 가지 형태를 띤다.

첫째, 논리와 일관성을 결여한 모순이다. 모순된 삶을 사는 사람들이 있다. 지혜로운 듯하며 어리석고, 개방적인 듯하며 폐쇄적이고, 유순한 듯하며 완고하고, 아량이 넓은 듯하며 복수심이 강한 사람들이 있다. 모든 사람의 마음에는 거짓이 존재한다. 그것은 때로 불길처럼 뜨거우면서도 돌처럼 차가울 수 있고, 유약하면서도 강퍅한 모습을 띨 수 있다.

이러한 모순이 생기는 이유는 바로 죄 때문이다. 하나님은 본래 만물이 완벽한 조화와 일체를 이루도록 창조하셨다. 인간의 생각과 감각도 하나님과 그분의 뜻에 완전히 복종하도록 지음을 받았다. 생각이 어떤 일을 선하다고 판단하면 의지가 곧 그 일을 행했고, 감정도 생각과 의지에 동조해 일관된 성향을 드러냈다. 하지만 죄가 들어오면서 그런 조화와 질서가 깨졌다. 의지는 생각이 선하다고 판단하는 일을 거부하고, 감정도 의지가 선택한 일을 기뻐하지 않는다. 서로가 서로의 뜻을 거스른다. 하나님께 복종하지 않은 탓에 이런 결과가 나타났다. 이처럼 마음의 거짓은 그 자체의 일관되지 못한 성향에서 비롯한다. 마음의 기능이 모두 안정을 잃은 상태다.

둘째, 처음 했던 결심이나 약속을 지키지 않는 속성을 띤다. 때로 감정이 자극을 받아 마음에 선한 결심이 일어설 때가 있다. 하지만 곧 마음이 바뀌어 처음의 결심이 사라지고 만다. 무의미한 결심들은 오히려 죄를 더욱 부추긴다. 하나님은 자신의 백성에게 마음에 현혹되지 말라고 경고하셨다. 하지만 마음의 거짓에 속지 않을 사람은 하나도 없다. 성령의 역사가 필요한 이유가 바로 이 때문이다. 성령께서는 마음이 "만물보다 거짓되다"는 사실을 드러내신다. 인간의 마음은 자신이 무엇을 하는지도 확실히 모르고, 하겠다고 다짐했던 일들도 쉽게 포기한다. 따라서 우리는 다음 세 가지를 늘 염두에 두어야 한다.

하나, 마음과의 싸움이 끝났다고 생각해서는 안 된다. 마음에 도사린 죄의 위치를 파악하기 어렵다는 사실을 잊지 말라. 승리를 거둔 후 방심한 탓에 파멸을 당한 정복자들이 많다. 우리는 조금도 인정을 두지 말고 철저하게 죄에 맞서 싸워야 한다. 성경은 "그러므로 땅에 있는 지체를 죽이라"(골 3:5)고 말씀한다. 죄와의 싸움은 세상에서 사는 동안 계속되어야 한다.

둘, 내주하는 죄는 다양한 속임수를 구사하므로 한순간도 경계심을 풀어서는 안 된다. 자신의 모습을 환히 드러내고 폭력만을 행사하는 적은 어느 정도 여유를 갖게 해준다. 적의 위치를 알고 다음 행동을 예측할 수 있는 경우에는 두려움 없이 잠들 수 있다. 하지만 속임수와 책략을 일삼는 적군, 먼 거리까지 미치는 공격 수단을 가진 적군이라면 조금도 방심해서는 안 된다. 그런 상황에서는 정신을 바짝 차리고 모든 변화를 예의주시하며 수상한 점이 발견되면 즉시 확인해야 한다.

셋, 인간의 마음을 아시는 하나님께 모든 문제를 전적으로 일임해야 한다. 하나님은 죄의 책략과 속임수를 모두 꿰뚫고 계신다. 우리의 안전은 오직 그분 안에 있다. 시편 139편을 보면 다윗은 하나님의 편재하심과 전능하심을 묘사한 뒤에 "하나님이여 나를 살피사 내 마음을 아시며 나를 시험하사 내 뜻을 아옵소서"(시 139:23)라고 기도했다. 이 말은 "저는 제 자신의 거짓된 마음을 알 수가 없습니다. 심지어는 가장 성실하다고 생각될 때도 그렇습니다. 그러니 제 마음에 계시고, 또 제 생각을 미리 아시는 하나님께서 제 안에 있는 이 문제를 처리해 주옵소서. 제 마음을 철저히 다스려 주옵소서. 그 일을 하실 수 있는 분은 오직 주님뿐입니다"라는 의미를 함축한다.

묵·상·과·토·의·를·위·한·질·문
TRIUMPH OVER TEMPTATION

1. 오웬은 "죄의 법은 신자 안에 거할 뿐 신자를 지배하지 않는다"고 주장한다. 이런 역설적인 주장을 뒷받침해 줄 만한 개인적인 경험이 있는가? 이런 차이점을 구별하는 것이 동료 신자들의 삶을 이해하는 데 어떤 도움을 주는가?

2. 인간의 마음에 죄가 거한다는 사실을 알면 자아를 바라보는 관점에 어떤 변화가 일어날까? 이 같은 지식은 인간이 본질적으로 선하다는 일반인들의 주장에 대해 우리가 어떻게 반응하게 하는가? 또 하나님의 은혜를 어떻게 더욱 깊이 이해하게 해주는가?

02

죄의
본질

1장에서 인간의 마음에 거하는 죄의 현실이 하나의 원리임을 확인했다. 이제는 그 권능과 효력을 살펴보면서 본질을 좀 더 파헤쳐 보자. 나는 "육신의 생각은 하나님과 원수가 되나니"(롬 8:7)라는 말씀에 반영된 죄의 본질을 살펴볼 생각이다.

1단계 : 반목

"원수"라는 말은 쌍방이 서로를 향해 품는 적대감 이상의 의미를 지닌다. "증오" 또는 "반목"으로 번역되기도 하는 이 말은 모든 적대감정의 총화를 의미한다. 원수들은 서로 화해할 수 있지만 반목하는 감정은 결코 화해되지 않는다. 원수를 화해시키는 유일한 방법은 반목하는 감정을 없애는 것이다. 사도 바울은 "곧 우리가 원수 되었을 때에 그의 아들의 죽으심으로 말미암아 하나님과 화목하게 되었은즉"(롬 5:10)이라고 말했다. 심지어 가장 대립이 심한 원수도 화해할 수 있다. 하지만 사도 바울이 말하는 반목하는 감정은 완전히 파괴시켜 없애는 방법 외에는 달리 방법이 없다. 바울은 그리스도가 "원수 된 것 곧 중간에 막힌 담을 자기 육체로 허시고"라고 말했다(엡 2:14).

반목하는 감정이 조금이라도 남아 있으면 결단코 용납하지 말라. 반목하는 감정이 다소 누그러졌다 해도 완전히 제거되지 않는다면 마치 한 방울의 독약이 전체를 오염시키듯 다시 그 독소를 퍼뜨리며 위세를 떨칠 수 있고, 또 작은 불씨처럼 꺼지지 않은 채 불길을 유지할 수 있다. 그래서 죄의 본성을 파악했던 바울은 로마서 7장 24절에서 "이 사망의 몸에서 누가 나를 건져내랴"라고 부르짖으며 완전한 구원을 갈망했다. 죄의 본성을 억누르는 것은 단지 그 힘을 약화시킬 뿐 본성 자체를 궤멸할 수 없다. 죄의 본성을 변화시키는 것은 오직 하나님의 은혜뿐이다.

요한일서 4장 8절은 "하나님은 사랑이심이라"고 말씀한다. 하나님은 만물 위에 영원히 뛰어나시고 가장 사모할 만한 분이시다. 하나님은 본성적으로 선하실 뿐 아니라 성자 예수님의 죽으심과 말로 다 할 수 없는 복을 통해 그 자비를 밝히 드러내셨다. 우리가 존재하는 이유도 하나님의 은혜이며, 그분의 은혜에 우리의 궁극적인 운명이 달려 있다. 하지만 우리는 일평생 하나님과 반목하는 관계를 유지할 수도 있다. 반목은 치유나 화해가 불가능하다. 우리를 구원할 유일한 방법은 반목하는 감정을 완전히 없애는 것이다.

다윗이 사울과 화해했듯 원수들은 서로 화해가 가능하다. 우리도 다윗처럼 원수의 분노를 자극하는 요인을 찾아 제거하면 평화의 관계를 맺을 수 있다. 다윗은 사무엘상 26장 19절에서 "만일 왕을 충동시켜 나를 해하려 하는 이가 여호와시면 여호와께서는 제물을 받으시기를 원하나이다마는 만일 사람들이면 그들이 여호와 앞에 저주를 받으리니"라고 말했다.

하나님께서 화해를 제안하셨든 인간이 제안했든 간에 화해는 항상 평화의 소망을 가져다준다. 하지만 반목하는 감정 자체를 처리하려면 완전히 파괴될 때까지 계속 싸워야 한다. 반목하는 감정이 극복되거나 파괴되지 않으면 역으로 영혼이 정복당하기 때문이다. 바로 여기에 죄의 권능이 있다. 반목하는 감정은 그 어떤 평화조약도 인정하지 않는다. 서로 적대관계에 있다면 잠시 휴전을 할 수도 있지만, 반목하는 감정은 평화는 물론 휴전도 없다. 한마디로 죄와 화목하려는 시도는 헛된 소망에 불과하다.

"정욕을 위하여 육신의 일을 도모하는"(롬 13:14) 사람도 있다. 하지만 그것은 장작과 기름에 불을 붙이는 행위, 불에 기름을 부어 더욱더 활활 타오르게 하는 행위나 다를 바 없다. 집에 난 불을 처리하는 유일한 방법은 완전히 끄는 것이다. 그 외에는 방도가 없다. 죄의 본성은 곧 반목하는 감정을 의미하기 때문에 완전히 없애는 것만이 유일한 해결책이다.

하나님을 향한 반목

죄는 단순한 반목을 넘어 "하나님과의 반목"을 의미한다. 죄는 전능하신 하나님을 원수로 삼는다. 성경에는 죄를 우리의 원수로 묘사하는 구절이 많다. 베드로전서 2장 11절은 "영혼을 거슬러 싸우는 육체의 정욕을 제어하라"고 말씀하고, 갈라디아서 5장 17절은 "육체의 소욕은 성령을 거스르고"라고 말씀한다. 죄는 우리 안에 존재하는 영적 원리에 대항해 우리의 영혼을 파괴하려 든다. 우리 안에서 이루어지는 은혜의 사역을 방해하는 죄의 궁극적인 목적은 하나님을 대적하는 것이다.

하나님을 구원의 주님이자 율법을 수여한 거룩하신 존재로 생각할 때 비로소 죄 때문에 일어난 반목이 얼마나 치명적인지 깨닫게 된다. 죄는 왜 우리가 선한 일을 하고 싶어도 하지 못하도록 의무를 방해하는 것일까? 왜 죄는 믿지 않는 마음과 게으른 태도와 속된 생각을 자극해 우리가 육신의 일을 도모하며 방황하게 하는 것일까? 그 답은 한마디로 우리의 영혼이 관계를 맺기 원하는 하나님을 대적하기 위해서다.

죄는 "작은 자나 큰 자와 더불어 싸우지 말고 오직 이스라엘 왕과 싸우라"(왕상 22:31)고 명령했던 아람 왕처럼 사탄의 명령을 받들어 궁극적으로 우리가 아닌 하나님을 대적한다. 아람 왕의 군대는 변장한 여호사밧을 아합 왕으로 알고 추적하다가 아니라는 것을 알고는 추적을 중단했다. 마찬가지로 사탄도 하나님을 믿는 이들만 유혹할 뿐 나머지 사람들은 그대로 방치한다. 그의 궁극적인 목표는 하나님을 대적하는 것이기 때문이다.

아울러 사탄은 우리의 삶에 존재하는 하나님의 거룩하심과 권위를 대적한다. 이것이 반목이 지니는 또 다른 측면이다. 반목하는 감정은 주님의 멍에를 싫어한다. 하나님은 다양한 종교적 의무를 행했던 이스라엘 백성에게 "이스라엘아 너는 나를 괴롭게 여겼으며"(사 43:22)라고 말씀하셨다. 하나님을 대적하는 데서 모든 죄악이 비롯한다. 죄는 우리 마음 깊은 곳에 도사리고 앉아 하나님을 향해 "우리를 떠나소서"(욥 21:14, 22:17)라고 부르짖는다. 죄는 하나님을 대적하고 그분의 멍에를 벗어던질 뿐 아니라 피조물이 창조주 하나님을 의지하지 못하게 방해한다.

바울은 로마서 8장 7절에서 육신의 생각이 하나님과 원수가 되는 이유를 밝혔다. 그것은 "하나님의 법에 굴복하지 아니할 뿐 아니라 할 수도 없기" 때문이다. 죄는 하나님께 복종할 수도 없고, 복종할 의지도 없다. 죄는 오직 하나님을 대적하려는 본성만 갖는다. 죄는 자신의 본성을 결코 바꾸려 하지 않는다.

본질석으로 내재된 죄의 행위

하나님을 반목하는 행위는 보편적이며 절대적이다. 그 이유는 죄 안에 반목하는 감정이 본질적으로 내재되어 있기 때문이다. 죄는 하나님을 반목하며 영혼을 대적하고 복음을 거스른다.

1. 죄는 하나님과 반목한다.

하나님의 속성이나 행동 가운데 죄를 용납하는 요소가 조금이라도 있다면 아마 인간의 영혼은 거기서 안식처를 발견할 것이다. 하지만 그럴 가능성은 전혀 없다. 죄는 하나님과 모든 면에서 대립할 뿐 아니라 우리가 하나님과 관계를 맺는 모든 수단을 방해한다. 죄는 하나님의 존재 자체를 거부한다. 죄는 하나님의 모든 것, 그분의 선하심, 거룩하심, 자비, 은혜, 약속 등을 모두 대적한다. 그분 안에 죄가 대적하지 않는 요소는 하나도 없다.

마찬가지로 죄는 하나님에 대한 우리의 모든 의무를 대적한다. 우리가 좀 더 신령해지거나 거룩해질수록 죄는 더욱더 기승을 부린다. 하나님을 가장 열심히 믿는 신자일수록 죄의 반대에 가장 크게 부딪친다.

2. 죄는 영혼을 대적한다.

죄가 영혼의 한 가지 기능만 대적하거나 단 하나의 감정이라도 그 영향력에서 벗어나도록 허용한다면 우리는 죄를 대적하거나 억제할 수 있다. 하지만 인간의 영혼 안에는 그리스도께서 거할 만한 곳이 없다. 그래서 그분은 인간의 생각과 감정과 의지 안에서 잠시도 싸움을 멈추지 않고 조금씩 영토를 넓혀 가셔야 한다. 삶의 어떤 부분도 투쟁 없이 얻어진 것은 없다. 심지어 하나님의 은혜를 경험한 인간의 마음에도 죄는 여전히 존재한다.

인간의 영혼 안에서 싸움이 벌어지지 않는 곳은 한 군데도 없다. 생각은 무지와 허영과 더불어 싸워야 하고, 의지는 강퍅하고 완고하고 왜곡된 성향과 씨름해야 한다. 감정도 하나님을 향한 반감, 고집스러움, 정욕과 승부를 벌여야 한다. 우리의 지식은 불완전하고, 우리의 복종은 나약하고, 우리의 사랑은 혼탁하고, 하나님을 경외하는 마음은 순수하지 않고, 그분을 기뻐하는 마음 역시 자유롭거나 고귀하지 못하다.

3. 죄는 반목의 힘을 행사한다.

복음의 법이 강력하게 죄를 저지해도 죄는 주저하거나 포기하지 않는다. 이 점을 깨닫는다면 우리 안에 존재하는 반목하는 감정에 경계심을 늦출 수 없을 것이다. 항상 깨어 있어야만 죄의 권능을 약화시킬 수 있다. 하지만 스스로 죄가 없다 생각하며 자신을 기만하는 이들이 많으니 참으로 안타까운 일이다(요일 1:8).

2단계 : 반감과 대립

죄의 행동양식은 두 가지로 요약된다. 하나는 반감이고, 다른 하나는 대립이다. 이 두 가지 요소를 파악하면 우리 안에서 하나님에 대한 반목의 감정이 어떤 방식으로 표출되는지 알 수 있다.

반감은 쌍방이 서로를 혐오하는 것을 의미한다. 스가랴 선지자는 "내 마음에 그들을 싫어하였고 그들의 마음에도 나를 미워하였음이라"(슥 11:8)고 말했다. 이는 유대인과 사마리아인처럼 상호 간에 반목하는 것을 뜻한다(요 4:9 참조). 대립 또는 다툼도 반목이 빚어낸 결과다. 이사야 63장 10절은 "그가 돌이켜 그들의 대적이 되사 친히 그들을 치셨더니"라고 말씀한다. 곧 하나님이 이스라엘 백성에게서 돌이키셨다는 뜻이다. 이렇듯 반감과 대립은 둘 다 반목에서 비롯한 결과다.

죄는 무엇보다 하나님께 반감을 갖는다. 죄는 하나님과의 사 귐을 가능케 하는 행동에 전혀 무관심하다. 죄는 선한 의무를 싫 어하고 형식만을 일삼으며 늘 정욕에 치우치게 만든다. 성경은 "너는 하나님의 집에 들어갈 때에 네 발을 삼갈지어다"(전 5:1)라 고 경고한다. 다시 말해 "영적인 의무를 이행했느냐? 하나님과 교제를 나눌 마음이 있느냐? 그렇다면 네 자신, 즉 네 마음의 동 향을 유심히 살펴보라. 왜냐하면 죄가 네가 의도하는 바를 싫어 하여 이행하지 못하게 만들지도 모르기 때문이다"라는 뜻이다.

우리는 선한 일을 하려고 할 때마다 반감이 일어나 그릇된 길 로 나아갈 가능성이 많다. 바울은 "선을 행하기 원하는 나에게 악이 함께 있는 것이로다"(롬 7:21)라고 말했다. 곧 "선을 행하려 는 거룩한 욕망이 일어날 때 의무를 행하지 못하도록 악이 방해 한다"는 뜻이다. 죄는 무엇이든 우리가 하나님을 위해 하는 일 은 싫어하고 혐오한다. 죄는 겉으로만 하나님을 섬기는 척하기 를 원한다. 죄는 우리의 마음을 하나님에게서 돌이키게 하는 데 목적이 있기에 형식적인 믿음을 갖도록 유도한다(겔 33:31).

죄에서 완전히 해방되었으니 하나님을 향한 반감이 자기 안에 는 존재하지 않는다고 생각하는 이들이 있다. 하지만 한두 가지 그릇된 원인에서 비롯된 거짓 자유는 아닌지 심히 우려된다. 예 를 들어, 자기 영혼의 실상을 잘 모르는 이들이 많다. 그들은 바리새인처럼 자신에 대해 무지하다. 하나님을 위해 어떤 일을 했다고 자랑하는 이유가 여기에 있다. 또 어떤 사람은 그리스도와 인격적인 관계를 맺거나 그분과 진정한 사귐을 나누지 않으면서 형식적인 신앙생활에 머무른다. 그런 사람들이 복종의 의무를 이행할 때면 죄는 아무 저항도 하지 않고 가만히 방치해 둔다.

하지만 하나님만을 구하며 살아가는 참 신자는 죄의 심한 저항에 직면한다.

첫째, 참 신자는 종종 감정의 영역에서 하나님께 반감을 느낀다. 하나님의 성령의 손길이 그들을 강하게 붙잡아 주지 않으면 그들의 영혼에서 하나님을 향해 은밀하고 비밀스런 적대감이 고개를 쳐든다. 의무를 다하겠다는 마음과 확신, 또 하나님께 대한 경외심과 그분과의 교제의 필요성을 느끼고 기도의 골방에 들어가면서도 여전히 기도하기를 싫어하는 마음이 일어날 수 있다. 심지어 기도를 소홀히 하면 영혼에 큰 폐해가 미칠 수 있음을 잘 알면서도 기도하기를 싫어한 나머지 둘러댈 핑계거리를 찾거나 다른 일에 한눈을 팔기도 한다.

둘째, 참 신자는 생각의 영역에서도 종종 하나님께 반감을 느낀다. 욥은 "그 앞에서 내가 호소하며 변론할 말을 내 입에 채우고"(욥 23:4)라고 말했다. 우리의 생각은 때로 하나님 앞에서 어떤 의무를 이행해야 하는지 분명하게 알고 있으면서도 헛된 공상을 일삼거나 아무 활기 없이 멍한 상태로 머물기를 좋아한다. 이 모든 것이 죄가 하나님께 반감을 부추기기 때문이다. 사람들이 말씀을 묵상하기가 어렵다고 호소하는 이유가 여기에 있다.

셋째, 실천적인 의무를 이행하는 데 하나님께 반감을 느낀다. 의무를 행하기가 어렵고, 혹 실천하더라도 지속성이 없으며, 의무를 소홀히 하거나 믿음으로 행하지 않는 일이 생기기도 한다. 그러다 결국 배교로 치우친다. 이 모두가 우리 안에 죄가 존재한다는 증거다. 사탄은 우리가 하나님과 참된 관계를 맺지 못한 채 형식적으로 그분을 섬기도록 유도한다. 삶에 죄를 용납한다면 양심이 어두워져 그 기능이 멈추기까지 점점 죄의 영향력이 증대될 것이다. 죄를 정복하지 않으면 결국 죄에 정복된다.

넷째, 개인적인 의무뿐 아니라 공적인 의무를 이행하는 데도 하나님께 반감을 느낀다. 우리는 공적인 의무를 행하는 데도 얼마나 큰 고민에 휩싸이는지 모른다. 생각과 감정이 온갖 복잡한 동기에 휘말려 때로 추하고 고약스런 죄의 모습을 나타낸다. 개인적인 의무든 공적인 의무든 겉으로 드러난 형식을 벗겨보라.

그러면 하나님을 거부하는 죄의 권능과 그 영향력을 쉽게 확인할 수 있을 것이다.

그렇다면 어떻게 해야 하나님께 대한 반감을 없애고 마음과 영혼을 거룩하게 유지할 수 있을까? 그 방법을 다섯 가지로 정리해 보자.

1. 마음을 하나님께 고정시키라.

거룩한 성향, 또는 마음이 있어야만 "하나님이여 내 마음이 확정되었고 내 마음이 확정되었사오니"(시 57:7)라고 말할 수 있다. 하나님 앞에서 모든 의무를 행하지 않으면 무엇을 하든 마음을 거룩한 상태로 유지할 수 없다. 죄가 삶의 한쪽 측면을 치고 들어오면 점차 삶 전체에 그 영향이 미치게 된다. 무슨 의무를 행하든 또 어떤 태도를 취하든 늘 즐겁고 한결같은 마음으로 행하는 것이 유일한 예방책이다.

개인적인 의무나 공적인 의무를 막론하고 항상 일관성을 지녀야 한다. 복종은 전체적으로 조화를 이루어야 하기 때문이다. 한 부분이 무너지면 곧 전체가 무너진다. 다윗은 "내가 주의 모든 계명에 주의할 때에는 부끄럽지 아니하리이다"(시 119:6)라고 말했다. 하나님의 계명을 모두 존중하며 지키는 것이 수치를 당하지 않는 유일한 방책이다.

2. 죄로 반감이 일어날 때는 초기에 억제하라.

의무를 행하기 전에 먼저 은혜가 있어야 한다. 어떤 의무를 행하든지 위험이 있음을 알고 "근신하여 기도해야"(벧전 4:7) 한다. 혹시라도 유혹이 없는지 예의주시하라. 유혹은 초기에 막지 않으면 나중에는 감당할 수 없게 된다. 죄와 타협하지 말라. 베드로가 "주여 그리 마옵소서"라고 만류하자 주님은 즉시 "사탄아 내 뒤로 물러 가라"라고 말씀하셨다(마 16:22, 23). 우리도 유혹을 느낄 때면 "죄의 법아 내 뒤로 물러가라"라고 소리쳐야 한다.

3. 죄가 역사하더라도 정복당하지 말라.

죄가 악착같이 물고 늘어져도 피곤해하지 말라. 아무리 강하게 대적해 와도 낙심하면 안 된다. 히브리서 저자는 "우리가 간절히 원하는 것은 너희 각 사람이 동일한 부지런함을 나타내어 끝까지 소망의 풍성함에 이르러 게으르지 아니하고"(히 6:11, 12)라고 말했다. 유혹의 힘에 지지 말고 끝까지 버티라. 결코 실망하지 말고, 무엇보다 하나님께 반감이 일어나는 것을 경계하라.

주님은 "항상 기도하고 낙심하지 말라"(눅 18:1)고 말씀하셨다. 어떤 저항이든 우리 마음에서 비롯하는 저항만큼 강한 것은 없다. 히브리서 저자는 "피곤하여 낙심하지 않도록"(히 12:3) 주의하라고 당부했다. 비슷한 말씀이 로마서 12장 12절 "소망 중에 즐거워하며 환난 중에 참으며 기도에 항상 힘쓰며"와 6장 12절 "그러므로 너희는 죄가 너희 죽을 몸을 지배하지 못하게 하여 몸의 사욕에 순종하지 말고"에서도 발견된다. 그러므로 굴복하지 말고 끝까지 싸워야 한다.

하나님을 바라보면 반드시 승리한다. 이사야 40장 31절은 "오직 여호와를 앙망하는 자는 새 힘을 얻으리니 독수리가 날개치며 올라감 같을 것이요 달음박질하여도 곤비하지 아니하겠고 걸어가도 피곤하지 아니하리로다"라고 약속한다. 지금 힘들다고 굴복하면 나중에는 더욱더 어려움이 가중된다. 하지만 지금 힘써 싸워나가면 마침내 승리를 거둘 것이다.

4. 죄가 우리의 본성에 거하면서 경건한 삶을 싫어하게 만든다는 점을 늘 겸손하게 의식하라.

모든 선한 축복이 하나님의 은혜로 주어진 것임을 알고 늘 그분과 동행하는 삶을 살아야 한다. 우리의 열매도 하나님께로부터 비롯하고, 우리의 빛도 그분에게서 나오지 않는가? 하나님을 가까이함으로써 모든 것을 얻었고, 그분에게서 안식과 평화를 얻지 않았는가? 모든 자비가 하나님께로부터 나오고, 모든 좋은 것들이 그분에게서 비롯하지 않는가? 상상을 초월하는 축복, 말로 다 표현할 수 없는 은혜를 하나님이 주시지 않았는가?

그런데도 하나님을 싫어하고 그분의 뜻을 거부하는 저주스런 성향이 우리의 어리석고 비참한 마음에 존재하는 이유는 무엇인가? 우리는 그런 마음을 품는 자신을 부끄럽게 생각해야 한다. 하나님은 겸손히 통회하는 심령을 기뻐하신다. 그러므로 늘 하나님의 존재를 겸손히 의식하며 살아가자. 그렇게 할 때 우리 안에 거하는 죄의 권능을 약화시킬 수 있다.

5. 영적인 것들의 아름다움과 탁월함을 소중히 여기며 살아가려고 노력하라.

탐스럽고 사랑스러운 것들을 사모하라. 예배의 아름다움과 고귀함을 모르면 하나님을 늘 예배하며 살아가기 어렵다. 영적 감각을 잃고 하나님께 속한 것들의 아름다움을 의식하지 못하면 형상이나 그림과 같은 것들을 사용해 겉으로만 거창하고 화려한 예배를 드리는 우를 범할 수 있다. 하나님을 예배하는 데서 아름다움과 기쁨을 발견하지 못하면 결국 예배를 싫어하게 될 수밖에 없다. 모든 아름다운 것들이 하나님께로부터 비롯한다는 점을 명심하라. 또한 그리스도를 만국의 소망으로 여기고 사랑하라. 성령이 영혼을 아름답게 만들어주신다는 점을 잊지 말라. 신성의 아름다움과 고귀함을 깊이 의식하면 하나님께 속한 것들을 싫어하게 만드는 죄의 유혹을 물리칠 수 있다.

3단계 : 대적

죄는 반감을 불러 일으켜 하나님을 싫어하게 만들 뿐 아니라 하나님과 다투며 그분을 대적한다. 곧 빛과 어두움, 뜨거움과 차가움, 미덕과 악덕, 죄와 은혜의 싸움이다. 바울은 "이 둘이 서로 대적한다"(갈 5:17)고 말했다.

죄는 네 가지 방법으로 하나님을 대적한다. 하나, 육체의 정욕을 자극함으로써(갈 5:17), 둘, 싸움과 다툼을 야기함으로써(롬 7:23, 약 4:1, 벧전 2:11), 셋, 영혼을 사로잡음으로써(롬 7:23), 넷, 점차 광기를 품게 함으로써(전 9:3) 하나님을 대적한다.

1. 죄는 정욕으로 하나님을 대적한다.

죄의 행위는 "육체의 욕심"으로 불린다(갈 5:16). 사도 바울은 "정욕을 위하여 육신의 일을 도모하지 말라"(롬 13:14)고 경고했다. 육신은 물론 생각도 정욕을 품는다.

죄가 육신의 정욕을 통해 하나님을 대적하는 방법은 두 가지다.

첫째, 악을 행하려는 마음의 은밀한 성향을 부추긴다. 마음은 습관적으로 악을 행하려는 성질을 갖는다. 죄의 지배를 받는 인간은 "그의 마음으로 생각하는 모든 계획이 항상 악할 뿐"(창 6:5)이다. 인간의 마음은 오직 악한 것만을 생각한다. 죄의 법은 이런 식으로 인간을 지배한다. 죄는 해독제가 없는 독소가 핏속에 흐르는 것과 같다. 부패한 본성을 지닌 마음과 하나님의 은혜로 변화된 마음을 구별할 수 있어야 한다.

바울은 전자를 염두에 두고 "나에게 악이 함께 있다"(롬 7:21)고 말했다. 마음에는 항상 악한 성향이 존재한다. 마치 숨겨진 샘에서 솟아난 물이 끊임없이 강으로 흘러가는 것과 비슷하다. 샘의 원천이 마르면 강물의 수위도 줄어든다. 인간은 댐을 쌓듯이 스스로의 확신과 결심과 맹세와 약속으로 강물 같은 마음의 악을 억제하려고 노력하지만 실효를 거두지 못한다. 한동안 잠시 억제할 수 있을 뿐 샘에서 다시 물이 나오기 시작하면 또다시 강물이 넘쳐 홍수가 나고 만다.

인간의 습관적인 죄의 성향은 두 가지로 발견된다. 먼저 어리석고 부패한 상상을 하는 순간 갑자기 마음에 전혀 생각지 않은 사악한 생각이 떠오르는 경우다. 바울은 예기치 않은 때 "시험을 받을까 두려워하라"(갈 6:1)고 경고했다. 그리고 선한 일을 하는 순간 죄가 갑자기 의식 속에 떠올라 유혹의 손길을 뻗는 경우다. 그래서 하나님과의 관계가 잘못 흐를 때가 얼마나 많은지 모른다. 이런 식으로 묵상이 방해를 받고, 마음과 양심이 더러워진다. 죄가 불청객처럼 찾아와 영혼을 괴롭히는 일보다 더 신자에게 어려움을 안겨주는 일은 없다.

이러한 죄의 공격은 의지의 동의 없이 이루어져 자발적인 것이 아닌 듯 보인다. 하지만 악한 생각이 떠오르는 이유는 우리의 의지가 이미 부패했기 때문이다. 바울이 "이 사망의 몸에서 누가 나를 건져내랴"(롬 7:24)라고 부르짖은 이유가 바로 이것이다.

하지만 이미 언급한 대로 악한 성향을 지닌 마음은 하나님의 은혜로 변화될 수 있다. 마음은 악을 행하려는 속성을 지니지만 신자는 악에 저항하려는 성향을 갖는다. 주님은 사탄의 공격과 유혹에 대해 "이 세상의 임금이 오겠음이라 그러나 그는 내게 관계할 것이 없으니"(요 14:30)라고 말씀하셨다. 그리스도는 누구보다 많은 유혹을 받으셨지만 모두 밖에서 오는 유혹뿐이었다. 그분의 마음에는 악한 성향이 전혀 존재하지 않았다.

둘째, 정욕은 죄에 동조해 악을 부추긴다. 정욕은 마치 연쇄반응을 일으키듯 계속해서 악한 마음을 품게 한다. 야고보서 1장 14절은 "각 사람이 시험을 받는 것은 자기 욕심에 끌려 미혹됨이니"라고 말씀한다. 그러나 마음을 순결하게 한다면 밖에서 오는 유혹은 아무런 영향력을 발휘하지 못한다. 야고보는 욕심이 죄를 낳는다고 경고했다. 우리는 마음에 악을 단 하나도 용납해서는 안 된다(살전 5:22 참조). 그래야 육신의 정욕에서 벗어날 수 있다.

2. 죄는 다툼을 통해 하나님을 대적한다.

죄는 인간의 생각을 자극해 계속해서 정욕을 채우려는 악한 성향을 이끌어낸다. 하지만 죄는 거기에 그치지 않고 그 목적을 달성하기 위해 과감한 싸움을 시도한다. 정욕이 이런 식으로 싸움을 일으키지만 않아도 많은 죄를 피할 수 있을 것이다. 하지만 정욕은 자신의 목표물을 사정없이 공격하며 공개적으로 싸움을 걸어온다. 사악한 자들은 마치 불꽃을 피워 큰불을 일으키듯이 그런 식으로 정념을 불태운다(사 57:5 참조).

죄의 싸움은 세 가지 요소로 구성된다. 첫째는 은혜를 거부하는 것, 둘째는 영혼을 공격해 주도권을 장악하려는 것, 셋째는 감정을 혼란스럽게 만드는 것이다.

바울은 로마서 7장 23절에서 "내 지체 속에서 한 다른 법이 내 마음의 법과 싸운다"고 말했다. 우리 마음에는 두 가지 법, 즉 죄의 법과 은혜의 법이 존재한다. 서로 대립하는 두 가지 법이 동시에 한 사람을 지배할 수는 없다. 신자를 지배하는 법은 은혜의 법이다. 이것이 "내 속사람으로는 하나님의 법을 즐거워하되"(롬 7:22)라는 말씀에 함축된 의미다. 은혜의 법에 복종할 때는 속사람이 기쁨과 평화를 느낀다. 선하고 합법적인 권위를 지닌 법이기 때문이다. 하지만 죄 때문에 은혜의 법을 거부하려는 마음이 생기는 순간 싸움과 갈등이 일어난다(롬 7:15, 16 참조).

사실 은혜의 법이 감정(롬 7:22)만이 아니라 의지(롬 7:18)와 생각(롬 7:15, 16) 속에서도 승리를 거두어야 마땅하다. 그런데 기꺼이 받아들임에도 신자의 삶에서 주도권을 온전히 장악하지 못하는 이유는 무엇일까? 바울은 "원함은 내게 있으나 선을 행하는 것은 없노라"(롬 7:18)라고 인정했다. 즉 우리가 선을 행하지 못하는 이유는 죄가 영혼을 장악하려고 대적하기 때문이다.

죄가 영혼을 대적하는 탓에 누구도 만사를 하나님의 뜻에 따라 완벽하게 행할 수 없다. 그러나 그렇게 행하는 것이 인간을 향한 하나님의 목적이다. 의인들은 굳은 마음으로 주님을 붙잡으려는 성향을 지닌다(행 11:23 참조).

바울은 "내가 이미 얻었다 함도 아니요 온전히 이루었다 함도 아니라 오직 내가 그리스도 예수께 잡힌 바 된 그것을 잡으려고 달려가노라 형제들아 나는 아직 내가 잡은 줄로 여기지 아니하고 오직 한 일 즉 뒤에 있는 것은 잊어버리고 앞에 있는 것을 잡으려고 푯대를 향하여 그리스도 예수 안에서 하나님이 위에서 부르신 부름의 상을 위하여 달려가노라"(빌 3:12-14)고 말했다. 바울은 "달려간다", "잡는다", "푯대를 향해 간다"는 세 가지 표현으로 목적을 추구하는 데 필요한 활력과 진지함과 부지런함과 일관성을 묘사하고자 했다. 이런 태도는 반드시 필요하다. 이런 태도가 없으면 죄의 법에 이끌려 불순종하기 쉽기 때문이다.

죄는 영혼을 의도적으로 공격한다. 베드로는 "영혼을 거슬러 싸우는 육체의 정욕을 제어하라"(벧전 2:11)고 말했다. 야고보는 "너희 중에 싸움이 어디로부터 다툼이 어디로부터 나느냐 너희 지체 중에서 싸우는 정욕으로부터 나는 것이 아니냐"(약 4:1)라고 말했다. 죄는 어리석은 상상, 감정적인 욕망, 헛된 생각을 불러일으켜 영혼을 공격한다. 이 때문에 바울은 "이 사망의 몸에서 누가 나를 건져내랴"(롬 7:24)라고 부르짖지 않을 수 없었다.

영혼은 죄의 현실 앞에서 무력감에 휩싸여 애타게 구원을 호소한다. 이것보다 더 두렵고 기이한 현상은 없다. 영혼은 어떻게 해야 할지 모른다. 영혼은 악한 성향을 싫어하고 혐오하고 가증스럽게 여긴다. 영혼은 마음에서 일어나는 악한 생각들을 경멸한다. 하지만 그런 생각들이 사정없이 압박을 가한다. 왜 그런 일들이 영혼을 지배하는 것일까? 바울은 "그것을 행하는 자가 내가 아니요 내 속에 거하는 죄니라"(롬 7:17)고 말했다. 그의 말은 "냉혹한 원수가 내 안에 있다. 나는 그를 제거할 수 없다. 오호라 곤고한 나여, 누가 나를 구원하랴?"라는 의미이다.

죄는 감정을 부추겨 함께 생각을 대적해 싸움을 일으킨다. 생각이 은혜의 지배를 받으면 죄는 감정을 격동시켜 계속해서 영혼을 공격함으로써 주도권을 장악하려 든다. 앞으로 살펴보겠지만 죄를 죽인다는 것은 주로 감정을 통제하는 것을 의미한다.

골로새서 3장 5절은 "땅에 있는 지체를 죽이라 곧 음란과 부정과 사욕과 악한 정욕과 탐심이니 탐심은 우상 숭배니라"라고 말씀한다. 땅에 있는 지체란 감정이나 마음의 성향을 가리킨다. 신자에게 감정은 죄가 거하는 가장 중요한 장소가 된다. 죄를 죽이지 않은 마음과 삶의 태도를 지닌 신자가 많다. 즉 감정을 "그리스도와 함께 십자가에 못 박지"(갈 2:20) 않은 신자가 많다.

신자는 영적 싸움을 할 때 하나님 앞에 겸손히 행하는 법을 배워야 한다. 겸손한 마음을 지니려면 두 가지 관점이 필요하다.

첫째, 하나님의 위대하심과 영광과 거룩하심과 권능과 권위와 위엄을 생각하고, 그런 다음 우리의 천박하고 추하고 악한 본성, 특히 하나님과의 반목을 생각해야 한다. 마음의 은밀한 곳까지 깊이 성찰하여 그곳에 숨은 악과 부패를 여실히 드러내야 참 신자라 할 수 있다.

호세아 선지자는 "에브라임은 ……곡식 밟기를 좋아하나"(호 10:11)라고 말했다. 사람들은 대개 은혜, 죄 사함, 무조건적인 사랑과 같은 교리를 듣기 좋아한다. 하지만 마음의 "묵은 땅을 기경하여"(호 10:12) 그곳에서 자라는 잡초와 엉겅퀴를 뽑아내는 일은 좋아하지 않는다. 우리는 게으름과 부주의함을 떨쳐 버려야 한다. 그러지 않으면 우리 자신을 스스로 속일 수밖에 없다.

마음의 묵은 땅을 기경하려면 먼저 하나님과 동행해야 한다. 하나님은 겸손히 통회하는 심령, 즉 그분의 말씀 앞에서 두려워하는 심령을 기뻐하신다. 자신의 부족함을 인정하는 자만이 그런 마음을 가질 수 있다. 그때 비로소 하나님을 공경하는 마음, 그분의 은혜와 관용을 감사하는 마음, 그분의 자비를 깊이 의식하는 마음, 그분의 절대적인 주권을 인정하는 마음을 얻는다.

둘째, 사람들과의 관계를 생각해야 한다. 거칠고 무자비한 태도로 남을 판단하는 죄를 범하지 않도록 주의해야 한다. 다른 사람의 잘못을 눈감아주고 용서를 베풀며, 항상 온유함과 동정심을 잃지 않아야 한다. 아울러 자신을 돌아보아야 한다(갈 6:1). 자신의 마음에 악이 존재한다는 것을 아는 사람만이 많은 결실을 맺을 수 있으며 굳센 믿음으로 복종할 수 있다. 그렇지 않은 사람은 스스로를 기만하며 가족과 교회와 다른 사람들과의 관계에 문제를 불러일으킨다. 그들은 교만한 태도로 다른 사람들에 대한 판단을 일삼음으로써 스스로의 모순을 드러낸다.

3. 죄는 영혼을 사로잡음으로써 하나님을 대적한다.

바울은 "내 지체 속에서 한 다른 법이 ……내 지체 속에 있는 죄의 법으로 나를 사로잡는 것을 보는도다"(롬 7:23)라고 말했다.

바울의 말은 죄의 법이 막강한 힘으로 활동해 승리를 거두는 모습을 묘사한다. 적군을 사로잡는 것보다 더 큰 승리는 없다. 그래서 성경은 큰 성공이나 승리를 묘사할 때 이따금 "사로잡는다"라고 표현했다. 예를 들어, "사로잡혔던 자들을 사로잡으시고"(엡 4:8)라는 말로 사탄에게 승리하신 그리스도를 묘사한다.

바울은 "죄의 법" 아래 사로잡힌다고 말했다. 죄의 법은 한두 가지의 구체적인 죄가 아니라 죄를 짓게 만드는 근본원리이다. 다윗이 "나를 숨은 허물에서 벗어나게 하소서 또 주의 종에게 고의로 죄를 짓지 말게 하사 그 죄가 나를 주장하지 못하게 하소서 그리하면 내가 정직하여 큰 죄과에서 벗어나겠나이다 나의 반석이시요 나의 구속자이신 여호와여 내 입의 말과 마음의 묵상이 주님 앞에 열납되기를 원하나이다"(시 19:12-14)라고 기도했던 이유가 이 때문이다. 그의 말은 "이것이 바로 저의 근본 상태입니다. 교만과 거만함과 같이 저를 사로잡는 죄를 짓지 않도록 도와주소서"라는 의미이다. 야베스도 "주께서 내게 복을 주시려거든 나의 지역을 넓히시고 주의 손으로 나를 도우사 나로 환난을 벗어나 내게 근심이 없게 하옵소서"(대상 4:10)라고 기도했다.

죄를 지으면 죄의 포로가 된다. 바울은 죄를 지은 자들이 "마귀의 올무에서 벗어나 하나님께 사로잡힌 바"(딤후 2:26) 되기를 원했다. 그들은 겉으로 보면 스스로의 정욕에 현혹되는 것 같지만 실제로는 사탄의 올무에 속박된 상태다. 그런 점에서 마치 덫에 걸린 동물처럼 "사로잡혔다"는 표현을 사용한 것이다.

여기서 한 가지 문제를 짚고 넘어가자. 즉 특정한 범죄가 위력을 떨치는 원인이 죄 자체에 있는지, 아니면 그것을 부추기는 유혹의 영향력에 있는지의 문제이다. 두 가지로 대답할 수 있다.

하나, 특정한 범죄가 우리의 관심을 자극하거나 유혹의 빌미를 제공하지 않는데도 죄가 위력을 떨치는 이유는 사탄의 역사 때문이다. 즉 우리의 성향이 자연스럽게 이끌리는 것이 아닌데도 유혹을 받는 이유는 그 배후에 사탄이 도사리고 있어 은근히 우리의 상상을 충동질하기 때문이다. 둘, 우리의 육신이 어떤 정욕에 특별히 이끌리지 않는데도 그런 현상이 일어난다면 그 역시 사탄의 역사 때문이다. 대개 정욕은 쾌락과 이익을 가져다주겠다는 암시를 통해 육신을 자극한다. 그런 경우가 아니라면 곧 사탄의 역사라고 판단할 수 있다.

바울은 로마서 7장에서 특정 범죄가 아닌 죄의 법, 즉 우리가 싫든 좋든 어쩔 수 없이 짊어져야 하는 탓에 탄식하며 구원을 부르짖을 수밖에 없는 죄의 원리에 사로잡힌다고 말했다. 사로잡힌다는 개념은 우리가 원치 않는 상황에 처함을 암시한다. 우리는 거부하고 싶지만 죄의 원리가 우리의 의지를 압박해 오는 통에 어쩔 수가 없다. 오직 은혜만이 저항 능력을 제공한다.

죄에 사로잡힌다는 것은 네 가지 의미를 함축한다.

하나, 죄의 권능이 우리를 노예처럼 속박할 정도로 막강하다는 것이다. 둘, 죄는 반복되는 시도와 성공으로 우리를 사로잡는다는 것이다. 속박의 단계는 다양한데, 죄는 조금씩 더 강하게 우리의 목을 죄어온다. 셋, 속박된 상태는 매우 비참한 상태라는 것이다. 원치 않는 상황에 강제로 내몰리면 목에 놓인 멍에에 피부가 심하게 쓸려 벗겨지는 고통을 당한다. 심지어는 마음까지 상하게 한다. 넷, 사로잡힌다는 개념은 특히 신자에게 적용된다는 것이다. 거듭나지 않은 사람은 죄의 법에 절대로 사로잡히지 않는다. 그들은 단지 이런 저런 특정한 범죄에 속박될 뿐이다. 하지만 신자들이 죄 짓기를 원치 않는 경우 죄에 사로잡힌 듯한 느낌을 받는다. 참 신자는 이런 상황에 처하기보다 하나님을 사랑하고 죄를 미워하기를 원한다.

4. 죄는 광기를 유발한다.

죄의 법은 또 다른 특성을 지니는데, 광기와 격정을 자극한다. 죄는 사람을 마치 "들나귀"(렘 2:24, 호 8:9)처럼 만들고, 정욕에 불타올라 "실성한"(렘 50:38) 우상 숭배자가 되게 한다. 죄의 법은 영혼을 갈기갈기 찢어 정욕에 미쳐 돌게 한다. 다윗과 밧세바처럼 큰 유혹이 있을 때 그런 일이 벌어진다. 사탄은 작은 불씨에 풀

무질을 해서 격렬한 불길을 일으킨다. 전에 죄를 지은 경력을 이용해 또 다른 죄, 즉 더욱 큰 죄를 짓도록 유도한다. 전에 죄를 지은 경험이 없으면 강한 공격을 가할 수 없다.

죄로 인해 광기와 격정이 일어나면 비록 일시적일지라도 모든 권위를 거부하게 된다. 구체적으로 말해 그리스도가 주인이라는 사실을 잊어버린다. 그리스도를 향한 사랑이 약해지고 혼탁해지고 사그라지는 순간 그런 일이 발생하고 "너희는 내가 미워하는 이 가증한 일을 행하지 말라"(렘 44:4)는 경고에도 불구하고 불순종의 길로 치우치게 된다. 광기 뒤에는 종종 두려움을 모르는 경솔함이 따른다. 그 영향으로 일관된 판단력이 사라진다. 정욕을 채우는 동안에는 심판을 겁내지 않고 하나님과 그분의 뜻을 멸시한다.

하나님의 은혜라는 보호막

하지만 우리의 영혼이 은혜의 능력에서 멀리 벗어난 순간에도 하나님은 은혜로 보호막을 치신다. 이 점이 호세아 2장 6절에 잘 드러나 있다. 하나님은 "내가 가시로 그 길을 막으며 담을 쌓아 그로 그 길을 찾지 못하게 하리니"라고 말씀하셨다. 즉 하나님은 장벽을 세워 죄의 길을 가로막으신다.

이때 하나님이 우리를 보호하시는 방법은 두 가지다.

첫째, 하나님은 "이성적 판단"을 통해 죄를 짓지 않게 하신다. 이성적 판단에는 죽음과 심판과 지옥에 대한 두려움이 포함된다. 우리는 살아계신 하나님의 심판을 두려워해야 한다. 그분은 "소멸하는 불"(히 12:29)이시다. 우리가 생명의 성령의 법을 따라 살 때 그리스도의 사랑이 우리를 강권하신다(고후 5:14). 선을 행하고 악을 삼갈 수 있는 원리는 바로 사랑으로 역사하는 믿음이다. 이런 복스러운 멍에를 잠시 벗고자 할 때 하나님은 두려움이라는 울타리를 세워 복음과 다가올 심판을 생각하게 하신다. 하나님은 죄로 일어나는 모든 악한 결과를 상기시키셔서 죄의 의도를 좌절시키신다. 또한 하나님은 죄의 일시적인 결과들, 즉 수치, 책망, 징벌 등을 생각하게 하신다. 하나님은 그런 방법들을 통해 우리 주위에 울타리를 치신다.

둘째, 하나님은 "섭리적인 사건"을 베푸셔서 죄를 짓지 않게 하신다. 이 사건은 적극적일 수도 있고 소극적일 수도 있다.

먼저 적극적이라 함은 고통을 주어 죄, 즉 정욕을 만족케 하려는 행위를 그만두게 하시는 것이다. 하나님은 질병을 주셔서 악한 의도를 포기하고 죄를 버리게 하신다(욥 33:17-19 참조). 때로는 우리에게 고난을 주시어 명예나 인간관계, 또는 소유와 같은 귀한 것들을 잃게 하신다. 그러다 모든 축복이 하나님께 나오는데도 어리석게 그분의 뜻을 거역했다는 사실을 알고 뉘우치면 그때 다시 무한한 자비와 복을 소나기처럼 부으신다.

한편 소극적이라 함은 하나님이 죄를 짓지 않게 우회적으로 방해하는 것을 의미한다. 이 점은 나중에 생각해 보겠다.

그래도 죄의 광기와 격정이 여전히 수그러들지 않을 수 있다. 죄는 생각을 사로잡아 악행의 결과를 생각하지 못하게 한다. 또한 죄는 어떤 결과든 염두에 두지 않고 은밀하고 강퍅한 고집을 내세우며 광기를 뿜어내게 만든다. 그때 죄의 힘과 권능과 폭력성이 마치 벌거벗은 듯 확연히 드러난다.

묵·상·과·토·의·를·위·한·질·문
TRIUMPH OVER TEMPTATION

1. 오웬은 죄가 항상 하나님을 대적한다고 말한다. 이를 뒷받침해 줄 세 가지 사건을 성경에서 찾아보라. 아울러 오늘날의 세상에서 일어나는 사건들 가운데 하나님을 대적하는 사례를 생각해 보자.

2. 죄에 맞서 싸우면 하나님의 계명에 복종, 기도, 회개, 예배와 같은 영적 생활에 어떤 유익을 얻을 수 있는가?

3. 하나님은 여러 가지 수단과 방책으로 죄를 억제하신다. 즉 이성적인 판단으로 죄의 각종 유해성을 생각하게 하시고, 섭리적인 사건으로 죄를 막아주기도 하신다. 죽음, 심판, 지옥에 대한 두려움이 죄를 짓지 않게 하는 데 어떤 도움을 주는지 생각해 보라. 아울러 부정적이든 긍정적이든 죄에서 돌이키는 데 도움이 되는 상황으로는 무엇이 있는지 생각해 보라.

03

생각을 기만하는 죄

지금까지 살펴본 대로 죄의 권능은 막강하다. 게다가 죄는 속이기까지 한다. 히브리서 저자는 "너희 중에 누구든지 죄의 유혹으로 완고하게 되지 않도록 하라"(히 3:13)고 경고했다. 예레미야 17장 9절도 죄의 기만성을 염두에 두고 죄가 거하는 마음을 "만물보다 거짓되다"고 말씀했다.

사람은 어떤 점에서는 매우 유능하지만 죄와 관련된 일에서는 결코 그렇지 않다. 성경은 "허망한 사람은 지각이 없나니 그의 출생함이 들나귀 새끼 같으니라"(욥 11:12)고 말씀한다. 인간은 비천하고 허무한 존재다. "악을 행하기에는 지각이 있으나 선을 행하기에는 무지하도다"(렘 4:22). 바로 죄의 법 때문이다.

사도 바울도 "유혹의 욕심을 따라 썩어져 가는 구습을 따르는 옛 사람"(엡 4:22)을 언급했다. 육체의 정욕은 유혹하고 속인다. 정욕이 지닌 본질적인 속성 때문이 아니라 죄의 법 때문이다. 그것은 마치 오염된 샘에서 솟아나는 물과 같다. 장차 "악한 자"가 "불의의 모든 속임"으로 세상에 임할 것이다(살후 2:9, 10).

사람들은 사회적인 지탄을 피하고자 악한 사람이라는 평판을 듣지 않도록 노력한다. 하지만 죄는 은밀하고 쉽게 감지할 수 없는 방법으로 사람들을 현혹한다. 바울은 죄의 법 아래 있는 이들을 "속은 자"(딛 3:3)라고 말했다. 악한 사람들은 서로 "속이기도 하고 속기도 한다"(딤후 3:13). 이것이 바로 우리의 원수인 죄의 속성이다. 죄는 속인다. 깨어 경계하는 방법 외에는 안전을 보장받을 수 없다.

생각을 속이는 죄

성경은 악행이 죄의 유혹에서 시작된다고 강조한다. 유혹이 먼저고 죄가 그 뒤를 따라 나타난다(딤전 2:13, 14). 바울은 먼저 죄를 지은 것은 아담이 아니라고 말했다. 그가 먼저 유혹을 받지 않았기 때문이다. 나중에 창조된 하와가 먼저 유혹을 받고 죄를 지었다. "뱀이 나를 꾀므로 내가 먹었나이다"(창 3:13)라는 하와의 말에서 죄가 유혹에서부터 시작된다는 점을 분명히 알 수 있다. 하와는 뱀에게 책임을 전가해 죄책을 가볍게 하려고 했지만 오히려 죄를 더욱 가중시킬 뿐이었다. 이처럼 사도 바울은 속임수와 악행이 서로 밀접한 관계가 있음을 지적했다. 그의 말은 곧 "죄는 태초부터 항상 동일한 방법을 구사한다. 유혹(즉 기만)이 먼저 오고 죄(실제적인 행위)가 그 뒤를 따른다"(고후 11:3)는 의미다. 세상에서 이루어지는 사탄의 사역, 즉 사람들을 충동해 주 예수 그리스도를 대적하게 만드는 행위는 유혹으로부터 시작한다. 그래서 마귀라고도 하는 사탄은 "온 천하를 꾀는 자"(계 12:9, 20:10)로 불린다.

성경은 유혹에 빠져 죄를 짓지 않도록 주의해야 한다고 강력히 경고한다(눅 21:8, 고전 6:9, 15:33, 갈 6:7, 엡 5:6). 우리는 성경의 여러 구절을 통해 죄가 유혹에서 시작한다는 사실을 알 수 있다.

유혹이 위력을 발휘하는 근거는 생각에 영향을 미치기 때문이다. 죄는 생각을 현혹시킨다. 죄가 감정을 비롯한 다른 방법으로 영혼에 침투해 들어오려고 하면 생각이 그것을 제지하고 통제한다. 하지만 생각 자체가 유혹을 받으면 죄를 지을 가능성이 걷잡을 수 없이 커진다.

생각은 지도하는 역할을 맡은 영혼의 기능이다. 생각이 어떤 대상이나 행동에 관심을 기울이면 의지와 감정이 그 뒤를 따른다. 의지나 감정은 다른 생각을 따를 수 없다. 감정이 죄에 연루되어도 문제가 심각하지만 생각이 현혹되면 그보다 훨씬 더 위험한 상황이 전개된다. 왜냐하면 생각은 영혼의 다른 기능들에 영향을 미치기 때문이다. 생각은 인도하고, 지시하고, 선택하고, 판단하는 기능을 수행한다. 예수님은 "네게 있는 빛이 어두우면 그 어둠이 얼마나 더하겠느냐"(마 6:23)라고 말씀하셨다.

죄의 유혹이 지닌 위험성은 거짓의 일반적인 특성을 살펴볼 때도 여실히 드러난다. 거짓은 사물들의 참된 본성, 그 원인과 결과, 영혼에 미치는 영향력 등을 교묘히 감추어 드러내지 않음으로써 생각을 현혹하는 특성을 지닌다. 이처럼 거짓은 상황이든 결과든 마땅히 드러내야 할 것을 은폐한다.

사탄은 인류의 첫 조상을 속였다. 그는 오늘날에도 여전히 우리를 유혹한다. 금단의 열매는 눈으로 보기에 매우 탐스러웠다. 사탄은 하나님이 그 열매를 먹지 못하게 금하신 이유가 그들의 행복을 가로막기 위해서라고 은근히 유혹했다. 사탄은 선악과가 하나님께 최소한의 복종을 시험하기 위한 것이라는 진실을 은폐하고, 그분의 명령에 복종하지 않더라도 죽지 않을 거라는 확신을 심어주었다. 사탄은 금단의 열매를 먹으면 즉각 만족을 얻게 된다고 유혹했다. 이것이 바로 유혹의 본질이다. 유혹은 탐스러운 측면을 드러내어 생각을 속여 그릇된 판단을 내리게 만든다. 야곱은 아버지 이삭을 속여 그의 형 에서가 받아야 할 축복을 가로챘다(창 27장).

거짓은 천천히 조금씩 영향력을 행사하기 때문에 즉시 그 실체를 파악하기는 어렵다. 사탄은 일련의 단계들을 밟아 아담과 하와의 타락을 유도했다. 먼저 그는 죽지 않을 것이라고 말했고, 다음으로는 놀라운 지식을 얻어 하나님처럼 될 것이라고 유혹했다. 각 단계마다 현실의 일부를 은폐하고 진실의 절반만 드러냈다.

스데반은 바로가 이스라엘 백성을 속였다고 말했는데(행 7:19 참조), 출애굽기 1장에 보면 그 경위를 자세히 알 수 있다. "자, 우리가 그들에게 대하여 지혜롭게 하자"(출 1:10)는 그의 말에 이스라엘 백성을 압제하려는 의도가 드러난다. 그는 이스라엘 백성을 노예로 삼은 뒤에 유아들을 학살하기까지 했다. 이처럼 바로는 이스라엘 백성을 점차 강도 높게 핍박했다. 죄도 우리의 영혼을 그런 식으로 사로잡는다.

"오직 각 사람이 시험을 받는 것은 자기 욕심에 끌려 미혹됨이니 욕심이 잉태한즉 죄를 낳고 죄가 장성한즉 사망을 낳느니라"(약 1:14, 15)는 말씀이 이 모든 것을 잘 요약해준다. 옛 원수 마귀는 인류의 첫 조상을 유혹했던 방법으로 우리를 천천히 유혹한다. 우리는 죄를 지으면 다른 이유를 들어 그 책임을 회피하려 한다. 그것이 통하지 않을 때는 심지어 하나님을 원망하기까지 한다. 야고보는 "사람이 시험을 받을 때에 내가 하나님께 시험을 받는다 하지 말지니 하나님은 악에게 시험을 받지도 아니하시고 친히 아무도 시험하지 아니하시느니라"(약 1:13)고 힘주어 말했다. 모든 책임은 죄를 지은 사람에게 있다. 따라서 그에 따르는 징벌도 그 자신이 감당해야 한다.

죄는 궁극적으로 사망을 가져온다. "죄가 장성한즉 사망을 낳느니라"(약 1:15). 하지만 죄는 사람의 마음을 현혹해 그 점을 깨닫지 못하게 한다. 죄는 그 치명적인 결과를 은폐하기 위해 속임수를 사용한다.

죄는 주로 유혹을 통해 우리를 현혹한다. "각 사람이 시험을 받는 것은 자기 욕심에 끌려 미혹됨이니"(약 1:14)라는 말씀이 이 점을 보여준다. 나는 여기에서 유혹을 집중적으로 다룰 생각은 없다. 그 문제는 "유혹에 대해서"(2부)에서 다루었기 때문이다. 지금은 유혹의 힘이 속임수에서 비롯한다는 점을 밝히는 것으로 족할 듯하다. 유혹하고 속이는 것이 죄의 본성이다. 사실 죄와 유혹은 서로 동일하다. 우리는 이 사실을 "뱀이 나를 꾀므로 내가 먹었나이다"(창 3:13)라는 하와의 말에서 확인할 수 있다. 우리가 꼬임을 받게 되는 이유는 내주하는 죄, 또는 정욕 때문이다. 이처럼 죄와 유혹은 그 실체가 똑같다.

죄는 유혹을 통해 단계적으로 접근한다. 서서히 목표물을 유혹해 완전히 사로잡는 것이 특성이다. 야고보서 1장 14, 15절로 미루어 볼 때 **죄의 유혹은 다섯 단계로 이루어진다.**

첫째, 죄는 속인다. "오직 각 사람이 시험을 받는 것은 자기 욕심에 끌려."
둘째, 죄는 유혹한다. "미혹됨이니."
셋째, 죄는 잉태한다. "욕심이 잉태한즉."
넷째, 죄는 발전한다. "죄를 낳고"(음행으로 낳은 아이의 경우처럼).
다섯째, 죄는 죽음을 가져온다. "죄가 장성한즉 사망을 낳느니라"(죄는 정욕으로 낳은 아이들만 잉태하는 것이 아니라 궁극적으로 사망을 잉태함으로써 치명적인 종말을 가져다준다).

본서에서는 처음 세 단계까지만 초점을 맞추겠다. 신자들은 하나님의 은혜 덕분에 나머지 두 단계가 해당되지 않는다.

죄는 하나님과 우리를 멀어지게 한다. 즉 거룩한 삶과 하나님께 대한 복종을 방해한다. 죄는 분별하고 판단하고 결정하는 역할을 하는 생각을 유혹한다. 생각은 영혼의 눈이나 다름없다. 생각의 인도 없이 사람은 광야의 이스라엘 백성처럼 방황할 수밖에 없다. 죄는 무엇보다도 생각을 현혹시켜 그 역할을 제대로 수

행하지 못하게 만드는 것을 목표로 삼는다.

복종의 길을 걸어가려는 우리의 생각에 하나님이 요구하시는 두 가지 의무가 있다. 하나는 늘 생각을 올바로 가지려고 노력하며 어떤 유혹에도 넘어가지 않도록 경계하고 순종하기를 힘쓰는 것이다. 다른 하나는 하나님의 뜻을 잘 분별해 매사에 그분의 명령에 따르는 것이다. 이 두 가지가 바로 생각의 의무이다. 죄는 생각의 기능을 마비시켜 그릇된 길로 인도하려고 노력한다.

생각은 두 가지 일에 관심을 기울여야 한다. 첫째는 하나님의 선하심과 은혜를 생각하는 것이고, 둘째는 우리 자신이 죄인임을 기억하는 것이다. 죄는 이 두 가지 사실을 망각하게 만들어 죄의 법이 우리 안에서 활개를 치게 만든다.

죄는 하나님께 마땅한 생각을 품지 못하게 방해한다. 예레미야 2장 19절은 "네 하나님 여호와를 버림과 네 속에 나를 경외함이 없는 것이 악이요 고통인 줄 알라"고 말씀한다. 우리는 죄를 지을 때마다 하나님을 저버린다. 하나님을 저버리는 것이 악이고 고통이라는 사실을 깨닫지 못하면 결코 죄로부터 안전할 수 없다. 하나님은 스스로의 비참함을 깨닫고 겸손히 통회하는 심령을 사랑하신다. 성경은 "지극히 존귀하며 영원히 거하시며 거룩하다 이름하는 이가 이와 같이 말씀하시되 내가 높고 거룩한 곳에 있으며 또한 통회하고 마음이 겸손한 자와 함께 있나니 이는 겸손한 자의 영을 소생시키며 통회하는 자의 마음을 소생시키려 함이라"(사 57:15)고 말씀한다. 세리의 기도에서 이런 태도를 엿볼 수 있다(눅 18:13, 14).

베드로는 "다 서로 겸손으로 허리를 동이라"(벧전 5:5)고 말했다. 겸손한 심령만이 안전을 보장하는 유일한 방책이다. 겸손하게 행하는 이는 죄로부터 안전하다. 베드로가 "나그네로 있을 때를 두려움으로 지내라"(벧전 1:17)고 권고한 이유도 바로 이 때문이다. 이는 영혼을 당혹스럽게 하는 두려움, 즉 속박에서 비롯하는 노예적인 두려움이 아니라 하나님의 마지막 심판을 항상 기억하게 만드는 경외심을 의미한다. "각 사람의 행위대로 심판하시는 이를 너희가 아버지라 부른즉 너희가 나그네로 있을 때를 두려움으로 지내라"(벧전 1:17)는 말씀이 이 점을 분명히 보여 준다. 겸손은 바로 이런 식의 마음과 태도를 뜻한다.

그러면 어떻게 겸손한 마음을 유지할 수 있을까? 그 방법은 죄의 위험성과 그 해악을 늘 깊이 의식하며 살아가는 것이다. 세리는 "하나님이여 불쌍히 여기소서 나는 죄인이로소이다"(눅 18:13)라고 기도했다. 그는 죄를 의식했기 때문에 겸손한 마음으로 죄의 용서를 간구할 수 있었다.

요셉을 볼 때 죄의 결과를 두려워하는 것이 곧 하나님을 경외하는 것임을 알 수 있다. 그는 "내가 어찌 이 큰 악을 행하여 하나님께 죄를 지으리이까"(창 39:9)라고 말했다. 죄를 두려워하는 것은 곧 하나님을 경외하는 것과 같다. 성경은 "주를 경외함이 지혜요 악을 떠남이 명철이니라"(욥 28:28)고 말씀한다.

죄는 영혼에 은밀히 침투해 들어와 점차적으로 악에 무감각하게 만듦으로써 하나님을 경외하는 마음에서 멀어지게 한다. 특히 죄는 두 가지 방법으로 경건한 마음을 가로막는다.

1. 죄는 "값싼 은혜"를 강조하여 생각을 현혹한다.

복음은 윤리와 불가분의 관계를 맺는다. 복음은 죄와 죄책에서 우리를 구원할 뿐 아니라 우리가 짊어져야 할 의무를 깨닫게 한다. 성경은 "모든 사람에게 구원을 주시는 하나님의 은혜가 나타나 우리를 양육하시되 경건하지 않은 것과 이 세상 정욕을 다 버리고 신중함과 의로움과 경건함으로 이 세상에 살고"(딛 2:11, 12)라고 말씀한다. 아울러 성경은 거룩한 삶을 "복음에 합당한 삶"으로 정의한다(빌 1:27). 복음의 능력과 목적은 거룩한 삶을 살게 하는 데 있다. 복음의 말씀을 받아들였다면 반드시 거룩한 삶이 뒤따라야 한다(롬 12:2, 엡 4:20-24).

죄는 바로 이것을 방해하려고 한다. 죄는 은혜의 교리와 그 목적을 분리시킨다. 죄는 단지 은혜만을 생각하게 할 뿐, 은혜를 통해 거룩한 삶을 살아야 한다는 점을 잊게 한다. 다시 말해 죄는 용서의 교리를 오해하게 하여 은근히 죄에 부주의하도록 부추긴다. 사탄은 하나님이 그리스도 안에서 은혜를 베푸신 사실을 곡해시켜 그릇된 결론을 도출하게끔 유도한다.

바울은 "그런즉 우리가 무슨 말을 하리요 은혜를 더하게 하려고 죄에 거하겠느냐 그럴 수 없느니라"(롬 6:1, 2)고 힘주어 말했다. 이는 "거짓이 가득한 인간의 마음은 그릇된 결론을 내리기 쉽다. 하지만 우리는 그런 생각을 절대로 하면 안 된다"는 의미를 함축한다. 이 밖에도 유다는 경건하지 못한 사람들이 "하나님의 은혜를 도리어 방탕한 것으로 바꾸었다"(유 4)고 지적했다.

믿음의 지혜와 은혜의 능력은 그러한 죄의 속임수를 강력히 거부한다. 복음의 지혜와 은혜를 참되이 깨달은 사람은 죄를 미워하며 겸손하게 자신을 낮춘다. 이것이 바로 복음을 믿는 참 신앙을 가리는 시금석이다. 참 신앙은 죄에 민감하며 죄를 통회하는 겸손한 마음을 지니게 한다. 은혜의 성령은 우리에게 회개하는 마음을 주시고 죄를 미워하도록 가르치신다. 하지만 부주의하고 태만한 자세로 악한 생각을 일삼으면 은혜를 잘못 이해해 그릇되기 쉽다.

하나님의 은혜를 올바로 이해하지 못하고 속박된 상태로 살아가는 이들이 심심치 않게 눈에 띈다. 그들이 과연 은혜의 법 아래 사는지 믿기 어려울 때도 있다. 그들은 은혜를 올바로 깨달은 사람보다 죄를 짓는 데 더욱 민감한 듯 보인다. 하지만 죄에 미혹된 탓으로 그 위험성과 본성을 올바로 파악하지 못한다.

하나님의 은혜를 잘못 이해하게 되는 이유는 다음과 같다.
첫째, 우리 영혼은 죄책감 때문에 은혜의 복음을 자주 필요로 한다. 그러다 보니 은혜가 진부하고 평범하게 여겨지기 쉽다. 하지만 마치 상처에 좋은 약을 바르기만 하면 된다는 듯 죄를 짓더라도 은혜로 언제든지 용서받을 수 있다는 생각은 옳지 않다.

둘째, 죄에 현혹된 탓에 하나님이 허락하신 자유의 한계를 넘어 은혜를 남용하는 현상이다. 어떤 사람들은 율법주의에서 해방되었다는 생각으로 마음껏 방종하며 정욕을 만족시켜도 괜찮다는 태도를 취한다. 죄는 자유에 한계가 필요치 않다는 생각을 부추긴다. 그들은 "복음이 자유에 편협한 한계를 지운다고 생각하지 않는다"고 주장한다. 하지만 그런 태도는 복음도, 죄 사함도 별로 필요하지 않은 것처럼 살아도 좋다는 인상을 준다.

셋째, 유혹을 받는 순간 죄는 복음의 능력을 입증하기 위해서라도 실제로 악을 저지를 필요가 있다고 은근히 우리를 현혹한다. 이런 식의 속임수는 두 가지 측면에서 이루어진다.

한 가지는 새로운 피조물이 된 신자에게 너무 엄격하게 살 필요가 없다는 생각을 부추기는 것이다. 이런 주장은 죄를 경계하는 것을 지나치게 소심한 행위로 규정짓는다.

다른 한 가지는 죄를 지어도 전혀 심각하게 여길 필요가 없다는 생각을 부추기는 것이다. 신자는 복음의 은혜로 언제라도 용서받을 수 있으니 절대로 영혼의 파멸에 이르지 않는다는 것이다. 죄는 진리를 왜곡시켜 우리를 현혹함으로써 다시 한 번 죄를 짓도록 유혹한다. 하지만 그 유혹을 좋게 여기는 순간 곧 치명적인 독으로 변하고, 죄에 부주의해지면 죄의 독소를 의식하지 않게 된다.

2. 죄는 세상 사람들의 참된 실상을 보지 못하게 현혹한다.

이것이 바로 경건한 삶을 가로막으려는 죄의 두 번째 전략이다. 젊었을 때는 자연히 활력이 넘치고 적극적일 뿐 아니라 매우 민감한 감성을 소유하기 마련이다. 그러다가 나이가 들면서 생각이 점차 둔화되면 이전의 예리한 판단력을 잃게 된다. 물론 부패한 정욕에 깊이 사로잡히지만 않는다면 판단력과 이해력과 의지력은 더욱 배가된다. 하지만 감성, 즉 마음의 성향과 감정이 올바로 훈련되지 않으면 나이가 들수록 어리석어진다. 어린 시절의 약점은 교정되지 않으면 나이들수록 악화되는 법이다.

따라서 신자는 무엇보다 자신의 감성에 초점을 맞추어야 한다. 젊은 나이에 더욱 풍성한 감성을 지니듯 영적으로 젊음을 유지해야만 건전한 감성을 유지할 수 있다. 하나님은 "네 청년 때의 인애와 네 신혼 때의 사랑을 기억하라"고 말씀하셨다(렘 2:2). 새롭게 회개한 신자들은 죄로 입은 깊은 상처를 용서받음으로써 치유하게 된 경험이 여전히 생생할 것이다. 하지만 시간이 지나면서 그때의 감정이 점차 사그라지면 영적인 감수성도 변하기 마련이다.

하나님께 대한 깊은 확신을 발전시켜 나가지 못하는 사람들에게 특히 이런 현상이 두드러진다. 그들은 잠시 동안은 죄에 민감하며 심지어 죄책감으로 눈물을 흘리거나 탄식하기까지 한다. 다시는 죄를 짓지 않겠다는 의지를 불태우기도 한다. 하지만 시드는 풀처럼 뿌리가 깊지 않은 탓에 며칠 못 가 결심이 쉽게 무너진다. 전도서 8장 11절의 말씀대로 죄를 지을수록 죄에 대한 감각이 무뎌지는 것이다. 이는 처음에 감성적으로 깨달은 죄에 대한 의식이 생각 속에 확고히 자리 잡지 못한 결과다. 그들의 생각은 슬픔, 고난, 탄식, 두려움과 같은 죄의 결과에만 얽매여 잠시도 안식을 누리지 못한다. 하지만 죄에 대한 철저한 자각이 없으면 영혼이 강퍅해질 위험이 매우 높다.

죄의 속임수를 극복하는 방법 : 기도와 묵상

생각으로 우리의 영혼에 하나님과 그분의 은혜를 늘 기억하며 살아야 한다는 의식을 일깨워야 한다. 복음에 복종하는 삶이란 바로 이를 뜻한다. 성경은 세속적인 것에 관심을 기울이는 그릇된 생각과 하늘의 것에 초점을 맞추는 참된 생각을 대조한다. 바울은 "위의 것을 생각하고 땅의 것을 생각하지 말라"(골 3:2)고 권고했다. 곧 "동시에 하늘의 것과 땅에 것을 생각할 수 없다"는 의미다. 그 두 가지 생각은 서로 충돌하고, 서로 대적한다.

사도 요한도 "이 세상이나 세상에 있는 것들을 사랑하지 말라 누구든지 세상을 사랑하면 아버지의 사랑이 그 안에 있지 아니하니"(요일 2:15)라고 말했다. 예수님도 두 주인을 섬길 수 없다고 말씀하시며 "하나님과 재물을 겸하여 섬기지 못하느니라"(마 6:24)고 결론지으셨다. 세상의 것들에 관심을 두는 것은 온당치 못하다. 그런 태도는 거룩함을 지향하는 삶을 가로막는다. 하나님께 대한 복종은 어떤 것이든 죄와 정면으로 충돌한다.

신자 안에 거하는 죄의 권능을 약화시키고 억제하는 데 큰 도움을 주는 두 가지 영적 훈련이 있다. 바로 기도와 묵상이다. 둘은 많은 점에서 비슷한데, 다만 실행하는 방식에서 차이가 있다. 묵상이란 하나님의 말씀을 우리의 마음에 적용해 말씀과 생각의 일치를 도모하는 행동을 뜻한다. 다시 말해 예수님 안에 존재하는 진리를 깊이 생각함으로써 마음에 그 진리가 반영되도록 하는 것이 묵상이다. 이처럼 묵상은 기도와 마찬가지로 우리의 생각이 매사에 하나님의 생각과 뜻을 지향하는 습성을 갖게 한다. 그런데 묵상에 대해 혼동을 일으키는 사람이 많다. 이들을 위해 묵상의 세 가지 규칙을 잠시 소개하고자 한다.

1. 기도하면서 하나님을 묵상하라.

겸손히 하나님을 의지하는 마음으로 기도하면서 그분의 영광과 위엄, 선하심, 탁월하심을 묵상하는 것이 좋다. 그럴 때 온당한 방법으로 하나님을 영화롭게 하는 생각들을 하나씩 떠올릴 수 있으며, 감성에 영향을 미쳐 하나님을 경외할 수 있고, 그분이 원하시는 방법으로 그분을 즐거워할 수 있다. 신자는 기도나 찬양을 통해 하나님과 대화를 나누면서 깊은 묵상에 잠길 수 있어야 한다.

2. 하나님의 말씀을 묵상하라.

성경을 묵상할 때는 각 구절의 의미를 깊이 생각해야 한다. 성경을 읽을 때 성령님이 하나님의 뜻과 생각을 이해할 수 있도록 도와주시고, 인도해 주시고, 지도해 주시기를 염원하라. 특히 말씀에 마음이 감동해야 한다.

3. 자주 묵상하라.

장시간 집중해서 묵상할 수 없을 때는 자주 묵상함으로써 부족함을 메울 수 있다. 사람들은 규칙적으로 묵상의 시간을 갖지 못하는 탓에 낙심한다. 집중력이 부족하여 충분하게 묵상하지 못할 때는 짧게 자주 묵상하면 약점을 보완할 수 있다. 그러면 새로운 깨달음을 얻게 될 것이다.

물론 다른 영적 훈련들도 존재한다. 하지만 기도와 묵상은 특히 우리 안에 내주하는 죄를 극복하고 죄의 유혹을 물리치는 데 특별한 효력을 발휘한다. 이런 점에서 두 영적 훈련의 중요성을 좀 더 생각해 보는 것이 좋겠다. 먼저 기도와 묵상의 가치를 살펴보고, 그다음 어떻게 죄가 생각을 유혹해 기도와 묵상을 소홀히 하게 만드는지 살펴보기로 하자.

기도와 묵상이 지니는 가치는 몇 가지로 설명된다.

첫째, 기도와 묵상은 죄의 위험성을 감지함으로써 죄의 은밀한 작용과 활동을 밝히 드러내준다. 시편 102편의 제목은 "고난 당한 자가 마음이 상하여 그의 근심을 여호와 앞에 토로하는 기도"이다. 제목이 암시하듯 시편 102편은 위기와 좌절을 겪는 순간, 즉 하나님의 도우심이 절실히 필요한 순간에 드린 기도다.

간절함이 없는 기도는 기도라는 형식만 갖추었을 뿐 사실은 기도가 아니다. 간절함에서 우러나오는 기도가 아니면 하나님을 영화롭게 하지도 못하고, 영혼에 아무런 유익도 가져다줄 수 없다. 그런 기도는 마치 빗물을 머금지 않은 뜬구름처럼 허망하기 짝이 없다. 아무 생각 없이 중언부언하는 것보다 기도에 더 큰 해악을 끼치는 것은 없다.

하나님의 성령은 우리에게 올바른 기도를 가르쳐주신다. 성령은 우리로 죄의 은밀한 작용과 활동을 깨닫게 하신다. 바울은 "성령도 우리의 연약함을 도우시나니 우리는 마땅히 기도할 바를 알지 못하나 오직 성령이 말할 수 없는 탄식으로 우리를 위하여 친히 간구하시느니라"고 말했다(롬 8:26). 이처럼 성령은 우리가 가장 필요로 하는 도움과 구원이 무엇인지를 알게 해주신다.

매일 기도생활을 하는 신자라면 누구나 죄의 은밀한 작용과 활동을 감지하는 최선의 방법이 기도라는 데 아무런 이의를 제기하지 않을 것이다. 다윗은 기도하며 자신의 마음을 성찰하던 중 기도가 아니면 도저히 깨달을 수 없는 사실을 발견했다. "내가 죄악 중에서 출생하였음이여 어머니가 죄 중에서 나를 잉태하였나이다"(시 51:5). 어둠을 밝히는 촛불처럼 성령은 마음의 깊은 곳을 비추어주셔서 죄의 은밀한 계획과 생각을 밝히 드러내신다. 이처럼 기도는 죄를 발견해 말살하는 능력을 지닌다.

"정신을 차리고 근신하여 기도하는 것"(벧전 4:7)이 우리의 의무다. 우리는 영혼의 상태를 부지런히 살피는 한편, 간절하고 능력 있는 기도를 드려 하나님의 역사가 우리의 마음에서 이루어지도록 해야 한다. 마찬가지로 묵상도 지혜롭게 이용하면 기도와 동일한 목적을 이룰 수 있다.

둘째, 기도와 묵상은 죄의 독소를 깊이 의식하게 해 죄를 혐오하는 마음을 갖게 한다. 우리 앞에 죄를 드러내는 것, 즉 죄의 독소와 가증함과 심각함을 드러내어 죄를 혐오하는 마음을 갖게 함으로써 더러운 의복을 벗어 버리듯 내던지게 하는 것이 기도의 목적 가운데 하나다(사 30:22 참조). 하나님께 죄 사함을 구하는 사람은 죄를 혐오하는 마음을 갖게 해달라고 기도해야 한다(호 14:2, 3 참조). 기도는 하나님의 이름으로 죄를 심판할 수 있게 해준다. 기도는 하나님이 죄를 증오하시고, 또 형벌을 부과하신다는 사실을 확신케 한다. 기도는 죄를 경계하는 마음을 갖게 하여 잠시라도 죄의 감언이설에 속아 넘어가지 않도록 도와준다. 이처럼 기도는 신자 안에 거하는 죄를 무력화시킨다.

셋째, 기도는 죄를 극복하는 능력을 우리에게 주기 위한 하나님의 방법이다. 부족한 것이 있는가? "하나님께 구하라"(약 1:5).

기도는 우리의 필요를 채워주고 어려움, 특히 죄의 방해를 극복하게 하는 수단이다. 우리는 기도를 통해 "때를 따라 돕는 은혜"(히 4:16)를 얻을 수 있다.

넷째, 기도와 묵상은 죄의 은밀한 공격을 물리치고 하나님과 하나가 되어 죄에 맞서 싸우게 한다. 은혜를 입은 신자라면 하나님과 함께 죄에 맞서 싸울 때마다 하나님 앞에서 "주의 의로운 규례를 지키기로 맹세하고 굳게 정하였나이다"(시 119:106)라고 고백해야 한다. 그렇게 하지 못하는 사람은 결코 기도할 수 없다. 그런 생각으로 기도하지 않으면 하나님께 입에 발린 말만 일삼게 된다. 하나님은 그런 기도를 혐오하신다.

지금까지 살펴본 대로 참 기도는 네 가지 점에서 죄를 극복하는 데 도움을 준다. 하나, 기도는 마음에 숨은 은밀한 죄를 드러낸다. 맹수를 쫓듯이 열심히 추적할수록 죄의 실체를 발견할 가능성이 더욱 커진다. 둘, 기도는 죄의 세력을 약화시키며 그 독소를 해독하는 작용을 한다. 갑자기 무기력해진다거나 아무 원인도 없이 권태가 찾아온다면 영혼의 내면에서 죄의 부패한 영향력이 발휘되고 있다는 확실한 증거다. 셋, 우리의 영혼이 하나님의 편에 서는 한 죄는 그 파괴적인 영향력을 발휘할 수 없다.

시편 저자는 "또한 나는 그의 앞에 완전하여 나의 죄악에서 스스로 자신을 지켰나니"(시 18:23)라고 말했다. 넷, 마음이 죄에 유혹되지 않고 늘 하나님만을 생각하면 부지런히 죄를 경계하는 태도를 유지할 수 있다.

죄가 기도와 묵상을 방해하는 방법

죄는 다양한 방법으로 우리의 생각을 하나님에게서 멀어지게 한다. 죄는 어떤 일들을 빌미로 내세워 "이것은 정당한 일이야"라는 생각을 갖게 한다. 예수님의 비유에 등장하는 사람들은 각자 정당하다고 생각하는 이유를 내세우며 잔치에 참석하기를 거부했다. 한 사람은 밭을 돌봐야 한다고 했고, 또 다른 사람은 소를 돌봐야 한다고 했다(눅 14:16-19). 그들은 그런 변명을 내세워 하나님과 동행하는 데 반드시 필요한 마음, 즉 하늘의 것을 사모하는 마음을 외면했다. 이는 내주하는 죄가 우리를 속일 때 사용하는 가장 우선적이고 일반적인 방법이다. 죄는 그런 식으로 우리의 생각을 현혹시켜 그 심각성을 의식하지 못하도록 유도한다. 항상 하나님과 은혜를 생각해야 마땅하지만 죄는 적절한 빌미를 내세워 우리를 현혹한다. 우리의 생각이 그런 유혹에 말려들지 않으려면 많은 지혜와 경계심이 필요하다.

죄는 생각에 갈등을 불러일으켜 중요한 의무를 이행하지 못하게 방해한다. 죄는 복종의 의무를 다하지 못하게 할 뿐 아니라 궁극적으로 우리가 하나님을 대적하게 한다. 사도 바울은 "선을 행하기 원하는 나에게 악이 함께 있다"(롬 7:21)고 말했다. 죄가 이러한 목적을 달성하기 위해 어떤 방법을 사용하는지 네 가지로 정리해보자.

1. 죄는 육체가 피곤할 때를 노린다.

죄의 법은 하나님과의 사귐을 방해하려고 노력한다. 신자 안에 죄가 내주하는 한 영혼은 잠시도 안심할 수 없다.

우리의 신앙생활은 동반자도 없고 잠시 기분전환도 할 수 없는 상태에서 무작정 길을 가는 고독한 여행자처럼 어느 순간 심한 고단함을 느끼게 된다. 예수님은 겟세마네 동산에서 잠든 제자들에게 "마음에는 원이로되 육신이 약하도다"(마 26:41)라고 말씀하셨다. 그들은 육신의 피로 때문에 기도하지 못했다. 하나님은 이스라엘 백성에게 "너는 나를 괴롭게 여겼으며"(사 43:22)라고 말씀하셨다. 이스라엘 백성은 피곤하다는 이유로 영적 의무를 번거롭게 생각했다. "만군의 여호와가 이르노라 너희가 또 말하기를 이 일이 얼마나 번거로운고 하며 코웃음치고"(말 1:13)라는 말씀에 그들의 태도가 분명히 드러난다.

영적인 나태함과 육신의 피곤함에서 죄의 유혹이 시작된다. 이 둘은 하나님을 대적하며 인간을 무력하게 만든다. 예를 들어 아가서 5장 2, 3절에 등장하는 신부는 영적으로 잠에 빠져서 잠자리에서 일어나는 것을 불편하게 생각했다.

2. 죄는 현실적인 의무 이행을 빌미로 삼도록 유도한다.

다른 의무들을 소홀히 하게 되어 우리 자신과 다른 사람에게 아무런 유익을 끼치지 못하는 상황에서도 기도하고 묵상해야 하는가라는 생각이 들 때가 있다. 이런 생각이 들면 특정한 의무들을 이행해야 한다는 이유로 기도를 소홀히 하게 된다. 다시 말해 하나님을 영화롭게 하고 우리 자신의 영혼을 돌볼 시간적인 여유가 없는 삶을 살게 된다.

하지만 몇 가지 의무에만 관심을 기울이고 다른 의무들은 뒷전으로 미루어놓을 필요는 없다. 만일 특별한 일 때문에 긴급한 상황이 발생하면 그때만 집중적으로 관심을 기울이면 된다. 어떤 의무를 이행할 때 필요한 시간 이상을 사용하게 되면 하나님과 우리 자신의 영혼을 위한 시간을 확보할 수 없다. 사실 다른 모든 의무보다 하나님과 그분의 거룩하심에 더 관심을 두어야 한다. 하지만 죄는 일상적인 의무를 이행해야 한다는 논리로 하나님께 드려야 마땅한 시간과 관심을 앗아간다.

3. 죄는 본질적인 의무를 소홀히 하도록 유도한다.

죄는 특정한 의무를 이행해야 한다는 생각을 불러일으켜 보다 중요한 의무를 망각하게 만든다. 예를 들어, 사울은 제사를 드리는 데 있어 하나님께 순종해야 할 의무를 잊어버렸다(삼상 13:9). 이처럼 죄는 본질적인 의무를 다른 의무로 대체하게 함으로써 우리의 마음을 미혹한다. 죄는 이런 식으로 그릇된 생각을 자극하기 때문에 항상 경계하며 기도해야 한다.

4. 죄는 거짓 약속을 남발하게 하고 그릇된 의도를 품게 한다.

벨릭스를 예로 들 수 있다. 그는 바울에게 "지금은 가라 내가 틈이 있으면 너를 부르리라"(행 24:25)고 말했다. 우리는 주어진 현재의 기회를 이렇게 영원히 잃어버릴 때가 많다. 죄는 이런 식으로 생각이 제 기능을 발휘하지 못하게 함으로써 감정과 이해의 혼란을 더욱더 가중시켜 마땅히 행해야 할 신앙생활의 의무를 의식하지 못하게 만든다. 하나님의 길에서 벗어나기 시작하는 첫 순간이 중요하다. 죄는 질병과도 같아서 초기에 발견해야만 좀 더 현명하게 대처할 수 있다. 앞에서 살펴본 대로 생각은 영혼을 돌보고 그 길을 인도하는 역할을 한다. 생각이 제 기능을 발휘하지 못하는 것은 보초병이 의무를 다하지 못하는 것과 같다. 모든 것을 잃게 되는 이유는 부주의함 때문이다.

자신을 돌아보기 원하지만 죄의 기만성을 제대로 감지할 수 없을 때는 스스로의 행위를 가만히 분석해 보라. 그러면 부주의하고 무관심하고 게으르고 불확실할 뿐 아니라, 의무를 행해야 한다는 그릇된 생각에 속아 넘어간 자신을 발견할 수 있다. 그런 후에는 잠언 4장 23-27절을 깊이 묵상하라.

"내가 좀 더 부지런하고 지혜롭게 죄의 악한 본성에 주의를 기울였더라면, 헛된 소망과 현혹에 생각을 빼앗겨 영적 의무를 소홀히 하고 세상의 것들만 생각하지 않았더라면, 그랬다면 지금처럼 악하고 무기력하고 무절제하고 가난하고 상처 입고 퇴락한 신세가 되지 않았을 텐데"라는 때늦은 후회를 하게 되지 않기를 바란다. 자아성찰은 내적 치유와 소생을 가져다준다(시 23:3 참조). 의무를 이행하는 것만으로는 절대로 이루어질 수 없다.

생각이 제 기능을 발휘하면 하나님의 생각과 뜻에 따를 수 있다. "능력과 사랑과 절제하는 마음"(딤후 1:7)을 갖는다면 진정 큰 은혜다. 하나님께 속한 일들을 확고히 믿는 마음은 쉽게 흔들리거나 변심하거나 퇴락하지 않는다. 그런 마음은 생각의 올바른 기능을 방해하는 그릇된 자기암시, 잘못된 핑계, 거짓된 논리 따위에 관심을 기울이지 않는다.

바울은 "견실하며 흔들리지 말고 항상 주의 일에 더욱 힘쓰는 자들이 되라"(고전 15:58)고 권고했다. 견고한 마음은 의무에 충실하며, 복종을 통해 안정되고 열매가 풍성한 삶을 만들어낸다. 베드로는 미혹에 이끌려 "굳센 데서 떨어진" 이들을 언급했다(벧후 3:17). 신앙을 저버리는 이들의 최대 약점은 굳건하지 못한 태도다. 성경은 "그들의 마음이 정함이 없으며"(시 78:37)라고 말씀한다. 굳건한 태도를 지닌 사람은 하나님을 굳게 붙잡고 날마다 새로운 각오로 의무를 이행하며 그런 의무를 결코 소홀히 하지 않겠다고 결심한다.

죄가 생각을 속이는 방법

죄가 생각을 미혹해 제 기능을 다하지 못하게 하는 방법은 지금까지 본격적으로 다루지 않았다. 이 문제는 영혼과 양심에 중대한 영향을 미치기 때문에 중요하다. 생각이 곁길로 치우치고 부패하고 나약해져 자신의 임무를 소홀히 하게 되면 영혼 전체에 그 영향이 미친다. 이런 이유로 히브리서 저자는 "그러므로 우리는 들은 것에 더욱 유념함으로 우리가 흘러 떠내려가지 않도록 함이 마땅하니라"(히 2:1)고 말했다.

죄가 우리의 생각을 기만하면 말씀의 능력과 생명력과 감동을 전혀 느끼지 못하게 된다. 이는 영혼이 가장 큰 관심을 가져야 할 매우 심각한 문제다.

더욱이 생각은 영혼 안에서 영적으로[1] 작용하기 때문에 감동을 받고 깨우침을 얻는 일이 필요하다. 생각이 영혼을 경책하지 않으면 양심이 각성하지 못한다. 죄가 감정을 혼란스럽게 만들거나 의지로 죄를 짓게 만들 때 생각이 살아 있으면 양심이 거세게 일어나 저항한다. 그러나 특별한 주의를 기울이지 않으면 생각이 서서히 제 기능을 잃어도 그런 사실을 감지할 수 없다. 죄는 최소한 여섯 가지 방법으로 생각을 미혹하는 데 그 방법은 다음과 같다.

1. 죄는 특별한 의무를 소홀히 하고 일반적인 의무에만 관심을 기울이게 한다.

죄는 때로 일반적인 방법으로 하나님을 영화롭게 할 수 있다고 부추긴다. 사울은 아말렉 족속과의 싸움에서 하나님의 뜻을 대충 이행함으로써 그분의 영예를 실추시켰다(삼상 15장). 도로표지판을 모두 무시하고 길을 가면서도 올바른 방향을 향하고 있다고 생각하는 것은 어리석은 태도가 아닐 수 없다. 우리는 그때마다 구체적으로 믿음과 복종의 삶을 실천해 나가야 한다.

---

[1] 성경에서 우리의 마음은 종종 "심령"(또는 영)으로 표현된다. 예를 들면, 로마서 1장 9절("내 심령으로 섬기는 하나님")과 데살로니가전서 5장 23절("너희의 온 영과 혼"(영과 혼은 생각과 감성을 가리킨다)) 등이다. 물론 성령의 은사를 논하는 문맥에서는 영과 마음이 서로 구별되었다(고전 14:15). 하지만 영이 영혼의 기능과 관련지어 말할 때는 "마음"(또는 생각)을 의미한다.

2. 실제로는 죄를 지으면서도 의무를 올바로 이행하고 있다며 만족하게 한다.

아말렉 족속과의 싸움을 마친 후 사울은 사무엘에게 "내가 여호와의 명령을 행하였나이다"(삼상 15:13)라고 말했다. 이스라엘 백성은 "우리가 금식하되 어찌하여 주께서 보지 아니하시오며"(사 58:3)라고 주장했다. 그들은 하나님 앞에서 올바로 의무를 행하고 있다고 믿고 그분이 기뻐하실 것이라고 생각했다. 하지만 그들은 실제로 하나님의 영광을 실추시켰다. 죄는 하나님의 영광보다는 우리가 추구하는 것에서 만족을 얻도록 유도한다.

3. 생각은 종종 형식적으로 의무를 이행한다.

아모스는 형식적으로 하나님을 섬기는 것이 온당치 못하다고 질책했다(암 5:21-25). 이스라엘 백성은 하나님께 제사를 드린다고 주장했지만 결코 그분을 위한 제사가 아니었다. 형식적인 신자들이 온갖 의무를 이행하면서도 축복을 누리지 못하는 이유가 여기에 있다. 그들은 자신이 행하는 의무의 참된 목적을 알지 못한 채 분주히 무의미한 활동만 계속하는 탓에 하나님과 참된 교제를 나누지 못한다.

위선자들, 형식주의자들, 세속적인 사람들이 행하는 예배와 복종의 행위는 생명도 없고 빛도 없다. 하나님은 그런 행위를 받지 않으신다. 그들은 예배를 드린다고 하면서도 하나님과 아무 관계없이 살아가기 때문이다.

4. 죄는 생각이 제 기능을 부지런히 수행하지 못하게 유도한다.

죄가 승리를 거두면 영적으로 나태해지는 현상이 일어난다. 성경은 그런 위험을 경계하라고 명령한다. 예수님은 "깨어 있으라 내가 너희에게 하는 이 말은 모든 사람에게 하는 말이니라"(막 13:37)고 말씀하셨다. 항상 깨어 있어 죄에 놀라거나 속는 법이 없도록 주의해야 한다.

성경은 "너희는 너희의 행위를 살필지니라"(학 1:5, 7)고 말씀한다. 하나님은 이스라엘 백성이 의무를 게을리했다고 지적하셨다(신 32:29 참조). 히브리서 6장 11, 12절은 "우리가 간절히 원하는 것은 너희 각 사람이 동일한 부지런함을 나타내어 끝까지 소망의 풍성함에 이르러 게으르지 아니하고"라고 말씀한다. 마찬가지로 베드로도 "너희가 더욱 힘써 너희 믿음에 덕을, 덕에 지식을, 지식에 절제를 ······더하라"(벧후 1:5-7)고 권고했다. 이렇듯 성경은 죄의 유혹을 피하기 위해서는 항상 깨어 있어야 한다고 강조한다.

죄의 유혹을 경계하는 데 실패하면 영적으로 나태해진다. 성경에 따르면 영적 나태함은 네 가지 특성을 지닌다.

하나, 태만함이다. 그런 사람은 "듣는 것이 둔하다"(히 5:11)고 성경은 말씀한다. 이는 부주의함이 그의 영혼에 몰래 침투한 탓이다. 둘, 의무를 행하려는 의지가 결여된 태도다. 성경은 "게으른 자는 자기의 손을 그릇에 넣고서도 입으로 올리기를 괴로워하느니라"(잠 19:24)고 말씀한다. 특별한 경고나 경책이 주어져도 그런 사람은 의무를 이행하려 들지 않는다. 셋, 너무 약하고 무기력해진 탓에 자아를 추스르거나 임무를 완수하려는 시도를 하지 않는다. 성경은 "문짝이 돌쩌귀를 따라서 도는 것 같이 게으른 자는 침상에서 도느니라"(잠 26:14)고 말씀한다. 그런 사람은 여러 가지 일을 행함에 있어 처음 시작도 무기력할 뿐더러 결코 일을 마무리하는 법도 없다. 넷, 난관과 절망을 극복하려는 도덕적 용기가 사라진다. 성경은 "게으른 자는 말하기를 사자가 밖에 있은즉 내가 나가면 거리에서 찢기겠다 하느니라"(잠 22:13)고 말씀한다. 그런 사람은 난관에 봉착할 때마다 의무를 포기하는 쪽을 택한다. 심지어 시도조차 불가능하다고 생각한다.

5. 죄는 속임수를 사용해 느닷없이 생각을 미혹한다.

베드로는 눈앞에 닥친 위험에 그만 경계심을 잃고 그리스도의 사랑과 경고를 잊고 말았다. 다윗도 정욕과 유혹에 사로잡힌 나머지 그가 지켜오던 삶의 원리들을 망각했다. 우리는 죄의 유혹에 넘어가지 않도록 항상 지혜롭게 처신해야 한다. 죄는 기습 공격을 가해 영혼을 놀라게 한다.

6. 죄는 끈질긴 유혹으로 생각을 미혹한다.

죄는 소기의 목적이 이루어지기까지 유혹을 멈추지 않는다. 따라서 우리는 한시도 경계를 늦추지 말고 정신을 바짝 차리고 깨어 있어야 한다. 죄의 유혹에 빠져 그릇된 길로 나가지 않도록 이 모든 사실을 마음에 깊이 명심하자.

올바른 생각으로 의무를 다하는 삶

의무를 올바로 수행하려면 단지 "행하는 것"만으로는 충분치 않다. 집을 지으려면 돌과 목재를 모아 한곳에 쌓아놓는 것에 그쳐서는 안 된다. 집을 잘 지으려면 건축가의 설계도를 정확히 이해해야 한다. 우리도 종종 다양한 규칙과 규범에만 관심을 기울일 때가 많다. 하지만 그런 의무를 올바로 수행하려면 그에 적합한 심령 상태를 유지해야 한다. 그러지 않으면 모든 노력이 물거품이 될 공산이 크다. 하나님은 "너희의 무수한 제물이 내게 무엇이 유익하뇨 ……그것이 내게 무거운 짐이라 내가 지기에 곤비하였느니라"(사 1:11-14)고 말씀하셨다.

우리는 전체적인 계획이나 규칙을 따라 살아야 할 필요가 있다. 바울은 갈라디아서 6장 16절에서 이를 언급했다("무릇 이 규례를 행하는 자에게"). 의무를 이행하는 것과 올바른 태도를 항상 하나로 연관지어야 한다. "너희가 어떻게 행할지를 자세히 주의하여"(엡 5:15)라는 바울의 말은 곧 마음과 생각의 태도와 성향을 가리키는 것이다.

그렇다면 어떤 태도를 유지해야 하는가? 규례에 대한 올바른 복종, 또는 태도는 다음 네 가지 조건을 갖추어야 한다.

1. 온전한 복종이 이루어져야 한다.

율법은 흠이 있는 동물을 제물로 드리는 것을 금했다. 제물로 쓰일 동물은 온전해야 했다. 제사장들은 다리를 절거나 눈이 멀거나 신체적인 결함이 있는 제물을 거부했다. 하나님께 대한 의무도 마찬가지다. 온전하고 건전해야 한다. 혼탁한 동기로 하나님께 드리는 복종은 결코 받아들여질 수 없다.

2. 믿음으로 하나님을 의지해야 한다.

믿음으로 행하는 복종이 필요하다. 그리스도 없이는 "아무 것도 할 수 없다"(요 15:5)는 생각으로 항상 그분을 의지해야 한다. 모든 선한 행위에는 믿음이 반드시 필요하지만 믿음만으로는 충분치 않다(엡 2:10 참조). 믿음에는 반드시 복종이 뒤따라야 한다. 바울은 이를 가리켜 "믿어 순종한다"(롬 1:5)고 했다. 믿음의 복종이 이루어져야만 그리스도가 "우리 생명"(골 3:4), 즉 영적 생활의 원천이자 이유이심을 깨달을 수 있다. 우리는 믿음으로 이것을 알고 경험한다. 바울은 "오직 내 안에 그리스도께서 사시는 것이라 이제 내가 육체 가운데 사는 것은 ……하나님의 아들을 믿는 믿음 안에서 사는 것이라"(갈 2:20)고 말했다. 그리스도는 우리의 생명이시다. 모든 거룩한 의무를 이행할 수 있는 복종의 마음이 그분에게서 비롯된다.

3. 지성과 감성을 활용해야 한다.

하나님은 그분께 복종하는 데 필요한 태도와 수단을 규정하신다. 그 점을 인식하지 못하면 우리의 복종은 타당성을 잃고 만다. 우리가 부지런해야 할 뿐 아니라 지혜로워야 한다고 하나님이 말씀하시는 이유가 여기에 있다.

마음의 감성과 생각은 의무를 행하는 방식에 지대한 영향을 미친다. 어떤 의무를 이행하든지 영적 감성이 필요하다. 그렇지 않으면 불과 소금이 없는 제사, 즉 마음이 결여된 제사를 드리는 것과 같다. 그런 제사는 무익하다. 올바른 마음의 태도를 지닌 사람은 즐거운 마음으로 드린다(고후 9:7 참조).

4. 하나님을 영화롭게 해야 한다.

의무를 이행함으로 자신의 확신과 양심을 만족시키거나 사람들의 칭찬에 겨워 스스로를 의롭게 생각하고 그 의를 과시하려는 마음을 가질 수도 있다. 하지만 그런 이유나 동기는 우리를 곁길로 인도한다. 바울은 "무엇을 하든지 다 하나님의 영광을 위하여 하라"(고전 10:31)고 말했다. 하나님의 영광이 가장 우선이나, 죄는 그 목적을 이루지 못하도록 우리를 미혹한다.

우리는 올바른 태도를 지녀야만 모든 의무를 올바로 수행할 수 있다. 마찬가지로 올바른 생각이 있어야만 죄의 유혹을 극복할 수 있다. 의무 이행을 방해하는 죄의 유혹에 맞서 바른 생각을 유지하려면 다음 다섯 가지 사항을 고려해야 한다.

1. 하나님의 주권

죄를 경계하려면 무엇보다도 하나님의 주권을 생각해야 한다. 요셉은 "내가 어찌 이 큰 악을 행하여 하나님께 죄를 지으리이까"(창 39:9)라고 말했다. 보디발의 아내는 관대한 주인을 배신하도록 요셉을 유혹했다(창 39:7-9). 하지만 요셉은 음행을 하나님을 거역하는 죄로 인식했다. 야고보도 율법을 거스르는 죄에 직면하면 율법을 주신 하나님을 우선적으로 염두에 두어야 한다고 말했다(약 4:11, 12). 죄와 정욕이 유혹의 손길을 뻗쳐 올 때는 "이 것은 하나님이 금하신 일이야. 나는 그분의 절대적인 주권 아래 살고 있어. 나의 현재와 미래의 운명이 모두 그분에게 달려 있어"라는 생각을 가장 먼저 떠올려야 한다.

2. 죄의 징벌

욥은 "나는 하나님의 재앙을 심히 두려워하고 그의 위엄으로 말미암아 그런 일을 할 수 없느니라"(욥 31:23)고 말했다. 히브리서 저자도 "살아 계신 하나님의 손에 빠져 들어가는 것이 무서울진저"(히 10:31)라고 말했다. 하나님은 "벌을 면제하지 않으시는" 분이다(출 34:7). "우리 하나님은 소멸하는 불"(히 12:29)이시다. 따라서 우리는 그분의 거룩하심과 정의를 염두에 두어야 한다. "이같은 일을 행하는 자는 사형에 해당한다고 하나님께서 정하심을 알고도"(롬 1:32 참조) 여전히 죄를 범한다면 과연 생명을 부지할 수 있겠는가?

3. 죄인에 대한 하나님의 사랑과 은혜

균형과 객관성만 잃지 않는다면 이 또한 바른 생각을 갖는 데 큰 도움을 준다. 모세는 "어리석고 지혜 없는 백성아 여호와께 이같이 보답하느냐 그는 네 아버지시요 너를 지으신 이가 아니시냐 그가 너를 만드시고 너를 세우셨도다"(신 32:6)라고 말했다. 사도 바울은 "그런즉 사랑하는 자들아 이 약속을 가진 우리는 하나님을 두려워하는 가운데서 거룩함을 온전히 이루어 육과 영의 온갖 더러운 것에서 자신을 깨끗하게 하자"(고후 7:1)라고 말했는데, 또한 하나님은 우리를 사랑으로 받아주시는 아버지가 되실 것이라는 성경의 약속을 언급했다(고후 6:17, 18). 이 약속은 현재는 물론 영원히 지속될 하나님의 사랑을 가리킨다. 이는 죄를 거부할 수 있는 강한 동기를 제공한다. 요한일서 3장 1-3절도 하나님의 사랑이 우리에게 동기를 부여한다는 사실을 언급했다. 사도 요한은 "주를 향하여 이 소망을 가진 자마다 ……자기를 깨끗하게 하느니라"(요일 3:3)고 말했다. 하나님의 사랑을 깨달은 사람은 죄를 삼간다.

이 밖에도 하나님의 자비와 사랑은 유혹을 당할 때 그분의 존재를 생각나게 한다. 솔로몬은 하나님의 자비를 무시하는 큰 범죄를 저질렀다. 그는 하나님이 두 번이나 그에게 나타나셨는데도 죄를 지었다(왕상 11:9).

4. 그리스도의 보혈과 중보사역

사도 바울은 "그리스도의 사랑이 우리를 강권하시는도다 우리가 생각하건대 한 사람이 모든 사람을 대신하여 죽었은즉 모든 사람이 죽은 것이라 그가 모든 사람을 대신하여 죽으심은 살아 있는 자들로 하여금 다시는 그들 자신을 위하여 살지 않고 오직 그들을 대신하여 죽었다가 다시 살아나신 이를 위하여 살게 하려 함이라"(고후 5:14, 15)고 말했다. 이런 사실은 죄를 극복하게 해준다. 즉 이런 생각은 죄를 강력하고 효과적으로 억제하는 힘을 제공한다.

5. 성령의 내주하심

우리가 세상에서 가진 가장 큰 특권은 성령의 내주하심이다. 죄를 짓는 것은 성령의 처소를 더럽히는 것이자 그분을 슬프시게 하는 행위다. 우리는 성령을 소멸하거나 그분의 위로를 거부하는 잘못을 범하지 않도록 주의해야 한다.

지금까지 말한 대로 이 다섯 가지를 염두에 두면 죄의 유혹을 극복하는 데 많은 도움을 얻을 수 있다.

묵·상·과·토·의·를·위·한·질·문
TRIUMPH OVER TEMPTATION

1. 오웬은 "죄가 유혹에서부터 시작된다"고 생각했다. 그동안 어떤 유혹에 이끌려 개인적인 죄나 사회적인 죄를 짓게 되었는지 생각해 보라.

2. 빌립보서 4장 8절을 개인의 삶에 적용하는 것이 죄와의 싸움에 있어 그토록 큰 중요성을 갖는 이유를 생각해 보라.

3. 죄의 기만성이 우리가 은혜의 교리를 남용하게 만드는 이유를 생각해 보라. 신자들이 대부분 은혜만을 바라는 것을 어떻게 생각하는가?

4. 어떤 진리를 의지할 때 죄의 속임수에 빠지지 않을 수 있겠는가?

04

감성을 유혹하는 죄

 죄는 우리를 기만할 뿐 아니라 유혹한다. 사람들은 "욕심에 끌려 미혹된다"(약 1:14). 죄는 생각의 기능을 마비시키고 감정을 미혹한다. 이번 장에서는 죄가 감정을 미혹한다는 사실, 죄가 목적을 달성하는 방법, 감정이 미혹되지 않도록 주의해야 할 필요성 등을 살펴보겠다.

 감성은 죄에 이끌리는 순간 올무에 걸려든다. 죄가 기승을 부리면 감성은 죄의 포로가 된다. 죄는 끊임없이 악한 생각을 품게 한다. 사악한 자들은 "침상에서 죄를 꾀하며" 기회가 주어지면 행동으로 옮긴다(미 2:1). 베드로는 악인들이 "음심이 가득한 눈을 가지고 범죄하기를 그치지 아니한다"(벧후 2:14)고 말했다. 그들의 마음은 원하는 대상을 갖고 싶은 욕망으로 가득하다.

사도 요한은 이 세상에 있는 것들을 "육신의 정욕과 안목의 정욕과 이생의 자랑"(요일 2:16)으로 정의했다. 안목의 정욕이 영혼에 침투하면 상상력이 가동되면서 욕망이 고개를 쳐든다. 요한이 이를 "안목의 정욕"으로 규정한 이유는 눈이 사물의 형상을 뇌에 전달하는 것처럼 죄가 우리의 생각과 영혼에 욕망의 대상들을 끊임없이 떠오르게 하기 때문이다. 눈으로 대상을 바라볼 때 흔히 탐욕이 일어난다. 여호수아 7장 21절에서 아간은 죄의 유혹에 빠져들게 된 과정을 설명했다. 그는 황금과 아름다운 외투를 보고 은근히 탐심이 발동했다. 그는 그것들을 보면서 그 가치를 상상했고 결국 탐심에 사로잡히고 말았다.

상상력이 생각을 지배할 때 죄의 유혹이 크게 증폭된다. 죄는 생각 속에 헛된 망상을 불러일으키고 은밀히 득의에 찬 웃음을 짓는다. 비록 행동으로 옮기지 않더라도 금지된 일들을 생각하며 즐거워하는 것도 죄이다. 예레미야는 "네 악한 생각이 네 속에 얼마나 오래 머물겠느냐"(렘 4:14)라고 말했다. 악한 생각은 마치 전령처럼 죄를 건네주고는 사라진다. 그런 생각은 불건전한 상상력을 자극하고 감성을 점점 더 강하게 옭아맨다.

앞에서 살펴본 대로 죄는 항상 그 심각성을 희석시켜 그릇된 생각을 품게 만든다. 죄는 "이것은 단지 작은 범죄일 뿐이야. 잠깐인데 무슨 문제가 있겠어?"라고 속삭인다. 이는 죄에 유혹된 마음이 늘어놓는 변명이다. 이 속삭임, 즉 죄의 속임수에서 비롯하는 은근한 암시에 마음이 기울기 시작했다면 이미 감성이 미혹을 받았다는 증거다.

영혼이 죄의 음성에 귀를 기울이는 순간, 그리스도를 향한 사랑은 사라지고 유혹에 사로잡힌다. 죄는 "붉고 잔에서 번쩍이며 순하게 내려가는 포도주"와 같이 유혹하지만 "마침내 뱀같이 물 것이요 독사 같이 쏠 것"이다(잠 23:31, 32).

그렇다면 죄는 어떻게 감성을 유혹하여 옭아매는가?

첫째, 죄는 생각을 이용한다. 생각은 동작이 재빠른 새와 같다. "새가 보는 데서 그물을 치면 헛일이겠지만"(잠 1:17), 새가 한눈을 팔다가 올무에 걸렸을 때는 작은 날개를 아무리 퍼덕거려도 소용이 없다. 죄는 그런 식으로 유혹한다. 그릇된 추론과 적절한 핑계를 둘러대어 위험을 의식하지 못하게 유도한 뒤 그물을 던져 감성을 옭아맨다.

둘째, 죄는 자신을 탐스럽게 보이게 하여 정욕을 자극한다. 죄는 그럴듯한 구실로 대상을 아름답게 윤색한 뒤에 "죄악의 낙"(히 11:25)을 상상하게 한다. 모세처럼 단호히 거절하지 않으면 피하기 어렵다. 야고보는 죄 안에서 사는 자들을 "사치하고 방종하는 자"(약 5:5)로 묘사했다. 죄가 쾌락을 가져다주는 이유는 그것을 갈망하는 육신의 정욕을 충족시키기 때문이다. 따라서 성경은 "정욕을 위하여 육신의 일을 도모하지 말라"(롬 13:14)고 경고한다. 곧 생각이나 감성을 통해 죄가 육신의 정욕을 자극하지 않도록 주의하라는 것이다. 바울은 "육체의 욕심을 이루지 말라"고 경고했다(갈 5:16). 죄의 권능 아래 살면 "육체와 마음의 원하는 것"(엡 2:3)을 행하게 된다. 죄가 영혼을 옭아매면 악을 아름답고 만족스럽게 여기는 상상력이 발동해 마음이 미혹되기 시작한다.

셋째, 죄는 그 위험성을 은폐한다. 죄는 갈고리에 미끼를 달고 그물 위에 음식을 두어 위험을 위장한다. 물론 죄가 그 위험성을 온전히 은폐하기는 불가능하다. 죄의 삯은 사망이다(롬 6:23). 따라서 악을 행하는 자는 마땅히 죽을 수밖에 없으며, 그것이 하나님이 정하신 이치다(롬 1:32). 하지만 죄는 겉을 탐스럽게 꾸며 생각과 감성을 그릇된 길로 인도하여 영혼이 위험을 감지하지 못하게 한다.

인류의 타락을 기록한 창세기를 보면 하와가 뱀에게 "동산 중앙에 있는 나무의 열매는 하나님 말씀에 너희는 ……먹지도 말고 만지지도 말라"(창 3:3)고 하셨다고 말한다. 하지만 사탄은 즉시 과실을 탐스럽게 보이게 하고 열매를 따 먹고 나서 생기는 결과를 잊게 만들었다. 다윗도 정욕에 사로잡혀 죄의 결과를 간과했다. 성경은 그가 "여호와의 말씀을 업신여겼다"(삼하 12:9)고 말씀한다.

죄는 쾌락을 미끼로 던지며 온갖 책략을 사용해 신자가 하나님을 두려워하는 마음을 갖지 못하게 한다. 죄는 위험성을 은폐하고자 언제라도 죄를 용서받을 수 있다는 생각을 하게 만든다. 정욕을 채우거나 특정한 범죄를 저지르더라도 회개하기만 하면 언제든 용서받을 수 있다고 생각하게 한다. 죄는 때로 상황을 희석하기도 하고 갑작스럽게 공격을 가하기도 한다. 어떤 때는 의무를 균형 있게 행해야 한다는 논리를 펼치고, 집요하게 상상력을 불어넣으며, 탐심을 강하게 하는 등 갖은 구실과 핑계를 둘러대면서 유혹의 손길을 펼친다. 죄를 잉태하게 하려고 생각을 부추기는 데 사용되는 여러 가지 논리들은 다음 장에서 살펴볼 예정이다.

죄의 속임수에 넘어가지 않으려면 어떻게 해야 할까? 무엇보다도 감성을 통제할 수 있어야 한다. 성경은 "모든 지킬 만한 것 중에 더욱 네 마음을 지키라"(잠 4:23)고 말씀한다.

마음을 지키는 방법에는 두 가지가 있다.

첫째, 우리 지체를 죽임으로써 감성을 통제해야 한다(골 3:5 참조). 바울의 말은 "죄의 활동과 속임수가 지체 안에서 일어나므로 그것을 죽여야 한다"는 뜻이다. 또한 그는 "위의 것을 생각하고 땅의 것을 생각하지 말라"(골 3:2)고 말했는데, 오로지 하늘의 것만을 사모해야 죄를 죽일 수 있다.

우리가 사모해야 할 대상에는 그리스도의 아름다우심과 영광이 포함된다. 주 예수 그리스도는 그 전체가 사랑스럽고 많은 사람 가운데 뛰어나신 존재다(아 5:10, 16). 또한 우리는 은혜와 영광, 복음의 신비, 복음에 약속된 축복을 사모해야 한다. 이런 것들을 사모하는 마음에는 죄가 비집고 들어올 틈이 존재하지 않는다(고후 4:17, 18 참조).

둘째, 그리스도의 십자가를 바라보아야 한다. 바울은 "내게는 우리 주 예수 그리스도의 십자가 외에 결코 자랑할 것이 없으니 그리스도로 말미암아 세상이 나를 대하여 십자가에 못 박히고 내가 또한 세상을 대하여 그러하니라"(갈 6:14)고 말했다. 그리스도의 십자가와 그분의 사랑을 바라보는 자는 이미 십자가에 세상을 못 박아 버렸기 때문에 아무런 매력을 느끼지 않는다. 그런 사람에게 죄가 던지는 미끼는 이제 흥미를 일으키지 못한다. 그리스도의 십자가로 마음을 가득 채우라. 그러면 죄가 침투할 여지가 남지 않는다.

그리스도가 우리를 구원하기 위해 오셨을 때 세상은 그리스도를 따뜻한 집이 아닌 마구간으로 몰아냈다. 이제는 그리스도가 우리의 마음에서 세상의 것들을 모두 몰아내고 성화의 사역을 이루시도록 하자.

마음을 부지런히 살피고 경책하여 올바른 방향으로 이끌지 않으면 하늘의 것들을 사모하는 열정이 식기 마련이다. 성경을 보면 첫 사랑을 잃은 것에 대해 하나님께서 꾸짖으시는 내용이 이따금씩 나온다. 이는 마음을 올바로 지키지 못했기 때문이다. 마음을 지키려는 각별한 노력이 있어야만 그런 퇴보를 예방할 수 있다.

묵·상·과·토·의·를·위·한·질·문

TRIUMPH OVER TEMPTATION

1. 오웬은 "죄는 항상 그 심각성을 희석시켜 그릇된 생각을 품게 한다"고 말했다. "해로울 게 뭐가 있어?", "이것은 내 문제일 뿐 다른 사람과 아무 상관없어", "내 몸을 가지고 내 마음대로 하는데 뭐가 문제야?"와 같은 생각으로 짓는 죄는 없는가?

2. "죄악의 낙"을 거절하려면 어떤 태도를 취해야 할까? 어떻게 하면 죄를 경멸하고 하나님을 기쁘시게 하는 마음을 가질 수 있을까?

05

의지를 끌어내는 죄

죄는 우리를 속이고 미혹할 뿐 아니라 잉태된다. 야고보는 "욕심이 잉태한즉 죄를 낳고"(약 1:15)라고 말했다. 죄는 구체적인 결과를 낳는다. 영혼의 관점에서 보면 죄가 의지의 동의를 얻어냈다는 뜻이다. 이는 신부가 순결을 잃은 것과 다름없다. 그리스도를 향한 진실함과 깨끗함에서 떠나 부패해졌다는 의미다(고후 11:2, 3 참조). 이러한 죄의 잉태는 네 가지로 생각할 수 있다.

1. 복종이나 불복종은 의지에서 시작한다.

도덕적인 행위는 의지에서 나온다. "죄는 무엇이나 의지에서 시작된다. 의지가 시작하지 않은 죄는 죄가 아니다"라는 고대의 격언이 있다. 의지는 복종하든지 죄를 짓든지 둘 중에 하나를 선택한다.

2. 의지는 죄에 동의한다.

죄가 의지를 설득하는 방법은 두 가지다. 먼저 죄의 논리가 의지를 사로잡아 그릇된 확신에 이르게 하여 무기력하게 무릎 꿇리는 경우다. 이때 의지는 돛을 활짝 펴고 바다로 나가는 배처럼 죄가 이끄는 대로 가거나 전쟁터에 나가는 말처럼 죄를 향해 돌진한다. 그런 사람은 "자신을 방탕에 방임하는"(엡 4:19) 자이다. 예를 들어, 아합은 고의적으로 나봇을 살해했다(왕상 21장 참조).

어떤 때는 죄를 지으려는 의지가 다른 욕망과 충돌을 일으키기도 한다. 예를 들어, 베드로는 주님을 부인하려는 의지와 그분에 대한 사랑 사이에서 갈등을 겪었다. 주님을 부인하려는 의지가 없었다면 아예 갈등은 없었을 것이다. 하지만 그는 결국 주님을 부인했다. 물론 기꺼운 마음은 아니었다. 그는 주님을 부인하면서 심한 양심의 가책을 느꼈고 나중에 죄를 뉘우쳤다(마 26:75).

3. 의지는 죄에 온전히 동의하지 않을 수도 있다.

신자에게는 선을 행하려는 마음이 존재하기 때문에 온전히 죄에 동의하지 않는다. 바울은 "선을 행하기 원하는"(롬 7:21) 마음이 있다고 말했다. 신자에게 선을 행하려는 의지가 있는 이유는 그 안에 은혜의 원리가 존재하기 때문이다. 신자는 죄가 아닌 은혜의 지배를 받는다. 그래서 신자는 단지 부분적으로만 죄에 동의할 뿐이다.

신자의 의지는 죄 짓기를 주저하지만 저항력이 잠시 약해지면 순간적으로 죄를 범하게 된다. 사도 바울은 "육체의 소욕은 성령을 거스르고 성령은 육체를 거스르나니 이 둘이 서로 대적함으로 너희가 원하는 것을 하지 못하게 하려 함이니라"(갈 5:17)고 말하며 일반원리를 언급했다. 물론 육체의 정욕을 항상 원활하게 통제할 수는 없다. 하지만 죄 짓기를 주저하는 마음은 종종 우리를 죄에 빠지지 않게 지켜준다. 죄 짓기를 거부하는 의지가 우리 안에 존재한다는 사실을 올바로 이해하면 많은 지혜를 얻을 수 있다.

4. 의지가 성향을 따라갈 수도 있다.

의지가 반복적으로 허락하는 행위는 자주 죄를 짓게 하는 성향을 형성한다. 그러한 성향이 생기면 죄의 논리에 쉽게 설득당한다. 우리는 그런 악한 성향이 형성되지 않도록 각별히 주의해야 한다.

죄가 의지의 동의를 끌어내는 경로

의지가 없으면 죄도 없다. 그러면 죄는 어떻게 의지의 동의를 얻어낼까? 세 가지로 대답할 수 있다.

1. 죄는 의지를 속여 동의를 얻어낸다.

죄는 항상 속임수의 결과로 잉태된다. 죄는 감정을 혼란스럽게 하거나 그릇된 생각을 부추기거나 의지를 약화시킨다.

죄는 다양한 방법과 상황으로 의지를 현혹한다. 죄는 특히 은혜가 용서만을 뜻하는 것처럼 현혹하여 죄를 지어도 언제든지 용서받을 수 있다고 생각하게 한다. 이렇게 생각을 미혹하여 의지의 동의를 얻어내고 악의 위험성을 의식하지 못하게 한다. 이미 이 미혹에 넘어간 많은 사람들이 자유를 남용하며 "멸망의 종들"(벧후 2:19)처럼 행동하고 있다. 성경은 이러한 독소가 신자의 마음에도 악영향을 미칠 수 있다고 경고한다.

은혜는 두 가지 목적을 지닌다. 즉 우리는 은혜로 하나님과 동행하며 그분께 나아가는데, 죄는 은혜의 목적을 뒤바꾸어 그 영향력을 약화시키려고 한다. 복음은 "죄를 범치 않게" 하기 위한 것이다. 사도 요한은 "내가 이것을 너희에게 씀은 너희로 죄를 범하지 않게 하려 함이라 만일 누가 죄를 범하여도 아버지 앞에서 우리에게 대언자가 있으니 곧 의로우신 예수 그리스도시라 그는 우리 죄를 위한 화목 제물이니"(요일 2:1, 2)라고 말했다.

우리는 하나님과 동행해야 한다. 하지만 세상에 있는 한 하나님과 항상 동행하며 살기는 쉽지 않다. 사도 요한은 "만일 우리가 죄가 없다고 말하면 스스로 속이고 또 진리가 우리 속에 있지 아니할 것이요"(요일 1:8)라고 말했다. 그러나 "만일 누가 죄를 범하여도 아버지 앞에서 우리에게 대언자가 있으니 곧 의로우신 예수 그리스도시라 그는 우리 죄를 위한 화목 제물이니"(요일 2:1, 2)라고 덧붙였다. 하나님과 동행하는 삶에 실패해도 회복할 수 있는 길은 있다. 우리가 하나님께 나아가 용서를 구하면 다시 동행할 용기를 얻을 수 있다.

하지만 죄는 생각을 미혹해 이 두 가지 복음의 목적을 올바로 생각하지 못하게 하고 잘못된 생각에 의지가 동의하도록 부추긴다. 부추기는 방법은 아주 다양한데 그중 하나는 갑작스럽게 유혹을 불러일으키는 것이다. 죄는 "이걸 하면 즉시 행복해질 수 있어. 구체적인 유익이 있어"하는 식으로 유혹한다. 그럴 때면 대개 영혼에 내주하는 은혜의 원리가 작동해 유혹을 거부한다. 하지만 경계심을 늦추는 순간 죄는 느닷없이 생각을 속인다. 실제로 행동을 개시하지는 않더라도 이미 의지가 움직이기 시작한 것이다. 하나님의 관점에서 보면 그때가 바로 죄가 잉태되는 시점이다.

때로 유혹은 서서히 일어나기도 한다. 죄는 조금씩 그 독소를 집어넣어 나중에는 완전히 장악해 버린다. 생각이 그릇된 논리에 넘어가면 복음의 은혜를 거부하게 되고 결국에는 의지의 타락이 뒤따른다.

아울러 죄는 죄책감을 느끼지 못하게 한다. 죄는 악한 마음을 품는 것이 그렇게 큰 잘못은 아니라고 설득한다. 또한 죄는 스스로와 남을 비교하게 하여 책임감을 완화시킨다. 이것은 죄가 사용하는 또 하나의 중요한 전략이다. 죄는 이 밖에도 여러 가지 방법을 구사해 자신의 정체를 인식하지 못하게 한다.

2. 의지는 좋은 것을 선택한다. 의지는 겉으로 좋아 보이지 않는 것에 동의하지 않는다.

즉각적으로 좋아 보이는 것이나 일시적으로 좋아 보이는 것, 또는 겉으로 좋아 보이는 것이나 좋아 보이는 상황은 모두 의지의 관심을 자극한다. 좋은 것을 선호하는 것이 의지의 자연스러운 특성이다.

죄는 생각을 미혹해 악을 아름답게 보이게 한다. 하와는 하나님의 명령, 즉 하나님과의 언약을 잊어버리고 죄를 지음으로써 얻을 수 있는 이익과 쾌락에만 눈을 돌렸다. 아합도 "네 포도원이 내 왕궁 곁에 가까이 있으니 내게 주어 채소 밭을 삼게 하라"

(왕상 21:2)고 말했다. 죄는 이런 식의 논리로 생각을 미혹해 의지에 영향력을 행사한다. 의지가 죄에 속박을 당하면 살인도 마다하지 않는 결과가 일어난다. 그 결과 죄인은 물론 그의 가족까지 완전히 파멸하고 만다.

3. 의지는 이성적인 욕구라고 할 수 있다.

의지는 생각의 인도를 받는 이성적인 측면과 감정으로 자극받는 욕구의 측면을 아울러 지닌다. 이성과 감정, 두 가지 기능이 의지에 영향을 미친다. 야고보서 1장 14, 15절을 통해 살펴본 대로, 죄가 생각을 미혹하고 감성을 혼탁하게 하여 의지의 동의를 얻어낼 때 죄의 잉태가 이루어진다.

우리는 4장에서 죄가 감성을 미혹해 의지의 동의를 얻어내는 과정을 다루었다. 죄는 때로 도발적인 충동을 일으켜 성급하고 경솔한 행위를 저지르게 한다. 예를 들어, 다윗은 나발을 징계할 목적으로 성급하게 행동했다. 그는 분노했고(삼상 25:13 참조), 나발의 온 가족을 죽이기로 결심했다(삼상 25:33, 34). 그의 마음에 살의를 잉태한 것이다. 그의 의도를 가로막은 것은 오직 하나님의 자비였다. 베드로도 충동적으로 행동한 적이 여러 번 있었다.

한편 죄는 감성을 미혹해 여러 번에 걸쳐 은근히 충동을 부추김으로써 서서히 의지의 동의를 얻어내기도 한다. 야곱의 아들들은 아버지의 사랑을 독차지한다는 이유로 요셉을 미워했다. 그들의 증오심은 점차 자라났고 마침내 요셉을 살해할 결심을 품게 했다. 증오심과 질투심이 점차 쌓여가면서 마침내 요셉을 죽이려는 의지가 발동한 것이다. 이렇게 일단 의지가 동의하면 곧바로 죄가 잉태된다.

죄는 생각의 어두움을 이용해 그 계획과 의도를 달성한다. 이 점은 앞서 3장에서 살펴본 바 있다. 어두워진 생각은 구원의 은혜를 알지 못한 채 "어둠의 일"(롬 13:12, 엡 5:11)만을 행할 뿐이다. 신자의 생각에도 약간의 어두움이 존재한다. 왜냐하면 진리를 "부분적으로 알기"(고전 13:12) 때문이다. 이러한 어두움에서 무지나 잘못이 생겨난다.

하나님의 뜻을 알지 못하면 죄는 즉시 그 무지를 이용한다. 예를 들어, 아비멜렉은 훌륭한 인품을 지녔지만 자신이 하려는 행위가 음행인 줄 알지 못했다(창 20:5 참조). 하나님은 "내 백성이 지식이 없으므로 망하는도다"(호 4:6)라고 탄식하셨다. 오류는 어두워진 생각, 즉 무지가 가져다주는 가장 큰 해악이다. 오류는 죄를 크게 이롭게 한다. 오류인 줄 모르고 열심을 내는 이들은 진리를 억압하고 핍박한다. 이보다 더 죄를 유리하게 하는 것은 없다. 온유하신 성령은 그런 사람들을 무지와 오류에 방치해 두신 채 떠나신다.

죄의 열매를 막으시는 하나님의 자비

지금 우리는 "욕심이 잉태한즉 죄를 낳고"(약 1:15)라는 말씀을 살펴보고 있다. 어떤 사람들은 이 말씀을 죄가 잉태하자마자 열매를 맺는다는 의미로 해석한다.

하지만 지금까지 설명한 대로 죄의 잉태는 실제로 범죄를 행했을 때가 아니라 의지가 동의한 순간에 시작된다. 죄가 잉태되었다고 해서 자동적으로 행위가 뒤따르는 것은 아니다. 행위로 이어지지 않은 채 의지와 마음에 죄가 잉태된 상태에서 머무는 경우가 얼마든지 존재한다. 이제부터 생각할 문제는 잉태된 죄가 어떻게 행위로 표출되는가 하는 것이다.

죄가 행위로 표출되지 않으면 죄에게는 아무 이득이 없다. 죄는 잉태한 것을 낳고 싶어한다. 물론 죄를 짓겠다고 결심하는 순간 이미 그 결심만으로도 죄를 짓는 셈이다. 하지만 다행스럽게도 죄가 항상 행위로 이어지지는 않는다.

죄를 지으려는 의지와 능력, 이 두 가지가 동시에 있어야 악한 행위가 일어난다. 따라서 악행을 막으려면 죄를 지으려는 의지나 능력 중 하나를 통제하면 된다. 하나님은 그것들을 통제할 수 있도록 역사하신다. 하나님은 섭리를 통해 죄의 능력을 방해하신다. 또 은혜를 베풀어 죄를 지으려는 우리의 의지를 꺾거나 다른 쪽으로 돌려놓으신다. 하나님의 섭리는 외적인 행위를 통해 작용하며, 그분의 은혜는 내적으로 작용해 삶을 근본적으로 변화시킨다.

1. 하나님은 외적인 행위를 통해 죄의 능력을 방해하신다.

모든 능력은 생명에서 나온다. 생명이 없어지면 능력도 사라진다. 하나님은 "살아 계시는 하나님"이시다. 따라서 그분의 능력은 결코 다함이 없다(신 5:26, 계 7:2).

하나님은 죄를 고집하는 이들의 생명을 거두어 가심으로써 죄의 능력을 와해시키신다. 산헤립의 군대가 유다를 침공했을 때 하나님은 예루살렘을 그들의 손에 넘기지 않겠다고 약속하셨다(왕하 19:20). 하나님은 산헤립의 군사들의 생명을 취하심으로써 그의 힘을 쇠퇴시키셨다(왕하 19:28, 35). 군대를 잃은 산헤립은 결국 그가 품었던 죄악을 실행에 옮길 힘을 잃고 말았다.

또 하나의 예로 애굽 왕 바로를 들 수 있다. 바로는 "내가 뒤쫓아 따라잡아 탈취물을 나누리라, 내가 그들로 말미암아 내 욕망을 채우리라, 내가 내 칼을 빼리니 내 손이 그들을 멸하리라"(출 15:9)고 말했으나 "주께서 주의 바람을 일으키시매 바다가 그들을 덮으니 그들이 거센 물에 납 같이 잠겼다"(출 15:10). 엘리야를 잡으러 온 오십 부장들과 부하들도 마찬가지였다(왕하 1:9-12). 하늘에서 불이 내려와 그들을 진멸했다.

창세기에 보면 초창기의 인류는 수백 년 동안 죄악을 품어오면서 많은 악행을 저질렀다. 그 결과 온 세상에 강포와 불의와 혼란이 만연했다(창 6:5-13 참조). 성경은 "피를 흘리게 하며 속이는 자들은 그들의 날의 반도 살지 못할 것이나"(시 55:23)라고 말씀한다. 하나님은 악한 자들의 수명을 단축시켜 악이 홍수처럼 넘치는 것을 예방하셨다.

전도서 저자는 "죄인은 백 번이나 악을 행하고도 장수하거니와 또한 내가 아노니 하나님을 경외하여 그를 경외하는 자들은 잘 될 것이요 악인은 잘 되지 못하며 장수하지 못하고 그 날이 그림자와 같으리니 이는 하나님을 경외하지 아니함이니라"(전 8:12, 13)고 말했다. 악인은 아무리 오래 살더라도 결국에는 죽음의 심판을 받는다.

하나님은 대개 믿지 않는 죄인들의 생명을 단축하시지만, 베드로후서 3장 9절의 말씀대로 불신자들에게 오래 참기도 하신다. 하나님은 그들이 죄를 인정하고 회개하기까지 오래 참으신다. 그러나 끝까지 회개하지 않고 영원히 멸망할 사람들의 생명을 거두어 가신다.

다윗은 죄를 뉘우치면서 "주는 나를 용서하사 내가 떠나 없어지기 전에 나의 건강을 회복시키소서"(시 39:13)라고 기도했다. 하나님은 때로 더 많은 죄를 짓지 않도록 신자의 생명을 거두기도

하신다. 예를 들어, 큰 유혹과 시련이 세상에 불어닥칠 예정이라고 하자. 그 사실을 아시는 하나님은 시련과 유혹 앞에서 그분의 영광을 가리고 스스로를 더럽게 할 신자들의 생명을 미리 거두신다. 이사야 57장 1절은 "의인들은 악한 자들 앞에서 불리어가도다"라고 말씀한다. 또한 하나님은 그분의 뜻을 모르고 고집스럽게 행하는 이들의 생명도 취하신다. 요시야가 이 경우에 해당하는 듯하다(대하 35:20-25 참조).

하나님은 생명을 취하시는 방법 외에도 죄의 능력을 무력화시키거나 근절하신다. 사람들이 바벨탑을 건축할 때 하나님은 언어를 혼잡케 하셔서 그 의도를 좌절시키셨다(창 11:6-9). 또한 하나님은 욕정에 사로잡힌 소돔인들의 눈을 어둡게 하셨다(창 19:11). 여로보암이 선지자를 붙잡으려고 손을 폈을 때 하나님은 그 손을 말라붙게 하셨다(왕상 13:4). 정욕을 채우려는 욕심을 내다 질병에 걸려 비참한 인생을 살아가는 이들도 많다. 시편 저자는 "그들은 죄악을 꾸미며 이르기를 우리가 묘책을 찾았다 하나니 각 사람의 속 뜻과 마음이 깊도다"(시 64:6)라고 말했다. 그런 사람들은 죄를 지을 준비가 되어 있다. 하지만 시편 저자는 "그러나 하나님이 그들을 쏘시리니 그들이 갑자기 화살에 상하리로다 이러므로 그들이 엎드러지리니 그들의 혀가 그들을 해함이라"(시 64:7, 8)고 덧붙인다.

사람들은 "요동하는 바다"(사 57:20)와 같이 될 때까지 계속 죄를 짓는다. 여호사밧은 하나님의 뜻을 거역하고 아하시야와 동맹을 맺어 다시스로 배를 보냈다. 하지만 하나님은 풍랑을 일으켜 그 배들을 침몰시키심으로 그의 의도를 이루지 못하게 하셨다(대하 20:35-37).

물론 특별한 유혹이 있을 때에만 하나님이 그런 식으로 개입하시는 것 같다. 사탄이 매우 악하고 교활한 술책으로 신자들을 유린하려 할 때 주로 하나님의 기적적인 개입이 이루어진다. 하지만 보통은 다음과 같은 방법으로 악한 자들을 다루신다. 즉 하나님은 그들을 "그물에 걸린 영양"(사 51:20) 같이 억제하시거나 그들로 상황이나 행동을 곰곰이 생각하게 한 뒤 죄를 지으려는 의도를 단념하게 하셔서 악을 저지하신다.

하나님은 죄를 짓도록 방치하시기도 하지만 종종 반대세력을 일으켜 그것을 저지하신다. 예를 들어, 사울이 요나단을 죽이려 했을 때 하나님은 백성들을 통해 그의 분노를 저지하고 요나단의 목숨을 구하셨다(삼상 14:45). 웃시야가 율법을 어기고 주제넘게 분향하려 하자, 80명의 제사장이 그를 가로막고 성전에서 몰아냈다(대하 26:16-20). 요한계시록 12장에서 볼 수 있듯이 용과 그의 동맹세력이 교회를 파괴하려 할 때 하나님은 "땅이 그 입을 벌려" 교회를 돕게 하신다. 호세아 2장 6, 7절에서 이스라엘 백성이 하나님을 버리고 우상숭배로 치닫자 하나님은 그들을 어리석은 대로 방치하시면서도 한계를 정해 그들의 욕망을 완전히 충족시킬 수 없게 하셨다.

이 밖에도 하나님은 원하는 대상을 피하게 하심으로써 계획된 악을 이루지 못하게 하신다. 예를 들어, 하나님은 베드로를 옥에서 구해내셔서 그를 죽이려는 헤롯의 음모를 좌절케 하셨다(행 12:1-11 참조). 예수님도 성난 군중의 손아귀에서 벗어나셨다(요 8:59, 10:39). 하나님은 여자에게 독수리의 날개를 주어 용의 위협을 피해 광야로 도망하게 하신다(계 12:14).

하나님은 때로 죄를 잉태한 자들의 생각을 바꾸어 죄의 힘을 무력화시키기도 하신다. 요셉의 형제들은 처음에는 그를 죽이려고 했지만 구덩이에 던져 두었다가 상인들에게 팔아넘겼다(창 37:24-28). 사울이 다윗을 죽이려고 할 때도 하나님은 블레셋 족속을 격동해 이스라엘을 침범하게 하심으로써 그의 관심을 다른 곳으로 유도하셨다(삼상 23:27).

이처럼 하나님은 여러 가지 섭리를 베풀어 죄의 힘을 약화시키신다. 하나님은 세상에서 일어나는 죄를 주권적으로 통제하신다. 오늘날의 상황도 과거와 조금도 다르지 않다. "사람의 죄악이 세상에 가득함과 그의 마음으로 생각하는 모든 계획이 항상 악할 뿐"(창 6:5)이라는 말씀은 오늘날에도 여전히 해당한다.

그럼에도 온 세상이 악으로 가득 차지 않는 이유는 오직 하나님의 자비 덕분이다. 우리가 밤에 안전하게 잠을 자고 낮에 평화로운 삶을 영위하는 것도 전적으로 하나님의 자비 덕분이다. 하나님의 자비가 없었더라면 우리와 우리 가족이 향유하는 자유는 천 번도 더 넘게 파괴되고 말았을 것이다. 시편 저자는 "내 영혼이 사자들 가운데에서 살며 내가 불사르는 자들 중에 누웠으니 곧 사람의 아들들 중에라 그들의 이는 창과 화살이요 그들의 혀는 날카로운 칼 같도다"(시 57:4)라고 말하고 "하나님이여 그들의 입에서 이를 꺾으소서 여호와여 젊은 사자의 어금니를 꺾어 내시며"(시 58:6)라고 기도했다.

하나님이 다양한 방법으로 죄를 저지하시기에 악한 자들의 상황은 마치 "요동하는 바다"(사 57:20)와 같다. 하나님은 그들의 욕망을 이루지 못하게 막으셔서 그들에게 큰 실망감을 안겨주신다. 다윗은 악인들을 길 잃은 개에 비유했다. "그들이 저물어 돌아와서 개처럼 울며 성으로 두루 다니고 그들의 입으로는 악을 토하며 그 입술에는 칼이 있어"(시 59:6, 7). 그들의 마음에는 질투심, 악의, 분노, 복수심이 가득해 잠시도 안정을 찾지 못한다. 그들은 자신의 욕망을 충분히 채울 수 없다.

그러면 하나님의 백성은 주변의 악에 어떻게 처신해야 할까? 무엇보다도 사람의 분노조차 하나님을 찬양하는 소리로 바뀌게 될 것을 믿고 용기를 얻어야 한다(시 76:10). 하나님께서 "남은 노여움"을 억제하신다. 혹시 죄를 잉태하더라도 하나님이 그 실행을 가로막으신다는 사실을 기억하라. 더 많은 죄를 짓지 않도록 자비를 베풀어주시는 하나님께 감사하라. 우리는 모든 상황에서 하나님의 주권과 섭리를 의식해야 한다.

2. 하나님의 은혜는 내적으로 작용해 죄를 지으려는 의지를 버리게 하신다.

하나님은 은혜로 인간의 마음에 잉태된 죄를 제거하신다. 하나님은 "억제의 은혜"와 "소생의 은혜"를 통해 그 뜻을 이루시는데, 전자는 신자와 불신자 모두에게 해당하고 후자는 신자에게만 해당한다.

하나님은 "억제의 은혜"를 통해 죄인의 마음을 설득해 그 의도와 계획을 수정하게 하신다. **하나님의 성령이 억제의 은혜를 베푸시는 방법은 다섯 가지로 요약될 수 있다.**

첫째, 하나님은 죄인들에게 원하는 바를 이루려면 상당한 어려움이 뒤따른다는 점을 일깨워주심으로써 악한 생각을 바꾸게 하신다. 예를 들어, 헤롯은 세례 요한을 죽이고 싶었지만 백성들의 눈치를 살펴야 했다(마 14:5). 바리새인들도 예수님의 사역을 공개적으로 비난하면서도 군중을 의식하지 않을 수 없었다(마 21:26). 그들은 예수님을 죽이고 싶었지만 군중이 두려워 감히 실행에 옮기지 못했다(마 21:46).

둘째, 하나님은 죄가 힘들고 불편한 결과를 가져온다는 점을 일깨워주심으로써 죄인들의 의도를 저지하신다. 바울은 로마서 2장 14, 15절에서 "율법 없는 이방인이 본성으로 율법의 일을 행할 때에는 이 사람은 율법이 없어도 자기가 자기에게 율법이 되나니 이런 이들은 그 양심이 증거가 되어 그 생각들이 서로 혹은 고발하며 혹은 변명하여 그 마음에 새긴 율법의 행위를 나타내느니라"고 말했다. 이방인들은 율법이 없지만 죄의 부정적인 결과를 의식함으로써 합법적인 행동을 선택하게 된다. 벨릭스는 다가올 심판과 의에 대한 바울의 설교를 듣고 두려워했다(행 24:25). 마찬가지로 욥도 하나님의 심판이 악을 저지하는 데 강력한 영향력을 행사한다고 말했다(욥 31:1-3).

셋째, 하나님은 죄를 범해도 아무 유익이 없다는 점을 깨우쳐주신다. 요셉의 형제들은 "우리가 우리 동생을 죽이고 그의 피를 덮어둔들 무엇이 유익할까"(창 37:26)라고 말했다. 즉 그들은 "아무것도 얻을 게 없어, 유익도 없고 만족도 없을 거야"라고 생각한 것이다. 오로지 죄를 위해 죄를 짓는 행위는 현세에서든 내세에서든 유익이나 만족을 가져다주지 못한다.

넷째, 하나님은 선하고 정직하고 칭찬받을 만하며 아름다운 것들을 추구할 때 유익을 얻는다는 사실을 깨우쳐주신다. 신자는 유혹을 받아 죄가 잉태되려는 순간에 생각을 고쳐먹고 올바른 길로 나아갈 수 있다. 하나님은 성도들에게 그분의 영원한 사랑과 그 열매, 그리스도의 십자가와 고난, 값진 중보사역과 깊은 관심, 모든 신자가 함께 누리는 성령의 자비와 위로, 복음의 아름다움과 영광, 복종의 가치와 아름다움 등을 생각하게 하신다. 아울러 죄를 지으면 주 예수 그리스도가 상처를 받으시고, 성령이 탄식하시며, 그분의 거처인 마음이 더럽혀진다는 점을 깨닫게 하신다. 하나님은 종종 그분의 백성에게 죄를 멀리하면 얻을 수 있는 유익한 삶을 보여주신다. 우리는 요셉과 다윗의 생애를 통해 이러한 사실을 확인할 수 있다(창 39:9, 삼상 25:29-31).

다섯째, 하나님은 때로 사람의 마음에 은밀히 역사하셔서 악을 삼가게 하신다. 하나님은 아비멜렉에게 "너를 막아 내게 범죄하지 아니하게 하였나니"(창 20:6)라고 말씀하셨다. 아비멜렉은 자신이 올바르게 행동하는 줄 알았지만 사실은 그가 죄를 짓지 않도록 하나님이 막으신 것이다. 하나님의 은밀한 사역은 에서의 마음을 바꾸기도 했다. 에서는 야곱의 소행에 분노를 참지 못하고 그를 죽이려 했고(창 27:41), 야곱은 에서가 처자식을 죽일까 봐 두려움에 떨었다(창 32:11). 하지만 하나님의 성령이 에서의 마음을 움직여 살의를 버리게 하셨다. 에서는 야곱을 보자 목을 어긋맞추어 얼싸안았다(창 33:4). 라반도 야곱을 죽일 생각으로 그를 추적했지만 하나님이 현몽하셔서 그의 마음을 바꾸셨다. 엘리후도 그와 비슷한 일을 언급한 바 있다(욥 33:15-17).

한편 하나님은 "소생의 은혜"로 죄를 억제하신다. 죄인의 회심이나 신자의 회개가 이에 해당한다.

첫째, 하나님은 때로 신비로운 은혜와 사랑을 베푸셔서 죄를 짓고자 결심한 사람들의 삶을 바꾸어 놓으신다. 하나님은 정욕을 버리게 하시고, 수치심을 자극해 죄를 뉘우치게 하시며, 마음을 변화시키신다. 예를 들어, 하나님은 다메섹으로 가는 바울에게 역사하셨다. 바울은 죄에 격동된 상황에서 하나님의 역사를 체험하고 "주여 누구시니이까"(행 9:5)라고 부르짖었다.

바울은 하나님이 사람들을 어떻게 대하시는지를 보여주는 대표적인 사례로 자신의 회심을 들어 설명하면서 "내가 긍휼을 입은 까닭은 예수 그리스도께서 내게 먼저 일체 오래 참으심을 보이사 후에 주를 믿어 영생 얻는 자들에게 본이 되게 하려 하심이라"(딤전 1:16)고 말했다. 하나님은 종종 죄인들이 그분의 말씀을 경멸하고 조롱하는 바로 그 순간에 그들을 변화시키신다. 아레오바고 관원 디오누시오도 그런 경우에 해당한다(행 17:18-34).

둘째, 하나님은 신자들에게 새로운 은혜와 특별한 도움을 베푸신다. 아삽은 "나는 거의 넘어질 뻔하였고 나의 걸음이 미끄러질 뻔하였으니"(시 73:2)라고 말했다. 그는 세상사를 경영하시는 하나님의 섭리를 생각하다 하마터면 믿음을 잃을 뻔했지만, 하나님이 바로 그 순간에 개입하셔서 믿음을 회복해 주셨다.

"시험 받는 자들을 능히 도우시는 것"(히 2:18)은 그리스도가 행하시는 특별한 사역 가운데 하나다. 그분은 "때를 따라 돕는 은혜"(히 4:16)를 베푸신다. 그리스도는 가엾은 신자들을 신실하게 돌봐주신다. 그분은 죄의 권능이 신자들을 지배하거나 타락의 길로 인도하는 일을 허락하지 않으신다. 그분은 신자들이 증인의 사역을 부정하거나 복음을 더럽히지 않게 막아주신다. 그리스도는 소생의 은혜를 베풀어 신자들을 도우신다.

성경은 "사람이 감당할 시험 밖에는 너희가 당한 것이 없나니 오직 하나님은 미쁘사 너희가 감당하지 못할 시험 당함을 허락하지 아니하시고 시험 당할 즈음에 또한 피할 길을 내사 너희로 능히 감당하게 하시느니라"(고전 10:13)고 말씀한다. 하나님은 양심의 가책이나 특별 은혜를 베풀어 죄인의 의지를 바꾸어 놓으신다. 그 밖에도 징계, 즉 고통을 주어 죄인들의 의지와 힘을 꺾어 놓으신다. 하나님은 질병에 걸리게 하시거나 힘을 잃게 만들어 죄를 향해 돌진하는 이들을 가로막으신다. 시편 저자는 "고난 당하기 전에는 내가 그릇 행하였더니 이제는 주의 말씀을 지키나이다"(시 119:67)라고 고백했다.

지금까지 하나님이 신자와 불신자가 저지르는 죄를 방지하시는 방법을 몇 가지 살펴보았다. 하지만 하나님의 방법에 대한 우리의 지식은 매우 미미하므로 우리가 그분의 방법을 모두 알 수는 없다.

묵·상·과·토·의·를·위·한·질·문
TRIUMPH OVER TEMPTATION

1. 오웬은 도덕적인 행위가 의지에서 나온다고 말하면서 "죄는 무엇이나 의지에서 시작한다. 의지에서 시작하지 않은 죄는 죄가 아니다"라는 고대의 격언을 인용했다. 인간의 의지가 하나님의 뜻을 거부하는 데서 모든 부도덕한 행위가 비롯한다는 말에 동의하는가? 예를 들어, 동성애의 원인이 유전자의 문제에서 생겨난다고 생각해야 할까, 아니면 하나님의 율법을 의지적으로 거부하는 태도에서 비롯한다고 생각해야 할까? 자신의 입장을 밝히고 그 이유를 설명하라.

2. 죄인들은 어떤 방법으로 죄책감을 무마시키려고 하는가? 하나님은 죄를 억제하기 위해 어떤 방법을 사용하시는가?

06

점검 /

신자의 삶에 침투하는 죄

지금까지 신자 안에 거하는 죄를 여러 각도에서 살펴보았다. 이번 장에서는 남아 있는 몇 가지 문제와 죄의 결과를 잠시 생각해 볼 것이다. 먼저 죄가 하나님을 신뢰하는 신자들의 삶에 침투해 도덕적으로 타락하게 만드는 문제를 살펴본 뒤 하나님의 법을 거부하는 죄의 속성을 잠시 살펴보기로 하자.

신자를 옭아매는 죄의 힘

성경에는 신자들이 죄의 유혹에 넘어간 사례가 많이 나타난다. 그들은 평범한 신자들이 아니라 신앙의 거장들이었다. 노아, 롯, 다윗, 히스기야를 비롯해 하나님과 동행하는 삶을 살았던 뛰어난 신자들이 흉악한 죄를 범했다. 그들도 믿음을 처음 갖기 시작할 때는 죄를 짓지 않았다. 만일 처음 믿음을 가졌을 때 죄를 지었다면 신앙 경력이 모자라 그랬다는 변명이 성립될 수도 있다. 하지만 그들은 오랫동안 하나님의 은혜를 누리며 그분과 동행하다 죄를 지었다.

노아도 하나님과 오랫동안 동행하는 삶을 산 뒤에 죄를 지었다(창 9장 참조). 의로운 롯도 생애 말년에 죄를 지었다. 다윗은 많은 은혜를 체험하고 하나님과 친밀한 관계를 유지하다가 죄의 올무에 걸려 넘어졌다. 히스기야도 마찬가지였다. 그렇게 훌륭한 신자들도 죄에 유혹되었다면 우리는 얼마나 더할 것인가?

그들은 죄를 짓기 전 하나님의 놀라운 은혜를 체험했지만 부지런히 깨어 있지 못했다. 하나님은 노아를 홍수에서 구원하셨다. 그는 황폐해진 세상을 바라보며 홀로 구원받은 것을 감사히 여겼어야 했지만 오히려 술에 취해 정신을 잃고 말았다. 다윗도 하나님의 은혜로 온갖 고난에서 벗어났지만 간음과 계획적인 살인을 저질렀다. 히스기야도 죽음 직전에서 구원을 받았지만 교만해지고 말았다. 놀라운 축복을 받는 중이어도 늘 깨어 하나님과 동행하지 않으면 결코 안전할 수 없다. 오직 하나님만이 우리를 보전하실 수 있다.

우리 중에 "의인이요 당대에 완전한 자라"(창 6:9)고 인정받은 노아보다 더 낫다고 자랑할 사람이 있겠는가? 우리가 "무법한 자들의 음란한 행실로 말미암아 고통 당하는 의로운 롯"(벧후 2:7) 보다 더 나은가? "하나님의 마음에 맞는 자"(삼상 13:14)였던 다윗보다 우리가 더 경건하고, 더 지혜롭고, 더 조심스러운가? 히스기야는 "전심으로"(사 38:3) 하나님을 섬겼다고 호소했다. 우리가 과연 그들보다 나은가? 보이지 않는 암초와 모래톱이 있는 곳을 알려주는 부표처럼 그들의 삶은 죄를 저지르면 처참한 결과를 당한다는 사실을 입증해준다. 그들이 완전한 파멸에 이르지 않은 것은 오로지 신실하신 하나님 덕분이었다.

점진적으로 신자를 타락시키는 죄

때로 죄는 강한 신자를 하루아침에 거꾸러뜨린다. 하지만 그보다는 신앙의 열정이나 경건한 삶을 점차 쇠퇴시킴으로써 하나님께 복종하며 그분과 동행하는 삶에서 멀어지게 한다. 다윗은 인구조사를 실시하면서 점차 죄 가운데 빠져들었다(삼하 24장, 대상 21장). 그는 믿음과 사랑이 충만하고 지극히 겸손했으며, 늘 애통하는 마음으로 열심을 다해 하나님의 계명을 충실히 지켰지만, 죄의 속임수에 넘어가면서 신앙의 능력을 잃고 말았다.

요한계시록 2장과 3장에 언급된 소아시아의 교회들도 점진적으로 쇠퇴의 길을 걸었다. 예를 들어, 그리스도는 에베소 교회의 장점들을 칭찬하신 후에 "그러나 너를 책망할 것이 있나니 너의 처음 사랑을 버렸느니라 그러므로 어디서 떨어졌는지를 생각하고 회개하여 처음 행위를 가지라"(계 2:4, 5)고 말씀하셨다.

성경에는 타락의 위험을 경고하는 구절들이 많다. 예를 들면, "네 청년 때의 인애와 네 신혼 때의 사랑"(렘 2:2), "처음 믿음"(딤전 5:12), "시작할 때에 확신한 것"(히 3:14)과 같은 말씀들이다. 또한 하나님의 말씀은 "너희는 스스로 삼가 우리가 일한 것을 잃지 말고 오직 온전한 상을 받으라"(요이 8)고 권고한다.

그렇다면 이런 경고의 말씀들을 생각할 때 무엇을 기준으로 믿음의 쇠락을 가늠할 수 있는지 잠시 생각해 보자.

1. 하나님을 향한 열정을 평가하라.

하나님을 향한 열정이 처음처럼 뜨겁고, 활기차고, 능동적인가? 아니면 죄로 무감각해져 마음이 차갑게 식은 상태인가? 시편 저자처럼 "그들이 주의 법을 지키지 아니하므로 내 눈물이 시냇물 같이 흐르나이다"(시 119:136)라고 말할 수 있는가? 언약궤를 염려한 엘리 제사장처럼 온 세상에 그리스도의 영광이 밝히 드러나기를 간절히 염원하는 마음이 있는가? 여전히 "성도에게 단번에 주신 믿음의 도를 위하여 힘써 싸우고"(유 3) 있는가? 거룩하고 구별된 태도로 세상의 죄를 심판하는 삶을 살고 있는가? 세상에 얽매여 신앙고백에 어긋난 삶을 살고 있지는 않은가? 건강한 믿음을 유지하려면 반드시 짚고 넘어가야 할 문제들이다.

2. 하나님을 예배하는 기쁨이 있는지를 점검하라.

예배와 관련해 생각해 볼 수 있는 질문이 많다. 하나님의 말씀이 귀하게 생각되는가? 성령의 능력이 우리의 삶에 역사하는가? 주일을 진정 주님의 날로 생각하는가? 주일이 되면 진실로 즐거운가? 덕스럽고 경건한 삶을 살아가는 다른 신자들과 친밀한 사귐을 갖는가? 아니면 신앙생활을 "번거롭게"(말 1:13) 생각하는가? 한때 즐겨 행했던 의무나 책임이 귀찮게 느껴지는가?

3. 죄에 대한 민감성을 조사하라.

복종하는 태도와 죄에 대한 민감성도 점검 대상이다. 여전히 영적 훈련을 하는가? 동료 신자들을 변함없이 사랑하는가? 기꺼이 십자가를 질 각오가 있는가? 겸손한 마음을 유지하며 자기를 부인하는 삶을 사는가? 죄와 정욕이 짙은 안개처럼 우리를 감싸는 상황에서 늘 자신 있게 대답하기는 어려울 것이다. 과연 믿음이 얼마나 퇴보했는지 스스로 진단해 보기 바란다.

신앙의 퇴보는 내주하는 죄에서 비롯한다. 그것은 죄가 여전히 역사하고 있다는 증거다. 하지만 죄의 막강한 힘에 눌려 신음하는 순간에도 하나님이 더 큰 능력을 주셔서 죄를 극복하게 하신다는 사실을 믿고 기뻐할 수 있다.

그렇다면 하나님이 주시는 큰 힘을 어떻게 얻을 수 있을까?

첫째, 하나님의 능력은 그리스도의 몸인 교회에 베풀어주신 영적 은사들을 통해서 온다. 영적 은사들은 "성도를 온전하게"(엡 4:12), 즉 믿음과 봉사의 사역을 온전히 이루게 하기 위한 것이다. 영적 은사들은 "봉사의 일을 하게 하며" 부패와 퇴보를 예방한다. 하지만 사탄과 그의 수하들이 교묘한 속임수로 우리를 대적할 경우에는 어떻게 해야 할까? 하나님이 은사를 주시는 목적은 우리를 안전하게 하고 위험에서 구원하시기 위해서다. 영적 은사를 활용할 때 "범사에 머리이신 그리스도에게까지 자랄 수 있다"(엡 4:15). 이렇듯 하나님은 영적 은사들을 통해 우리가 열매를 맺을 만큼 성숙하게 하신다.

둘째, 하나님은 우리가 그분이 베푸시는 도움을 잊지 않게 하신다. 하나님이 성경에 많은 계명과 권고와 약속의 말씀을 기록하신 이유가 바로 여기에 있다(히 2:1 참조). 하나님은 "왜 죽으려고 하느냐? 왜 시들어 썩으려고 하느냐? 너를 위해 마련한 초장으로 오려무나. 그러면 네 영혼이 살리라"고 말씀하신다. 하나님이 마련해주신 수단들은 우리에게 영적으로 성장하는 능력을 제공한다. 믿음이 쇠퇴하고 영혼이 파리해져 간다면 내주하는 죄의 세력을 제거해야 회복할 수 있다.

셋째, 그리스도의 은혜를 통해 새로운 힘을 공급받을 수 있다. 우리의 머리이신 그리스도는 "이는 내가 살아 있고 너희도 살아 있겠음이라"(요 14:19)고 말씀하신다. 그리스도는 자기 백성에게 끊임없이 생명을 공급하신다. 그분은 생명의 원천이시다. 갈라디아서 2장 20절은 "내가 지닌 영적 생명은 내 것이 아니다. 나는 그것을 만들 수 없고 유지할 수도 없다. 오직 그리스도의 사역으로만 가능하다. 내가 사는 것이 아니다. 그리스도가 내 안에 사신다. 내 생명은 모두 그분의 것이다"라고 고쳐 말할 수 있다.

더욱이 그리스도는 풍성한 생명, 즉 힘 있고 활기차며 열매가 가득한 생명을 허락하신다. 그리스도는 "생명을 얻게 하고 더 풍성히 얻게 하려고" 세상에 오셨다(요 10:10). 이 생명에는 교회 공동체의 생명도 아울러 포함된다. 그리스도의 몸인 교회는 하나님의 역사를 통해 각 지체가 서로 "연결되고 결합되어 ······사랑 안에서 스스로 세운다"(엡 4:16 참조).

그리스도의 은혜는 참으로 신비하고 결코 다함이 없고, 그분의 생명은 충만하고 영원하다. 이렇게 많은 은혜가 주어졌는데 왜 성장하지 못하는가? 그리스도의 은혜가 부족해서가 아니다. 정욕과 죄가 우리 안에서 방해공작을 펼치고 있기 때문이다.

그리스도는 끊임없이 은혜를 공급해주실 뿐 아니라 언제라도 우리를 도울 준비를 하고 계신다. 성경은 그리스도가 "신실한 대제사장이 되어 ……시험 받는 자들을 능히 도우실 수 있느니라"(히 2:17, 18)고 말씀한다. 따라서 우리는 "때를 따라 돕는 은혜를 얻기 위하여 은혜의 보좌 앞에 담대히 나아가야 한다"(히 4:16). 그러면 어려움과 시련에 직면했을 때마다 시의적절한 은혜를 충만하게 받을 것이다.

신자는 하나님의 사랑과 계명과 능력에서 비롯한 여러 가지 수단을 통해 신앙의 의무를 이행함으로써 영적 성장을 도모할 수 있다(히 6:1 참조). 하지만 죄가 늘 신자들을 따라다니며 위협한다. 가장 심각한 죄의 위협은 신자들을 도덕적으로 타락하게 만드는 능력이다. 이런 현상은 매우 서서히 일어나기 때문에 정신을 바짝 차리고 주의해야 한다.

신자는 여러 단계를 거쳐 점차 은혜를 잃게 된다. 처음 회심했을 때는 신선한 샘물이 터지듯 하나님을 향한 사랑과 믿음과 복종의 마음이 물밀듯이 솟아오른다. 삶에도 큰 변화가 일어난다. 하지만 은혜를 점차 상실하면서 서서히 믿음이 퇴보하기 시작한다. 죄 사함의 은혜에 감격했던 초창기의 감동이 사라진다. 하지만 하나님의 자비하심을 감사하는 마음을 유지한다면 다시 넘치는 생명을 얻을 수 있다. 예수님은 그분께 향유를 부은 가엾은 여인에게 "그의 많은 죄가 사하여졌도다 이는 그의 사랑함이 많음이라"(눅 7:47)고 말씀하셨다. 죄 사함의 감격을 늘 간직해야만 주님을 뜨겁게 사랑할 수 있다.

영적 현실을 처음 맛보면 세상이 주는 만족에 관심을 기울이지 않게 된다. 복음의 진리를 한번 맛보면 그것이 최고임을 알게 된다. 예수님이 "너희도 가려느냐?"고 물으셨을 때 제자들은 "주여 영생의 말씀이 주께 있사오니 우리가 누구에게로 가오리이까"(요 6:68)라고 대답했다. 오랫동안 지하 감옥에 갇혔다가 갑자기 광명을 보게 된 죄수처럼, 복음의 영광스런 빛을 체험한 사람은 다른 어떤 경험보다도 그것을 소중하게 생각한다.

물론 그리스도 안에서 죄 사함과 기쁨을 발견했다고 해서 하나님을 위해 당장 많은 일을 할 수 있는 것은 아니다. 오히려 그리스도를 향한 열정이 광적으로 치우쳐 바르지 못한 행위를 저지를 수도 있다. 하지만 신앙의 퇴보가 첫 사랑을 잃는 데서부터 시작하는 것만은 분명하다.

신앙의 퇴보를 가져다주는 몇 가지 원인을 잠시 생각해 보자.

첫째, 나태함에 빠져들면서 하나님의 은혜를 경홀히 여기는 데 있다. 부지런히 복종하며 구원의 길로 행하지 않으면 블레셋 족속이 이스라엘의 우물을 막아버린 것처럼 정체 상태에 직면하게 된다. 하나님의 사랑을 잊고 도덕적으로 둔감한 상태가 되어 믿음으로 행하지 못하는 순간에 죄가 모든 은혜의 원천을 꽁꽁 막아버리는 것이다. 하나님은 이스라엘 백성이 "구원의 하나님을 잊었다"(사 17:10)고 책망하셨다.

둘째, 하나님을 공경하는 마음이 없어지는 데 있다. 하나님을 경외하고 공경하는 마음이 사라지는 순간부터 퇴보가 시작된다. 히브리서 저자는 거룩하고 순결하며 엄위로우신 하나님을 경외하며 두려워하라고 경고했다(히 12:28, 29). 하나님은 나답과 아비후를 심판하시면서 "나는 나를 가까이 하는 자 중에서 내 거룩함을 나타내겠고"(레 10:3)라고 말씀하셨다.

우리는 거룩한 태도로 하나님을 공경해야 한다. 하나님의 위대하심을 망각하면 그분을 경홀히 여기며 불손한 행동을 취하게 된다. 히스기야는 "마음이 교만하여 그 받은 은혜를 보답하지 아니하므로"(대하 32:25) 죄를 지었다. 늘 주님을 가까이해야만 그분의 형상으로 변할 수 있다(고후 3:18). 하나님을 공경하지 않으면 그분의 형상을 본받을 수 없다. 그렇게 되면 더는 하나님과 동행할 수 없고 거룩한 삶을 살아갈 능력도 잃게 된다. 하나님이나 영적 현실을 말로 논할 수 있을지는 몰라도 실제로는 아무 능력이 없는 삶을 살게 된다. 하나님의 복을 원한다면 영적인 일들에 진지한 관심을 기울여야 한다.

셋째, 복음의 단순함을 상실하는 데 있다. 복음의 단순함을 해치는 것은 어리석고 사변적인 이론이다. 무익한 사변은 육신의 일에 속한다. 바울은 "너희 마음이 그리스도를 향하는 진실함과 깨끗함에서 떠나 부패할까 두려워하노라"(고후 11:3)는 말로 고린도 교회의 신자들이 단순한 믿음을 잃지 않기를 당부했다. 그는 복음의 단순함을 잃게 되면 믿음과 사랑과 복종이 약화된다는 것을 잘 알고 있었다.

불행히도 오늘날 우리는 그와 같은 현상을 자주 목격하게 된다. 오랜 세월 주님과 동행하는 삶을 살다가 사람들의 헛된 이론에 이끌려 자신이 체험한 은혜의 경험을 무시하는 신자들이 많다. 그런 사람들은 진리의 능력을 거부한다. 사도 요한은 선택하심을 받은 부녀와 그 자녀들에게 그들이 열심히 해온 것들을 잃지 말라고 당부했다(요이 8 참조). 다른 무엇보다도 우리의 삶에 역사하시는 말씀의 능력을 잃지 않도록 주의를 기울여야 한다.

우리는 말씀의 능력을 우리의 영혼에 늘 새롭게 간직할 수 있어야 한다.

넷째, 사탄에 대한 경계심이 소홀해지는 데 있다. 그리스도가 오셔서 우리의 마음을 장악하시면 사탄은 모든 힘을 잃고 좌절한 상태로 물러선다. 사탄은 예수님을 유혹하려다가 실패하자 "얼마 동안"(눅 4:13) 떠나 있었다. 신자에게도 마찬가지다. 사탄은 잠시 물러난 뒤에 기회가 포착되면 다시 돌아와서 신자를 유혹한다.

이웃을 위해 선을 베풀기 좋아했던 사람이 있었다. 어느 날 파렴치한 사람들이 그를 법적 문제에 휘말리게 했고, 그 이후로 그는 다른 일을 할 수 없게 되었다. 이런 식으로 사탄은 약점을 발견할 때마다 내주하는 죄로 신자를 옭아매려고 노력한다. 베드로는 "근신하라 깨어라 너희 대적 마귀가······두루 다니며 삼킬 자를 찾나니"(벧전 5:8)라고 경고했다.

다섯째, 그릇된 본을 보이는 신자들의 전철을 따르는 데 있다. 내주하는 죄는 그릇된 본을 보이는 신자들을 이용한다. 처음 신앙을 갖게 되면 뜨거운 열정을 지닐 뿐 아니라 앞서 믿음생활을 시작한 동료 신자들을 존경하기 마련이다. 그러다 그들의 잘못된 행위를 보고는 그들이 세상 사람들과 조금도 다르지 않다는 점을 발견한다. 결국 그들은 "아 저렇게 죄를 지어도 잘만 사는구나" 하는 생각으로 그 전철을 밟기 시작한다.

이런 현상이 일어나는 이유는 신앙이 어린 신자들이 기존 신자들의 약점을 약점으로 생각하지 않고 오히려 본받아야 할 규범으로 생각하기 때문이다. 오래 믿은 신자들 가운데도 병들고 상처 입은 이들, 즉 본받아서는 안 될 사람들이 있다는 사실을 잊지 말라. 그들은 결코 좋은 본보기가 못 된다. 더욱이 참 신자의 진정한 성품은 표면에 드러나지 않는 것이 보통이다. 대개 눈에 쉽게 띄는 것은 겉치레일 가능성이 높고, 순전한 성품은 은밀하게 감추어져 있는 법이다.

여섯째, 마음에 있는 은밀한 정욕을 즐기는 데 있다. 신자라면 마땅히 정욕을 억제해야 하지만 단호한 태도를 취하지 못할 때가 많다. 어떤 정욕은 우리의 마음에 뿌리를 내린 채 거룩한 삶을 방해한다. 다윗은 신앙의 초창기에 늘 하나님을 사모했다. 그는 "또한 나는 그의 앞에 완전하여 나의 죄악에서 스스로 자신을 지켰나니"(시 18:23)라고 말했다. 바울도 "내가 내 몸을 쳐 복종하게 했다"고 말했다(고전 9:27). 하지만 일단 죄가 마음에 들어오면 영적 힘이 약화되기 시작한다.

은밀한 정욕은 하나님을 믿는 믿음을 약화시키고 기도생활과 신앙생활을 무기력하게 하여 하나님을 "우러러볼 수도 없게"(시 40:12) 한다. 은밀한 정욕은 생각을 어둡게 하고, 수치스런 죄를 짓도록 유도하며 악성 질병처럼 영혼을 파괴한다. 그것은 독성이 매우 강해 영혼을 거의 죽음 직전까지 몰고 간다.

일곱째, 하나님과의 개인적인 교제를 소홀히 하는 데 있다. 내주하는 죄는 생각을 빗나가게 해 기도와 묵상에 관심을 기울이지 못하게 한다. 죄의 기세에 눌리면 기도생활이 나태해진다. 하나님은 "야곱아 너는 나를 부르지 아니하였고 이스라엘아 너는 나를 괴롭게 여겼으며"(사 43:22)라고 한탄하셨다. 하나님과의 거리가 멀어지고 그분과의 관계가 귀찮게 생각되면 기도가 소홀해진다. 그런 상태에 있는 신자는 죽어가는 나무와 같다. 뿌리가 죽었기 때문에 모든 잎사귀가 결국 시들고 만다.

예수님은 오직 하나님만이 아시는 곳에서 은밀히 행하는 기도의 중요성을 강조하셨다(마 6:6). 하나님과 그분의 은혜를 조용히 홀로 즐거워하는 삶을 살 때는 그 어떤 숨은 동기도 영향을 주지 못한다. 하지만 내주하는 죄의 영향을 받게 되면 부지런히 하나님과 교제하는 삶이 등한시되고, 그 순간부터 신앙생활이 전반적으로 쇠퇴하기 시작한다.

여덟째, 지식만 있고 실천은 없는 데 있다. 바울은 "지식은 교만하게 한다"고 말했다(고전 8:1). 이론적인 지식만 가득한 삶은 부종을 앓는 사람이나 잎사귀만 무성하고 열매는 없는 나무처럼 균형을 잃는다. 복음의 진리를 머리로만 아는 데 그치면 아무 결실을 맺을 수 없다. 겸손히 하나님과 동행하던 이들도 말만 늘어놓는 신자로 전락할 수 있다. 공허한 지식은 죄가 싹트는 온상이다. 그들은 점차 양심의 가책을 느끼지 못하고 생각에 허영만 가득 차게 된다. 신앙에 대해 말만 늘어놓거나 연구하고 글만 쓴다면 양심은 자연히 무디어질 수밖에 없다(겔 33:32 참조). 진리의 개념에만 만족하고 진리의 능력을 경험하려 애쓰지 않는다면 결국 영혼은 질식 상태에 이르고, 그 어떤 삶의 결실도 맺을 수 없다.

아홉째, 세상의 지혜를 추구하는 데 있다. 이것은 조금 전에 말한 내용과 비슷하다. 이사야 선지자는 "네 지혜와 네 지식이 너를 유혹하였음이라"(사 47:10)고 말했다. 참 지혜는 하나님을 신뢰하는 데서 온다. 세상의 지혜는 우리 자신을 신뢰하라고 속삭인다. 세상의 지혜는 믿음을 파괴하고 자기기만에 빠지게 한다. 단순한 믿음을 가진 신자들 가운데 세상의 지혜를 추구하는 이들의 그릇된 인도에 휘말려 실족하는 이들이 얼마나 많은지 모른다. 그 가운데 일부는 믿음을 다시 회복하지 못하기도 한다.

열째, 죄를 뉘우치지 않는 데 있다. 다윗은 자신의 평판을 유지하기 위해 지은 죄를 은폐했다. 하지만 죄는 신자의 삶에 큰 변화를 초래한다. 다윗은 "내 상처가 썩어 악취가 나오니 내가 우매한 까닭이로소이다"(시 38:5)라고 고백했다. 부러진 뼈를 제때 맞추지 않으면 일평생 불구로 지내야 한다. 마찬가지로 죄를 뉘우치지 않으면 온전한 상태로 회복하기 어렵다. 죄는 우리의 영혼을 강퍅하고 부패하게 한다.

율법에 저항하는 죄

죄는 율법을 거부함으로써 도덕적인 퇴보를 부추긴다. 이와 관련해 몇 가지를 살펴보면 다음과 같다.

1. 율법은 죄를 드러낸다.

영혼에 거하는 죄는 마치 시약(試藥)처럼 율법에 반응을 일으킨다. 사도 바울은 "율법으로 말미암지 않고는 내가 죄를 알지 못하였으니 곧 율법이 탐내지 말라 하지 아니하였더라면 내가 탐심을 알지 못하였으리라"(롬 7:7)고 말했다. 인간의 정욕은 죄를 지으려는 습성을 지닌다. 그런 습성을 드러내는 것은 오직 율법뿐이다.

2. 율법은 죄의 위험성을 알린다.

바울은 "그런즉 선한 것이 내게 사망이 되었느냐 그럴 수 없느니라 오직 죄가 죄로 드러나기 위하여 선한 그것으로 말미암아 나를 죽게 만들었으니 이는 계명으로 말미암아 죄로 심히 죄 되게 하려 함이라"(롬 7:13)고 말했다. 죄는 율법으로 "드러날 뿐" 아니라 "심히 죄 된 것"으로 알려진다. 율법을 거부하는 것은 결코 사소한 문제가 아니다. 오히려 매우 치명적인 문제다. 그 이유는 하나님으로부터의 멀어짐을 초래하기 때문이다.

3. 율법은 죄인을 심판한다.

율법은 죄를 지으면 형벌을 받는다는 사실을 알게 한다. 죄를 심판하고자 그것을 드러내는 것이 율법의 기능이다. 하지만 고집스럽게 죄를 지으면 어떤 형벌을 받게 되는지 분명히 드러낸다는 점에서 율법의 심판은 오히려 은혜로운 경고의 의미를 지닌다. 율법은 죄인에게 변명의 여지를 남겨주지 않는다.

4. 율법은 마음을 괴롭힌다.

심판은 두려움과 번민을 불러일으켜 죄와 편안히 벗되어 즐기거나 안식하지 못하게 만든다. 죄인은 옆구리에 화살을 맞은 가엾은 짐승처럼 어디를 가거나 편안한 마음을 유지하기 어렵다.

5. 율법은 영혼을 죽인다.

율법은 영혼을 곤혹스럽게 한다. 영혼은 율법 앞에서 자기 의를 자랑할 수 없고 모든 희망을 잃고 좌절할 수밖에 없다. 결국 영혼은 율법에 의해 죽임을 당한다. 율법은 영혼을 비참하고 무력하고 소망이 없는 존재로 만들어 "허물과 죄로 죽었던"(엡 2:1) 상태에 이르게 한다. 바울은 "전에 율법을 깨닫지 못했을 때에는 내가 살았더니 계명이 이르매 죄는 살아나고 나는 죽었도다"(롬 7:9)라고 말했다.

그러나 이때의 죽음은 내주하는 죄에 대해 죽은 것을 의미하지 않는다. 율법은 죄의 권세와 지배권을 앗아갈 수 없다. 바울이 로마서 7장에서 말한 대로 율법 아래 있는 사람은 죄 아래 있는 사람이다. 다시 말해 인간의 양심이 어떤 힘을 빌려 죄에 대항하더라도 여전히 죄의 지배를 받을 수밖에 없다. 율법은 죄에 속박된 비참한 상태를 더욱 가중시킬 뿐이다. 즉 율법은 죄인의 번민과 공포를 증폭시킨다. 바로의 통치를 받던 이스라엘 백성처럼 율법은 우리를 "화가 몸에 미친 상태"(출 5:19)로 몰고 간다. 율법은 죄를 격동시켜 더욱더 난폭하게 반응하게 한다.

이런 말을 하는 이유는 결코 율법의 중요성을 폄하하기 위해서가 아니다. 하나님이 율법을 주신 데는 분명한 목적이 있다. 하지만 율법의 임무는 죄를 극복하는 데 있지 않다. 율법이 제

임무가 아닌 것을 행하지 않는다고 해서 나무랄 수 있겠는가? 교회가 신자들에게 늘 한결같이 하나님의 말씀을 충실히 선포하지만 신자들의 삶에는 아무런 영향을 미치지 못하는 경우가 있다. 그것이 바로 율법을 통해 오히려 죄의 권세가 더욱 기승을 부리는 경우다. 진정 중요한 것은 문자로 된 율법이 아니라 성령의 역사다.

죄의 권세는 그리스도 안에 나타난 하나님의 의를 모른 채 스스로 올바른 삶을 살고자 하는 사람들의 노력에서도 여실히 나타난다. 그들은 양심의 가책을 느끼고 죄를 삼가려고 노력한다. 그들은 죄에 시달리면서 다시는 죄를 짓지 않겠다고 굳은 맹세를 한다. 물론 한동안은 성공을 거두는 것처럼 보인다. 하지만 그들의 평화는 일시적일 뿐 곧 과거의 잘못된 습관으로 돌아간다. 그들은 기껏해야 사회적으로 명백히 죄로 규정될 행위만을 삼가는 데 그칠 뿐이다. 그들의 내면은 여전히 죄의 짐에 억눌려 심한 고통을 당한다.

하지만 복음의 참 은혜는 우리 안에 존재하는 사납고 길들이기 어려운 짐승, 즉 타락한 본성을 변화시킨다. 이사야 선지자는 이리가 어린아이처럼 행동하고, 사자가 어린양처럼 행동하며, 곰이 암소처럼 행동하는 미래를 예언함으로써 은혜의 시대를 바라보았다. 그 미래가 오면 어린아이가 사나운 짐승들을 자유롭게 끌고 다닐 것이다(사 11:6 참조). 사나운 짐승을 우리에 가둔다고 그 본성이 변화되지 않는다. 내면의 포악한 성질은 그대로 남아 있기 때문이다. 마찬가지로 인간의 마음을 변화시킬 수 있는 것은 오직 은혜뿐이다.

하지만 사람들은 순례 행위, 고행, 금욕, 기도, 금식, 수도원 생활 따위로 죄를 죽이려는 노력을 계속한다. 하나님의 은혜 없이, 즉 하나님의 참된 의에 전혀 무지한 채 인위적으로 고안한 방법만을 고집하는 이들이 많다.

과연 그런 노력으로 무엇을 이룰 수 있을까? 사도 바울은 그런 방법으로는 원하는 의를 얻지도 못하고, 율법을 지킬 수도 없으며, 죄를 죽이거나 약화시킬 수도 없다고 잘라 말한다(롬 9:31, 32). 육체적으로는 죄를 억제할 수 있을지 모르지만 영적으로는 소경이 되어 미신에 치우치거나 교만한 마음으로 자신의 의로움을 내세우게 된다. 그런 노력은 복음의 의를 경멸하게 하고, 세상에서 가장 방탕한 사람 못지않게 죄의 지배를 받으며 살게 만든다.

그렇다면 죄를 죽이는 목적은 무엇인가? 내가 이 글을 쓴 이유는 신자들을 절망케 하기 위해서가 아니라 영혼의 원수인 죄의 권능과 책략, 그 막강한 지배력을 깨닫게 하기 위해서다. 우리는 마땅히 자신을 낮추고 겸손한 태도로 늘 깨어 주의하며 부지런히 주님의 도우심을 간구해야 한다. 내주하는 죄를 죽이는 방법이 궁금하다면 본 저자가 저술한 다른 책을 읽어보기를 바란다. (오웬은 이 글을 쓰기 몇 년 전에 그 책을 저술했다. 우리는 본서 3부에 그 내용을 수록했다.)

묵·상·과·토·의·를·위·한·질·문

TRIUMPH OVER TEMPTATION

1. 영적 지도자들이 때로 수치스런 행위를 저지르는 이유를 어떻게 설명할 수 있을까? 주님과의 관계를 견고히 유지하려면 어떤 점을 기억해야 할까?

2. 대중매체는 어린아이들을 종종 부도덕한 행위에 노출시킨다. 부모들은 부도덕한 언어와 이미지로부터 자녀들을 온전히 보호하기가 어렵다. 해로운 환경에 맞서 어린 자녀들을 보호하려면 어떻게 해야 할지 생각해 보라.

PART 2

유혹에
대해서

네가 나의 인내의 말씀을 지켰은즉
내가 또한 너를 지켜 시험의 때를 면하게 하리니
이는 장차 온 세상에 임하여 땅에 거하는 자들을 시험할 때라
_ 계 3:10

OF TEMPTATION

07

유혹과
시험

 신자들은 다양하고 격렬한, 온갖 형태의 유혹에 직면한다. 이를 안다면 내가 이 글을 쓰는 이유를 십분 이해할 것이다. 나 자신도 많은 사람을 파멸로 이끄는 유혹의 심각성을 익히 알고 있다. 나 역시 직접 유혹을 당한 적이 있고, 또 다른 사람들의 경험을 진지하게 관찰하기도 했다. 인간의 본성을 살펴볼 기회가 많았는데 그 결과 우리의 본성이 다양한 형태의 유혹에 취약하다는 점을 알게 되었다. 그래서 나는 이 글을 통해 유혹의 위험성과 그 경향을 알림으로써 경계심을 촉구하고자 한다.

 이 글은 유혹의 현실에 무관심하거나 아예 그 존재 자체를 모르는 이들을 위한 것이 아니다. 그런 사람들은 내가 쓴 내용을 올바로 판단할 수 없다. 오히려 이 글은 우리 시대의 상황은 물론 신자들 사이에 존재하는 갈등과 분열을 익히 아는 사람들을 위해 쓰였다. 오늘날은 과거 그 어느 때보다도 배교 행위가 더욱 기승을 부리며 믿음과 사랑이 차갑게 식어버린 시대다. 이 글은 바로 그런 현실을 알고 있는 이들을 위한 것이다.

개혁신앙이 쇠퇴하고 그리스도를 향한 열정과 경건한 믿음이 사라지고 있다. 이미 "시험의 때"에 들어선 이들은 세상의 것들과 정욕의 포로가 되어 눈이 멀었으므로 이런 성격의 글을 올바로 이해할 수 없다. 따라서 나는 우리 시대의 상황을 안타까워하며 우리를 정복하려 드는 악의 세력에 맞서 싸우기를 원하는 이들을 위해 이 글을 쓴다.

신실하고 자비로운 대제사장이신 예수님, 친히 고난을 당하시고 우리의 연약함을 체휼하시는 주님이 이런 노력을 가상히 여기셔서 이 글을 통해 많은 신자가 도움을 얻게 해 주시기를 기도한다(히 4:15).

모든 신자가 유혹을 받는다

예수님은 제자들에게 "시험에 들지 않게 깨어 기도하라"라고 말씀하셨다(마 26:41, 막 14:38, 눅 22:46).

큰 위험에 직면한 이들은 경계심을 잃지 않도록 애쓴다. 잠언 저자는 "바다 가운데에 누운 자 같은"(잠 23:34) 사람이 있다고 말했는데, 곧 파멸을 당할지 모르는 상황에서도 태평한 사람을 빗댄 말씀이다. 겟세마네 동산에서 예수님과 함께 있던 제자들이 바로 그처럼 행동했다. 그들에게서 불과 얼마 떨어지지 않은 곳에서 예수님은 하나님께 "심한 통곡과 눈물로 간구와 소원을 올리고"(히 5:7) 계셨다. 근처에서는 유대인들이 무장한 군인들과 함께 예수님과 그들을 체포하기 위해 다가오는 중이었다.

예수님은 그날 밤에 자신이 체포되어 죽임을 당할 것이라고 제자들에게 알려주셨다. 제자들은 예수님이 "고민하고 슬퍼하시는"(마 26:37) 모습을 보았다. 예수님은 그들에게 "내 마음이 매우 고민하여 죽게 되었다"고 말씀하셨다(마 26:38). 그런 이유로 예수님은 그들을 위해 깨어 기도하라고 당부하셨다.

하지만 제자들은 그런 상황에서도 마치 그리스도에 대한 사랑을 저버리기라도 한듯 잠에 **빠졌다**. 이는 아무리 위대한 성인도 자신의 힘을 의지하면 보통 사람보다 못할 수 있음을 보여준다. 우리 자신의 힘은 약하고, 우리의 지혜는 어리석기 때문이다.

인간의 연약함을 보여주는 대표적인 사례가 베드로다. 그는 모두가 그리스도를 버리더라도 자기는 절대로 그렇게 하지 않겠다고 장담했다. 하지만 예수님은 "너희가 나와 함께 한 시간도 이렇게 깨어 있을 수 없더냐"(마 26:40)라고 책망하셨다. 이 말씀은 "네가 나를 절대로 버리지 않겠다고 장담했던 그 베드로냐? 나와 단 한 시간도 함께 깨어 있지 못하는구나. 나를 위해 죽겠다더니 내가 너희를 위해 죽음의 길을 가려는 순간에 편안히 누워 잠을 자고 있는 것이냐?"라는 의미를 함축한다.

우리의 마음도 그런 식으로 쉽게 변절하기는 마찬가지다. 로마서 7장 18절은 인간의 그런 마음을 적절히 묘사한다. 이럴 때는 "일어나 깨어 기도하라"는 주님의 말씀을 기억하고 인간의 본성과 연약함과 위험을 십분 인식할 수 있어야 한다. 나는 주님의 말씀이 제자들에게만 해당하는 특별한 의미를 지닌다고 생각하지 않는다. 오히려 이 말씀은 시대를 초월해 그리스도를 따르는 모든 신자에게 해당하는 일반적인 의미를 지닌다. 우리는 이 말씀을 두 가지 측면에서 살펴볼 것이다. 하나는 유혹에 대한 경고이고, 다른 하나는 시험에 든다는 것의 의미다. 후자는 다음 장에서 살펴보겠다.

하나님은 신자를 시험하신다

나는 단지 유혹의 본질을 논하는 것으로 이 글을 끝낼 생각이 없다. 다음 장 이후부터는 유혹을 피하는 데 도움이 될 방법까지 생각해 보려고 한다. 하지만 먼저 유혹의 속성을 몇 가지로 분석해 보는 것이 좋겠다.

일반적으로 말하면 유혹은 시험, 증명, 실험 등을 의미한다. 이런 점에서 하나님도 때로 사람을 시험하신다. 성경은 우리 자신을 시험해 보라고 명령한다. 다시 말해 우리는 스스로를 성찰하고 시험하여 마음에 무엇이 도사리고 있는지 알아야 한다. 또한 우리에게는 마음을 살펴주시기를 하나님께 기도해야 할 의무가 있다. 이런 점에서 유혹은 인간의 발이나 목을 자르는 칼과 같다. 유혹은 양식이 될 수도 있고 독이 될 수도 있으며, 도약의 발판이 될 수도 있고 파멸의 길이 될 수도 있다.

하나님의 시험을 논할 때는 두 가지를 고려해야 한다.

첫째, 하나님이 사람을 시험하시는 이유는 마음속에 있는 것, 즉 도덕성이든 부패함이든 둘 중 하나를 보여주시기 위해서다. 인간의 마음에는 도덕성과 부패함이 둘 다 깊이 자리 잡고 있기 때문에 전자를 좇든 후자를 좇든 종종 스스로 현혹될 수밖에 없다. 우리 마음에 어떤 도덕성이 있는지 보려고 하면 악한 속성이 튀어나오고, 우리 안에 어떤 악이 있는지 보려고 하면 도덕성이 고개를 쳐든다. 이런 이유로 영혼은 늘 불확실한 상태로 남게 되며, 결국 우리는 시험에 무너지고 만다.

오직 하나님만이 영혼의 깊은 곳을 밝히 드러내실 수 있다. 그분은 시련을 도구로 사용하신다. 시련은 영혼의 가장 깊숙한 곳에 침투해 그 안에 있는 것을 보여준다. 하나님은 아브라함을 시험하셔서 그의 믿음을 드러내셨다. 아브라함은 하나님이 큰 시련으로 자신을 시험하기까지 자기 믿음이 지닌 능력과 생명력을 잘 알지 못했다(창 22:1, 2 참조). 마찬가지로 하나님은 히스기야를 시험하셔서 그의 교만을 드러내셨다. 하나님은 그의 마음에 있는 것을 보여주기 위해 일시적으로 그를 떠나셨다(대하 32:31). 히스기야는 하나님의 시험을 통해 자기 마음에 있는 온갖 부패함을 알고 난 뒤 비로소 자신의 교만을 깨달았다.

둘째, 하나님이 사람을 시험하는 이유는 자신을 드러내시기 위해서다. 하나님이 그렇게 하시는 이유는 두 가지다. 먼저 하나님의 시험은 그분이 우리보다 앞서 은혜로 행하신다는 사실을 깨닫게 한다. 시험에 직면하기 전만 해도 우리는 자신의 힘으로 산다고 생각하곤 한다. 다른 사람들은 이런 저런 악을 저지르지만 나는 한 번도 그런 죄를 저지른 적이 없다며 우쭐할 때가 많다. 하지만 시련이 찾아오면 우리는 즉시 우리의 실상과 잘못을 깨닫게 된다. 아비멜렉의 경우가 그랬다. 그는 자신이 흠 없는 인격을 소유했다고 생각했지만 하나님이 현몽하셔서 "너를 막아 범죄하지 않게 한 것은 바로 나다"(창 20:6)라고 말씀하셨다.

또한 하나님의 시험은 그분이 우리를 대신해 은혜를 회복하신다는 사실을 깨닫게 한다. 바울은 간곡한 기도로 도움을 호소했지만 하나님은 계속 그를 시험하셔서 그분의 은혜가 족한 것을 깨닫게 하셨다(고후 12:9). 우리는 시험을 통해 자신의 연약함을 알기 전에는 하나님의 은혜가 족하다는 사실을 알 수 없다. 하나님의 은혜는 독약을 마신 후에야 비로소 그 효력을 알 수 있는 해독제와 같다. 질병에 걸리고 나서야 약의 귀한 가치를 깨닫는 것이다. 이렇듯 우리는 시험을 통해 은혜의 힘을 깨닫는다.

하나님이 시험을 통해 자신을 드러내시는 방법은 세 가지다.

첫째, 하나님은 도저히 감당할 수도 없고 이룰 수도 없는 막중한 책임과 의무를 사람에게 부과하셔서 자신을 드러내신다. 하나님은 아브라함에게 독자를 바치라고 시험하셨다. 그것은 도저히 납득하기 어려운 요구, 즉 우리의 자연적 본능을 초월하는 요구였다. 어떤 식으로 생각해도 도무지 이해되지 않는 요구였다. 하지만 그런 시험을 당해보기 전에는 우리 안에 무엇이 있는지, 우리의 능력이 어느 정도인지를 결코 알 수 없다.

그런 시험은 우리의 능력을 벗어난다. 이때 하나님은 우리 자신이 가진 힘을 고려해 그에 비례한 의무를 요구하시는 것이 아니다. 오히려 그것은 그리스도 안에서 우리에게 주어진 은혜에 비례한다. 우리는 하나님이 요구하시는 일 가운데 가장 작은 것조차 완수할 능력이 없다. 이것이 바로 은혜의 법이다. 우리 자신의 힘으로는 의무를 이행하기가 불가능하다는 사실을 깨달아야만 그것을 이룰 수 있다는 비결을 발견하게 된다. 하지만 안타깝게도 그 비결을 발견하지 못할 때가 많다. 대개 시험을 받는 당시에는 시련 또는 유혹만 크게 보이기 때문이다.

둘째, 하나님은 큰 고난을 통해 자신을 드러내신다. 그리스도를 위해 어려움을 견딜 때 예기치 않은 힘이 솟아오르고 심지어는 그분을 위해 죽음도 마다하지 않는 용기가 생겨난다. 하나님은 시련을 통해 그분의 능력을 경험하게 하신다. 베드로는 하나님의 능력이 혹독한 시련 속에서 우리를 보호하신다고 말했다(벧전 1:5-7). 불같은 고난을 통해 주어지는 유혹이 결국에는 믿음을 더욱 굳게 연단시킨다.

셋째, 하나님은 섭리를 따라 일하시는 방법을 통해 자신을 드러내신다. 모세 율법은 우상을 섬기도록 유도하는 거짓 선지자의 말을 듣지 말라고 명령한다. 이는 "너희의 하나님 여호와께서 너희가 마음을 다하고 뜻을 다하여 너희의 하나님 여호와를 사랑하는 여부를 알려 하사 너희를 시험하는 것"(신 13:3)이기 때문이다. 자기 백성을 사랑하시는 하나님은 그들이 죄의 길에 들어서지 않도록 경고하셨다.

사탄은 신자를 유혹한다

유혹은 악을 저지르게 하는 행위를 뜻한다. 우리는 때로 고난이나 역경을 통해 유혹을 당한다. 성경은 "너희가 여러 가지 시험을 당하거든 온전히 기쁘게 여기라"(약 1:2)고 했는데 여기에서 언급한 것이 소극적인 의미의 유혹이다. 곧 유혹에 직면해 괴로움을 당하나 악을 적극적으로 저지르지는 않는 상태를 뜻한다.

한편 사탄은 악을 저지르게 유도한다. 이는 적극적인 의미의 유혹이다. 엄밀히 말해 하나님은 아무도 유혹하지 않으신다(약 1:13). 하나님은 아브라함을 시험하실 때나(창 22:1) 거짓 선지자의 실체를 밝히실 때처럼(신 13:3) 단지 시험하실 뿐이다. 하나님은 우리를 죄로 유혹하지 않으신다.

구체적으로 말해 유혹은 죄를 짓게 하는 적극적인 요인이다. 악이 악을 낳는다. 이런 종류의 유혹은 사탄과 세상, 또는 세상 사람들이나 우리 자신에게서 비롯한다. 어떤 경우에는 그 모든 요소가 복합되어 유혹으로 나타나기도 한다.

그렇다면 사탄이 어떻게 우리를 유혹하는지 알아보자.

첫째, 사탄은 때로 세상이나 사물, 사람 또는 우리의 힘을 빌리지 않고 직접 유혹자로 나선다. 그는 참람하고 악한 생각을 성도의 마음에 불어넣는다. 사탄은 그런 일을 직접 저지른다. 그는 장차 그 일에 대해 심판을 받을 것이다. 사탄은 불화살을 만들어 악의적으로 우리를 공격하지만, 그는 결국 자신이 날린 화살의 유해한 독소를 영원히 자기 가슴에 되돌려 받을 것이다.

둘째, 사탄은 세상을 이용해 우리를 대적한다. 사탄은 "천하만국과 그 영광을 보여" 예수님을 유혹했다(마 4:8). 사탄은 사람이든 사물이든 도움이 될 만한 모든 수단을 통해 유혹한다. 그의 방법은 너무나 다양해 말로 다 형용할 수 없을 정도다.

셋째, 사탄은 때로 우리 자신의 도움을 받는다. 그리스도는 "죄가 없으시지만"(히 4:15) 우리는 그렇지 않다. 우리는 자기 욕심에 끌려 미혹된다(약 1:14). "욕심이 잉태한즉 죄를 낳고 죄가 장성한즉 사망을 낳는다"(약 1:15). 욕심과 죄는 서로 불가분의 관계를 맺는다. 예를 들어, 사탄은 가룟 유다의 욕심을 이용해 그를 유혹했다. 사탄은 그의 마음에 그리스도를 배신하려는 생각을 품게 했으며, 그 목적을 위해 그 안에 침투했다(눅 22:3). 사탄은 또한 세상의 재물, 즉 "은 삼십"을 이용해 유다를 유혹했다(마 26:15). 물론 사람들도 그를 유혹하는 데 참여했다. 그들은 "기뻐하며 돈을 주기로 언약"(눅 22:5)했다. 제사장과 바리새인들은 "돈궤를 맡고 거기 넣는 것을 훔쳐 간"(요 12:6) 유다의 부패한 마음을 이용했다.

이 밖에도 세상과 우리의 부패한 마음이 각자 독립적으로 죄를 짓거나, 또는 서로 연합하거나 사탄과 제휴하여 죄를 짓는 사례를 좀 더 열거할 수 있다. 하지만 유혹의 원리와 방법과 수단을 비롯해 그 원인과 정도와 형태와 효력은 일일이 다 나열하기 어렵다. 우리는 이 점을 나중에 좀 더 자세히 살펴볼 것이다.

묵·상·과·토·의·를·위·한·질·문
TRIUMPH OVER TEMPTATION

1. 늘 깨어 기도해야 한다는 것에 이의를 제기할 신자는 아무도 없다. 하지만 대다수의 신자들은 불신자들과 마찬가지로 매우 분주한 삶을 살아간다. 시간 소모가 많은 일들 때문에 기도에 관심을 기울이지 못하는 것이 보통이다. 그런 일들을 몇 가지 떠올려 보고, 어떤 식으로 일성을 조정해야만 기도 시간을 확보할 수 있을지 생각해 보라.

2. 오웬은 하나님이 시련을 통해 자신을 드러내신다고 말했다. 최근에 하나님의 존재를 깨닫게 된 시련이 있었는지 생각해 보고, 그 경험을 통해 하나님에 관해 무엇을 배우게 되었는지 말해 보라.

08

시험에
든다는 것

이번 장에서는 "시험에 든다"(막 14:38)는 것이 어떤 의미인지 알아보자. 우선 종종 혼동을 불러일으키는 세 가지 문제를 다룬 후, 시험에 드는 상황을 살펴보겠다.

시험에 대한 세 가지 혼동

첫째, 시험에 든다는 것은 단지 유혹에 맞닥뜨린 것을 말하지 않는다. 유혹을 한 번도 경험하지 않을 만큼 완전히 자유로운 사람은 없다. 사탄이 악의로 그 권세를 휘두르고, 세상과 정욕이 우리를 감싸는 한 유혹을 피할 수 없다. 혹자는 이렇게 말했다.

"그리스도께서 우리처럼 되신 이유는 시험을 받으시기 위해서고, 우리가 시험을 받는 이유는 그리스도처럼 되기 위해서다."

유혹은 영적 싸움의 전반에 걸쳐 나타나는 현실이다. 그리스도는 "너희는 나의 모든 시험 중에 항상 나와 함께 한 자"(눅 22:28)라고 말씀하셨다. 어디에도 우리가 유혹을 받지 않으리란 약속은 없다. 따라서 유혹에서 완전히 자유롭게 해주시기를 구할 것이 아니라 오히려 "우리를 시험에 들게 하지 마시옵고"(마 6:13)라고 기도해야 한다. 즉 시험에 들어 죄를 짓지 않게 해주시기를 기도해야 한다. 유혹을 받더라도 넘어가지 않으면 된다.

둘째, 시험에 든 상태는 사탄의 활동이나 육체의 정욕에서 비롯된 일상적인 유혹에 직면하는 상황과는 본질적으로 다르다. 우리의 주변에는 항상 유혹이 있다. 하지만 시험에 드는 것은 일상의 유혹을 뛰어넘는다. 그것은 매력을 느끼거나 혹은 두려운 마음에서 구체적으로 죄의 유혹에 이끌리는 상태를 뜻한다.

셋째, 시험에 든다는 것은 유혹에 완전히 정복된 상태를 뜻하지 않는다. 즉 구체적인 죄나 악을 저지른다거나, 우리의 의무를 소홀히 한 것을 뜻하지 않는다. 설혹 시험에 들더라도 하나님이 피할 길을 주셔서 유혹에 굴복하지 않는 경우가 얼마든지 있다.

유혹의 덫에 걸려 시험에 든 상황에서도 하나님은 사탄을 물리칠 힘을 주셔서 유혹을 극복하고 승리를 거두게 하신다.

바울은 디모데전서 6장 9절에서 "시험에 드는 것"을 "파멸에 빠지는 것"에 비유했다. 구덩이에 빠졌을 뿐 아직 목숨을 잃지 않은 상태, 즉 자유가 없거나 빠져나올 방법을 모르는 상태를 뜻한다. 고린도전서 10장 13절은 "사람이 감당할 시험 밖에는 너희가 당한 것이 없나니"라고 말씀한다. 곧 유혹이 닥쳐도 피할 길이 전혀 없는 상황은 주어지지 않는다는 것이다. 베드로는 "주께서 경건한 자는 시험에서 건지신다"(벧후 2:9)고 말했다. 우리가 덫에 걸려도 하나님은 우리를 구할 방법을 아신다. 이렇듯 시험에 든 상태는 유혹의 덫에 걸려 고통당하는 상태를 말한다.

유혹이 밖에서 마음의 문을 두드릴 때는 아직 안전한 상태다. 하지만 안으로 들어와 알게 모르게 마음과 대화를 나누고, 생각을 설득하고 감성을 자극한다면 바로 그것이 시험에 든 상태다.

시험에 들게 하는 조건

첫째, 사탄이 보통 때보다 더욱 활발하게 움직일 때다. 사탄은 우리 자신의 내면이나 다른 사람에게서 비롯하는 두려움, 박해, 유혹의 미끼, 속임수와 같은 것들을 이용한다. 또한 사탄은 구체적인 형태의 유혹을 야기하기 위해 정욕, 두려움, 역경, 성공 따위와 같은 다양한 요인들을 이용한다.

둘째, 마음이 유혹의 덫에 걸려 피할 수 없는 상태에 이르렀을 때다. 비록 유혹에 깊이 빠져들지는 않았더라도 스스로를 보호할 설득력을 잃은 상태를 말한다. 이때는 이미 독소가 주입되어 퍼진 상태라서 어떻게 손을 써볼 수 없다. 우리의 영혼은 종종 경계심을 늦추고 있다가 느닷없이 유혹의 덫에 걸려 쉽게 빠져나올 수 없게 된다. 시련을 제거해 달라고 "세 번"이나 부르짖었지만 벗어날 수 없었던 바울의 경우처럼(고후 12:8, 9) 유혹의 덫에서 빠져나오지 못하는 상태가 지속된다.

이런 식으로 유혹에 얽매이게 되는 원인으로는 두 가지를 들 수 있다. 하나는, 하나님이 사탄에게 시험하기를 허락하신 경우다. 하나님은 사탄에게 욥과 베드로를 시험하도록 허락하셨다. 다른 하나는, 인간의 정욕과 약점을 자극하는 상황이나 사물을 접한 경우다. 그런 경우 유혹의 대상을 마주하는 순간 시험에 들게 된다. 다윗은 싸움터에 나가지 않고 궁궐에 머무르다 유혹을 받았다.

그런 때를 가리켜 "시험의 때"(계 3:10)라고 한다. 곧 유혹이 고개를 쳐드는 시기를 말한다. 유혹은 각기 저마다의 때, 즉 가장 활동적이고 적극적으로 위세를 떨치는 때가 있다. 모든 유혹은 더디 오는 듯 보여도 항상 제때에 도착한다. 어떤 유혹은 정상적인 상황에서는 아무런 힘이 없는 듯 보이다가도 갑자기 감당하기 힘든 현실로 다가온다. 이는 유혹이 새로운 힘과 효력을 띠게 되었거나, 아니면 어느 순간 사람이 갑자기 약해지는 탓이다.

다윗은 젊었을 때에도 간음이나 살인을 저지르고픈 유혹을 받았을 것이다. 하지만 시험의 때가 이르지 않아 유혹이 온전한 힘을 발휘하지 못했기에 피할 수 있었다. 그러다 밧세바를 보는 순간 시험의 때가 찾아왔고 여지없이 올무에 걸렸다. 여기서 배워야 할 교훈은 유혹이 강해지는 때를 대비해야 한다는 것이다.

우리는 시험의 때가 어떻게 시작되는지 알아야 한다.

첫째, 오랫동안 충동에 이끌리면서 악한 생각에 서서히 익숙해지면 어느 순간 시험의 때가 시작된다. 처음 유혹을 받으면 그 추잡함에 충격을 받고 "이런 느낌이 들다니 개만도 못하지 않은가?"라고 부르짖기 마련이다. 하지만 혐오감이 점차 사라지고 오히려 유혹에 익숙해지면서 "이 정도는 아무것도 아냐"라고 생각하게 된다. 유혹은 영혼의 경계심이 느슨해진 틈을 이용해 고개를 번쩍 쳐든다. 그러면 정욕이 영혼을 미혹해 사로잡는다. 야고보서 1장 15절의 표현대로 죄가 "잉태되는" 것이다.

둘째, 다른 사람의 죄를 보고도 추하게 여기거나 혐오하지 않을 때 유혹에 빠지게 된다. 다른 사람의 실패를 거울삼아 교훈을 얻는 것이 중요하다. 죄가 다른 사람을 유혹하면 우리에게도 그런 때가 찾아올 것을 경계해야 한다. 디모데후서 2장 17, 18절을 보면 후메내오와 빌레도의 타락이 "어떤 사람들의 믿음을 무너뜨렸다"고 말씀한다.

셋째, 죄는 때로 아무런 해가 없는 생각들을 통해 유혹의 손길을 뻗친다. 갈라디아 교인들은 박해를 피하고자 유대인들과 똑같은 견해를 가지려는 마음에서 율법에 관심을 기울였다가 복음의 단순한 진리를 포기하는 잘못을 범했다. 의도는 좋았지만 부지중에 유혹의 덫에 걸려드는 결과를 초래한 것이다.

유혹은 위와 같은 방법들을 통해 자신의 때를 확보하려고 한다. 그렇다면 유혹이 절정에 달하는 시기를 과연 어떻게 알 수 있을까? 두 가지가 있다.

하나는 유혹에 의해 마음이 사정없이 흔들리는 현상이다. 싸움이 전개될 때가 되면 우리의 영혼은 유혹 앞에 안정을 잃고 흔들리기 시작한다. 사탄은 자신에게 유리한 상황을 노리면서 가용한 세력을 끌어 모은다. 그는 결정적인 순간을 놓치면 싸움에서 질 수밖에 없다는 사실을 잘 안다. 적절한 시기를 이용하지 못하면 사탄은 결국 기회를 잃고 만다.

사탄은 그리스도를 대적할 준비를 모두 갖추고 있다가 "어둠의 때"(눅 22:53)가 이르자 여지없이 공격을 감행했다. 유혹의 손이 어둠을 틈타 온갖 수단을 통해 기회마다 마음의 문을 계속 두드리면 시험의 때가 임박했음을 의식해야 한다. 그때는 "두려워하지 말고 가만히 서서 여호와께서 오늘 너희를 위하여 행하시는 구원을 보아야 한다"(출 14:13).

다른 하나는 죄에 대한 두려움과 매력을 동시에 느끼는 순간이다. 그 두 가지가 동시에 나타나면 시험의 때가 왔음을 직감해야 한다. 다윗이 우리아를 살해했던 사건을 예로 들 수 있다. 그는 자신의 죄가 드러날 것을 두려워하면서도 여전히 정욕에 이끌려 밧세바와의 즐거움에 매료되었다. 죄는 때로 사람들을 매료시킨다. 사람들이 계속해서 죄를 짓는 이유는 중단할 경우 나타날 결과를 두려워하기 때문이다. 때로는 우리를 매혹하고 때로는 우리를 두렵게 하는 두 가지 요소가 하나로 결합할 경우 우리의 이성은 둘 사이에 끼어 생각의 혼선을 빚는다. 죄는 우리를 옭아매다가 시험의 때가 오면 결정적인 공격을 가한다.

"시험에 든다"는 것은 바로 이런 의미다. 곧 "시험의 때"가 이르렀다는 뜻이기도 하다.

묵·상·과·토·의·를·위·한·질·문
TRIUMPH OVER TEMPTATION

1. 오웬은 시험에 든 상황과 유혹에 이끌리는 상황을 구분했다. 그 두 가지 상황이 어떻게 다른지 생각해 보라. 또 시험에 들기는 했지만 시험에 굴복하지 않는 상황이 가능한지에 대해서도 아울러 생각해 보라.

2. 오웬은 "유혹이 강해지는 때를 위해 항상 대비해야 한다"고 경고했다. 어떤 방법을 통해 이러한 경고에 주의할 수 있을지 생각해 보라.

3. 죄의 두려운 속성과 매혹적인 속성이 하나님과 다윗의 관계를 파괴한 과정을 생각해 보라. 육신의 정욕이 하나님과의 친밀한 관계를 깨뜨리면 어떤 두려움이 죄를 중단하려는 의지를 가로막는지 생각해 보라.

09

모든 신자를 노리는 유혹

신자는 시험에 들지 않도록 노력해야 한다. 물론 하나님은 "경건한 자는 시험에서 건지신다"(벧후 2:9). 하지만 우리는 시험에 들지 않도록 항상 깨어 있을 의무가 있다. 주님은 제자들에게 "시험에 들게 하지 마시옵고"(마 6:13)라고 기도하라고 당부하셨다. 주님은 유혹의 힘을 아실 뿐 아니라 직접 경험하셨기에 우리가 얼마나 시험에 무력한지 익히 아신다(히 2:18 참조). 주님은 복종에 대한 보상으로 "시험의 때"를 면하게 하신다(계 3:10).

유혹을 피하려면 그 힘이 얼마나 큰지 알아야 한다. 유혹은 여러 가지 근본적인 문제들을 야기하기에 성경은 많은 구절에서 유혹을 주제로 다뤘다. 예수님은 씨 뿌리는 자의 비유에서 "말씀을 들을 때에 기쁨으로 받으나 뿌리가 없어 잠깐 믿다가 시련을 당할 때에 배반하는 자"(눅 8:13)를 돌밭에 떨어진 씨앗에 빗대어 말씀하셨다. 말씀에 감동을 받고 믿고 신앙을 고백하고 약간의 열매를 맺지만 그 상태가 오래 지속되지 않는 경우다. 그리스도는 그런 사람을 "시련을 당할 때에 배반하는 자"라고 말씀하셨다. 그들의 믿음은 유혹 앞에서 영원히 사그라든다.

마태복음 7장 26절에서는 "집을 모래 위에 지은 어리석은 사람"의 비유를 말씀하셨다. 모래 위에 지은 집은 과연 어떻게 될까? 잠시 안식처가 되어 따뜻함을 제공하지만 비가 오면, 즉 유혹이 닥치면 폭삭 주저앉고 말 것이다. 어리석은 사람의 전형적인 모습을 가룟 유다에게서 볼 수 있다. 그는 3년 동안 예수님을 따라다녔다. 한동안은 모든 것이 잘 되었지만 유혹이 닥치자, 즉 사탄이 그를 밀 까부르듯 까부르자 곧 믿음을 배반하고 말았다. 데마도 처음에는 복음을 성실하게 전했지만 세상을 사랑하는 마음이 영혼에 침투하자 믿음을 완전히 포기하고 말았다.

우리는 하나님의 성도들을 통해 유혹의 막강한 힘을 확인할 수 있다. 예를 들어, 아담은 하나님의 형상으로 창조된 "하나님의 아들"로서 순전하고 의롭고 경건한 사람이었다(눅 3:38 참조). 그는 유혹이나 꼬임을 받은 적이 없었기에 우리보다 훨씬 월등한 능력을 지니고 있었다. 하지만 시험에 드는 순간 그는 완전히 무너져 파멸에 이르렀다. 그의 후손도 그와 더불어 타락했다. 시험을 당할 때 우리는 교활한 마귀를 상대하는 것으로 그치지 않는다. 우리는 저주받은 세상과 부패한 마음과도 싸워야 한다. 참으로 힘겨운 싸움이 아닐 수 없다.

아브라함은 믿음의 조상으로 불린다. 그가 모든 신자의 귀감이 될만한 믿음을 보여주었기 때문이다(롬 4:11-17 참조). 하지만 그는 두 번이나 같은 시험에 빠졌다. 즉 아내 때문에 목숨을 잃을까 두려워 두 번이나 같은 죄를 지었고 하나님의 영광을 실추시켰다(창 12장, 20장).

다윗은 "하나님의 마음에 맞는 자"(삼상 13:14)였지만 참으로 끔찍한 범죄를 저질렀다. 그는 시험에 드는 순간 간음을 저질렀다. 그는 스스로 계책을 세워 빠져나올 길을 모색했지만 더욱더 큰 죄를 저지르고 말았다. 결국 그는 죄와 어리석음에 사로잡혀 죽은 자나 다름없는 상태로 전락하고 말았다.

이 밖에도 노아, 롯, 히스기야, 베드로를 예로 들 수 있다. 하나님은 우리에게 교훈을 주실 목적으로 그들이 겪은 유혹과 타락의 행적을 기록으로 남겨주셨다. 예후의 편지를 받은 사마리아 주민처럼 우리도 "두 왕이 그를 당하지 못하였거든 우리가 어찌 당하리요"(왕하 10:4)라고 두려워하지 않을 수 없다. 바울이 시험에 든 자를 온유한 심령으로 대하라고 권한 이유가 여기에 있다. 그는 "너도 시험을 받을까 두려워하라"(갈 6:1)라고 말했다. 다른 사람이 시험에 드는 것을 보면 더욱 조심해야 한다. 언제 우리 자신이 시험에 들지 모르기 때문이다. 하지만 여러 경고에도 불구하고 조심성 없이 자신을 시험에 노출시키는 이들이 적지 않다. 참으로 어리석은 일이 아닐 수 없다.

우리는 스스로를 깊이 성찰하여 자신의 약점을 파악하는 한편 유혹의 막강한 힘을 의식해야 한다. 우리는 연약하기 짝이 없고 유혹에 저항할 힘도 없다. 베드로의 경우처럼 자신감은 오히려 우리의 약함을 드러낼 뿐이다. 그는 어떤 일이든 할 수 있다고 장담했지만 올바르게 처신하지 못했다. 그런 식의 자신감은 사실 자신의 가장 큰 약점을 드러내고 만다. 마치 배신자와 같다. 아무리 견고한 성이라 해도 호시탐탐 기회를 노리는 배신자가 그 안에 있다면 적군에게 쉽게 함락될 수밖에 없다. 우리 마음에는 유혹에 동조해 우리를 무너뜨리기를 원하는 배신자들이 존재한다.

유혹의 힘에 맞서 싸울 수 있다고 자신하지 말라. 우리 마음에 숨은 은밀한 정욕은 자신의 욕구를 채우기까지, 또는 완전히 굴복되기까지 물러서지 않고 우리를 유혹한다. 하사엘은 "개 같은 종이 무엇이기에 이런 큰일을 행하오리이까"(왕하 8:13)라고 말했다. 그렇다. 우리가 아람 왕처럼 된다면 우리는 개 같은 존재가

된다. 유혹과 이기심은 우리를 비인간화시킨다. 우리는 이론상으로만 정욕을 혐오할 뿐 일단 시험에 들면 우리의 앞길을 가로막는 어떤 생각도 용납하지 않고 가볍게 일축해 버린다.

불충분한 마음의 방어책

그런 위험에 빠지지 않으려면 우리의 마음을 깊이 성찰해야 한다. 사람의 진정한 실체는 마음에 있다. 실제로는 믿지 않으면서 겉으로만 신앙을 고백하는 사람의 마음은 과연 어떨까? 잠언 10장 20절은 "악인의 마음은 가치가 적으니라"고 말씀한다. 그들의 마음은 겉으로 보면 가치를 지닌 것 같지만 안으로 들여다보면 아무런 가치가 없다. 유혹은 마음에서 시작되므로 믿음이 없는 자는 유혹이 홍수처럼 밀어닥칠 때 절대로 저항할 수 없다.

누구도 자신의 마음을 믿어서는 안 된다. 잠언 28장 26절은 "자기의 마음을 믿는 자는 미련한 자요"라고 말씀한다. "다 버릴지라도 나는 그리하지 않겠나이다"(막 14:29)라고 장담했던 베드로가 그 전형적인 사례이다. 그의 자만심은 곧 그의 어리석음이 되었다. 인간의 마음은 유혹을 받기 전에는 그런 식으로 거창한 약속을 늘어놓는다. 하지만 참으로 마음은 "만물보다 거짓되다"(렘 17:9). 마음은 하루에도 수십 번 바뀔 정도로 변덕스럽다. "묵은 포도주와 새 포도주가 마음을 빼앗느니라"(호 4:11)는 말씀처럼 시련이 찾아오면 유혹이 마음을 훔쳐가 버린다.

시험의 때에 우리는 마음을 지키려고 나름대로 여러 가지 방책을 마련한다. 하지만 그런 방책들은 모두 부적절하다. 그 가운데 몇 가지를 살펴보면 다음과 같다.

1. 명예를 존숭하는 마음

신실한 신앙생활로 교회에서 높은 평판을 쌓아 사람들의 존경을 받는 사람이 있다고 하자. 그는 "이런 정욕에 굴복하거나, 그런 유혹에 빠지거나, 혹은 이런저런 악을 저질러 나 자신의 명예를 실추시켜서야 될 일인가?"라고 말한다. 사실 많은 사람이 그런 식의 논리로 유혹의 공격을 막아낼 수 있다고 자신한다. 그들은 교회에서 평판을 잃으니 차라리 죽는 편을 택하겠다고 한다.

하지만 "하늘의 별 삼분의 일"(계 12:4)이 어떤 결과를 맞이했는가? 그들은 창공에서 한때 찬란한 빛을 드리우지 않았는가? 그들은 자신의 영예와 지위와 평판을 의식하지 않았던가? 하지만 용이 유혹하자 모두 땅에 내동댕이쳐지고 말았다. 명예를 존중하는 마음 외에 다른 방책을 마련하지 못한 이들은 유혹에 맞서 싸울 수 없다. 평판이 좋은 사람들 가운데 자신의 명예만을 의지한 탓에 파멸한 이가 적지 않다. 참으로 안타까운 일이다. 하늘의 별들도 스스로를 지켜내지 못했다면 과연 명예를 존중하는 마음만으로 유혹을 물리칠 수 있겠는가?

2. 수치와 비난에 대한 두려움

어떤 사람들은 수치와 비난이 두려운 나머지 유혹에 빠지지 않으려고 노력한다. 하지만 그들은 단지 세상 사람들이 혐오하는 공개적인 죄악에만 관심을 둔다. 그런 방법은 양심의 죄나 마음의 죄를 처리할 수 없다. 수치와 비난에 대한 두려움만으로 유혹에 대항할 수 있다고 생각한다면, 마음에서 일어나는 은밀한 죄는 이런 저런 구실을 내세워 은폐하려 할 것이 틀림없다.

3. 마음의 평화를 깨뜨리지 않겠다는 생각, 즉 양심을 괴롭힐 행위나 지옥에 갈지도 모를 위험은 감수하지 않겠다는 생각

어떤 사람들은 시험의 때에 이러한 각오와 생각으로 유혹에 맞서려고 한다. 물론 우리는 이 방법을 주로 활용해야 한다. 하나님과 평화를 유지하는 것보다 더 중요한 일은 없기 때문이다. 하지만 이런 방법은 몇 가지 이유에서 충분하지 못하다.

마음의 평화는 거짓된 소망과 억측에서 비롯하는 그릇된 안전 의식을 심어줄 공산이 크다. 다윗은 나단이 방문하기 전에는 거짓된 평화에 만족했다. 사데 교회도 사실은 죽은 상태였으나 그렇지 않은 것처럼 평화를 누렸다. 라오디게아 교회도 멸망하기 직전에 이르렀지만 아무 일 없는 듯 평화로웠다. 우리의 안전을 보장하는 것은 오직 그리스도 안에서 누리는 참된 평화뿐이다. 하나님의 인정을 받지 못할 것들은 그 무엇도 마지막 날에 우리의 안전을 보장할 수 없다. 거짓 평화는 부러진 갈대처럼 그것을 의지하는 손에 상처를 입힌다.

심지어 우리의 영혼을 지켜줄 것으로 생각했던 참 평화도 시험의 때가 되면 도움이 되지 않을지 모른다. 왜 그럴까? 우리의 변명을 늘어놓는 습성 때문이다. 우리는 "이 정도는 별로 심각한 악이 아니야", "이 일은 나쁘다거나 좋다거나 단정할 수 없어" 또는 "이 일은 양심을 거스를 만큼 공개적이고 악한 행위는 아니야"와 같은 변명을 내세운다. 우리는 그런 변명들로 스스로를 합리화함으로써 마음의 평화를 유지하려 한다. 심지어 우리는 "다른 사람들도 유혹에 빠져 타락했지만 평화를 잃지 않고 결국 다시 회복했잖아"라고 생각하기도 한다. 성을 수없이 두들겨 때려 파괴하는 포탄처럼 한두 가지 변명을 계속 둘러대다 보면 마침내 양심은 굴복하고 만다.

마음의 평화만으로 유혹에 맞선다면 우리는 도처에서 원수의 공격에 시달릴 수밖에 없다. 마음의 평화는 우리를 보호하는 갑옷 중 한 가지에 불과하다. 성경은 "하나님의 전신 갑주"(엡 6:11)

를 입으라고 명령한다. 한 가지 보호책만 의지한다면 유혹은 다른 방법을 이용해 침투해 들어올 것이다. 세상의 향락, 불의한 소득, 복수, 허영심과 같은 것을 통해 말이다.

마음의 평화만을 유일한 방어책으로 삼는다면 다른 방어책을 소홀히 하는 사태가 빚어질 수 있다. 다시 말해 하나님과의 개인적인 교제를 소홀히 하거나, 우리가 정욕에 치우칠 속성을 가졌다는 사실을 간과하는 일이 발생할 수 있다. 자신을 가장 괴롭히는 유혹에 굴복한다면 결국 아무리 큰 노력을 기울여도 조금도 나아질 수 없다. 경험을 통해 알 수 있듯 마음의 평화를 유일한 방어책으로 삼는 것은 실패할 가능성이 매우 높다. 마음의 평화를 귀하게 여기지 않는 신자는 한 사람도 없겠지만 그것만으로는 시험의 때에 넘어질 수밖에 없다.

4. 하나님께 죄를 짓는 것이 악하다는 생각

"죄를 짓는 것은 하나님의 자비를 멸시하고 그리스도를 다시 십자가에 못 박는 행위인데 어떻게 죄를 짓겠는가"라는 생각을 방어책으로 삼는 이들이 있다. 하지만 안타깝게도 그런 생각조차 확실한 방어책이 될 수 없다. 잘라 말해 그런 생각은 안전을 보장하지 못한다. 시험의 때에 이런 생각들이 실효를 거두지 못하는 이유는 무엇일까? 그 출처 자체가 부적절하기 때문이다.

이런 생각은 마음의 보편적인 또는 습관적인 성향이나 유혹 자체에서 비롯한다. 우리는 그런 식의 논리에 빠져들지 않도록 항상 주의해야 한다.

유혹의 힘

지금까지 다룬 내용에 비추어 유혹의 힘을 정리해 보자. 유혹의 힘은 생각을 어둡게 하여 시험에 들기 전에 행한 일들에 대해 올바른 판단을 내리지 못하게 방해한다. 이 세상의 신은 사람들의 생각을 어둡게 해 복음을 통해 나타난 그리스도의 영광을 보지 못하게 한다(고후 4:4 참조).

유혹은 어떤 형태든지 유혹을 받는 사람의 마음을 어둡게 하는데, 그 방법은 다음과 같다.

첫째, 어떤 대상에 생각과 상상력이 집중되면서 마음을 편하게 하고 유익하게 해줄 것들을 외면하는 현상이 나타난다. 예를 들어, 하나님이 자신을 미워하거나 버리셨다는 생각이 들면 그리스도에 대한 관심이 줄어들게 된다. 그러면 낙심하게 되어 어떤 방책도 도움이 될 것 같지 않은 생각이 들면서 자신을 옭아매는 유혹에 서서히 빠져든다.

둘째, 유혹은 마음의 감정을 혼란스럽게 함으로써 생각을 어둡게 한다. 주위를 보면 유혹이 사람들의 감정을 옭아매는 현상을 쉽게 찾을 수 있다. 품어서는 안 될 소망과 애정과 두려움에 사로잡힌 사람은 감정에 얽매여 분별력을 잃게 된다. 감정에 휘말리면 사물에 대한 판단이 흐려지고 의지가 약해진다. 그러다 보면 마치 미치광이처럼 변하고 만다. 즉 죄에 대한 증오심, 주님에 대한 경외심, 그리스도의 사랑과 임재를 의식하는 마음이 사라지고, 마음이 쉽게 원수의 먹이로 전락한다.

셋째, 유혹은 우리의 정욕을 부추기고 격동시켜 활활 타오르게 함으로써 끝없는 격정에 휘말리게 한다. 정욕이든 왜곡된 태도든 무엇이든 간에 유혹을 받으면 그것을 충족시키려는 강한 집착에 시달리게 된다. 베드로의 두려움, 히스기야의 교만, 아간의 탐심, 다윗의 불륜, 데마의 세속성, 디오드레베의 야심 등을 예로 들 수 있다. 유혹을 받기 전에는 마음의 교만이나 격정적 기질, 비행을 저지르는 광기가 겉으로 표출되지 않는 법이다. 유혹으로 생각이 어두워지고, 감정이 혼란스러워지고, 정욕이 활활 타올라 모든 방어책이 무너져 내린 사람의 인생은 어떠하겠는가? 참으로 비극적일 것이다. 그에게 무슨 희망이 남아 있겠는가?

우리는 개인은 물론 사회에서도 유혹의 힘을 관찰할 수 있다. "온 세상에 임하여 땅에 거하는 자들을 시험할 때라"(계 3:10)는 말씀이 암시하듯, 유혹에는 공적인 유혹이 있다. 그것은 박해와 유혹을 통해 경계심이 풀어진 신자들을 시험한다.

공적인 유혹은 여러 가지 형태를 띤다.

첫째, 공적인 유혹은 복음을 무시하거나 경멸하는 사람들, 또는 거짓 신자들의 경우처럼 배교를 일삼는 사람들에 대한 심판의 결과로 주어진다. 하나님은 아합을 심판하시려고 사탄이 그를 유혹하기를 허락하셨다(왕상 22:22). 세상이 진리를 무시하고 아무런 결실도 맺지 못한 채 거짓 예배를 드리고 어리석은 행동으로 치달을 때 하나님은 "미혹의 역사를 그들에게 보내사 거짓 것을 믿게"(살후 2:11) 하신다. 이것은 이기적이고 영적으로 나태하고 부주의하고 세속적인 사람들을 심판할 목적으로 주어지는 유혹이다. 하나님은 또한 그분을 마음에 모시기를 싫어하는 이들을 그 상실한 마음대로 내버려 두신다(롬 1:28 참조).

둘째, 참 믿음을 갖지 못하고 입으로만 신앙을 고백하는 이들을 통해 공적인 유혹이 전파되기도 한다. 그리스도는 "불법이 성하므로 많은 사람의 사랑이 식어지리라"(마 24:12)고 말씀하셨다. 경솔하고 부주의하고 세속적이고 방탕한 사람은 다른 사람들까지 부패시킨다. 바울은 "적은 누룩이 온 덩어리에 퍼지는 것을 알지 못하느냐"(고전 5:6, 갈 5:9)고 말했다. 한 사람을 괴롭히는 쓴 뿌리가 많은 사람을 더럽힌다(히 12:15 참조). 진리를 입으로만 고백하는 신자들은 다른 사람들을 서서히 악으로 물들인다.

셋째, 공적인 유혹이 강한 설득력과 영향력을 지니는 경우 너무 견고해 쉽게 극복하기 어렵다. 이 경우는 종종 점진적으로 일어난다. 다른 나라로 이민을 간 사람이 그곳 관습에 서서히 동화되듯 물질적인 번영은 사람들을 도덕 불감증에 빠뜨릴 뿐 아니라 어리석은 자들을 죽이고 지혜로운 자들에게 상처를 입힌다.

또한 유혹의 힘은 개인의 차원에서도 확인할 수 있다. 개인적인 유혹은 정욕과 결부되어 사람의 영혼에 침투한다.
요한은 "육신의 정욕과 안목의 정욕과 이생의 자랑"(요일 2:16)을 언급했다. 이것들은 원칙적으로 세상이 아닌 마음에 존재하지만, 세상이 그것들과 연합해 서로 혼합되어 역사하기에 "세상에 있는 것"이라 말할 수 있다. 유혹은 그런 수단을 통해 마음 깊숙이 들어와 어떤 해독제로도 치유할 수 없는 곳에 자리를 잡는다. 마치 핏속에 침투한 독이 육체를 부패하게 하는 것과 같다.

더욱이 정욕은 영혼의 모든 곳에 도사리고 앉아 인격 전체에 영향을 미친다. 야심이나 허영심 같은 생각의 정욕은 다른 모든 것에 영향을 미친다. 유혹은 인격 전체를 그 안에 끌어들인다.

"유혹을 왜 염려해야 하는가? 성경은 '여러 가지 시험을 당하거든 온전히 기쁘게 여기라'(약 1:2)고 말하지 않는가?"라고 반문할지 모르겠다. 물론 우리는 시련을 받아들여야 한다. 야고보는 "부한 자는 자기의 낮아짐을 자랑할지니"(약 1:10)라고 말했다. 하지만 그는 "시험을 참는 자는 복이 있나니 이는 시련을 견디어 낸 자가 주께서 자기를 사랑하는 자들에게 약속하신 생명의 면류관을 얻을 것이기 때문이라"(약 1:12)고도 덧붙였다. 다시 말하지만, 하나님은 우리를 시험하실 뿐 유혹하지 않으신다. 사람이 유혹을 받는 이유는 스스로의 정욕에 이끌리기 때문이다. 우리는 자신의 약점에 유혹되거나 속지 않도록 주의해야 한다.

어떤 사람은 주님도 유혹을 받으셨다는 사실을 들어 "우리도 유혹을 당한다 한들 무엇이 나쁘겠는가?"라며 반론을 제기한다. 히브리서 2장 17, 18절은 그리스도가 유혹을 받으셨다는 사실이 우리에게 유익하다고 말씀한다. 예수님도 제자들이 모든 시험 중에 항상 함께 있었다는 사실을 영원한 축복을 약속하는 근거로 삼으셨다(눅 22:28 참조). 주님도 유혹을 받으신 것은 사실이다. 하지만 성경은 그리스도가 육체로 계실 때에 세상과 그 관원들의 악의적인 행위 때문에 유혹을 받으셨다고 증언한다. 그분은 고의적으로 자신을 유혹에 빠뜨리지 않으셨다. 오히려 그분은 "주 너의 하나님을 시험하지 말라"(마 4:7)고 말씀하셨다. 그리스도는 유혹으로 야기된 고난만을 겪으셨다. 하지만 우리는 유혹으로 인해 죄를 짓는다. 이 점이 큰 차이다. 그분은 더럽혀지지 않으셨지만 우리는 더럽혀진다.

한편, 어떤 사람들은 "하나님의 확실한 보증을 받았는데 유혹에 대해 그렇게 염려할 필요가 있겠는가?"라고 주장한다. 물론 성경은 "오직 하나님은 미쁘사 너희가 감당하지 못할 시험 당함을 허락하지 아니하시고 시험 당할 즈음에 또한 피할 길을 내사 너희로 능히 감당하게 하시느니라"(고전 10:13), "주께서 경건한 자는 시험에서 건지실 줄 아시고"(벧후 2:9)라고 말씀한다. 하나님은 우리를 보호하겠다고 약속하셨다. 하지만 고의적으로 유혹에 빠져드는데 하나님이 구원을 베푸실지 의문이다. 바울은 "은혜를 더하게 하려고 죄에 거하겠느냐"(롬 6:1)라고 반문한다.

고의적으로 유혹에 빠져도 거기서 빠져나올 수 있다고 생각하는 것은 잘못이다. 우리는 위로와 기쁨과 영혼의 평화에 관심을 기울여야 한다. 뿐만 아니라 세상에 잠시 머무는 목적이 복음의 영예와 하나님의 영광을 위해서라는 사실을 깨달아야 한다.

묵·상·과·토·의·를·위·한·질·문

TRIUMPH OVER TEMPTATION

1. 오웬은 유혹의 힘으로부터 자유로울 수 있는 사람은 아무도 없기 때문에 시험에 들지 않을 거라 장담할 수 있는 사람은 없다고 말했다. 공개적인 수치감을 야기하는 유혹에 빠지는 신자들은 별로 없지만, 유혹에 이끌려 은밀하고 개인적인 죄를 짓는 신자는 적지 않다. 경계심을 늦추는 순간에 저지르기 쉬운 은밀한 죄가 있다면 무엇인가?

2. 신자들끼리 어떻게 서로 유혹을 극복하도록 권고할 수 있을까? 동료 신자가 "시험을 받을 때"(갈 6:1) 어떤 태도를 취해야 할까?

10

모든 심리를 꿰뚫는 유혹

이제 유혹의 위험을 생각해 보자. 우리는 특정한 죄에만 관심을 기울이는 경향이 있다. 그러나 바람직한 태도는 "내가 시험에 든 상태인가?"라고 묻는 것이다.

죄에 이끌릴 때마다 우리는 시험에 든 상태가 된다. 죄는 유혹이라는 뿌리에서 생겨나는 열매다. 모든 죄는 유혹에서 비롯한다(약 1:14, 15 참조). 다른 사람의 잘못을 보고 놀라거나 순간적으로 마음이 끌리는 것도 시험에 든 상태라 할 수 있다. 한편 우리는 종종 어디서부터 유혹이 발단되었는지 알지 못한 채 우리를 엄습해 온 죄를 뉘우치곤 한다. 우리가 반복해서 죄를 저지르기 쉬운 이유가 바로 그 때문이다.

시험에 드는 원인은 여러 가지가 있다.

첫째, 유혹은 자주 은밀한 방법으로 시작한다. 예를 들어, 경건한 신앙, 높은 지식, 탁월한 지혜를 지녔다는 평판을 듣는 것에서부터 유혹이 시작될 수 있다. 사람은 칭찬을 들으면 헛된 자만심이 발동한다. 좋은 평판이 교만과 야심을 부추기고, 그런 상황이 지속되면 결국 높은 평판과 존경과 자기 영광을 구하려고 더욱더 적극적으로 애쓰게 된다. 자신의 위상을 높이려는 은밀한 속셈을 품는 순간이 바로 시험에 드는 순간이다. 그런 마음이 싹틀 때 신속하게 가차 없이 제거하지 않으면 결국 정욕의 노예가 되고 만다.

많은 학자들이 이런 유혹에 빠진다. 학자들은 높은 학식 때문에 사람들의 존경을 받는다. 그런 상황이 은근히 그들의 교만과 야심을 부추기고, 그들은 학문을 더 많이 쌓으려는 욕망을 품기 시작한다. 겉으로는 좋은 일을 하는 것 같지만 마음은 항상 다른 사람들의 인기를 의식한다. 결국 그들의 노력은 "정욕을 위하여 육신의 일을 도모하는 것"밖에는 되지 않는다(롬 13:14).

은혜로우신 하나님은 우리가 그릇된 동기를 물리치도록 도와주신다. 우리의 야심과 교만과 허영심에도 불구하고 하나님은 은혜를 베풀어 돌이키게 하시며 육체의 정욕을 없애 주신다. 한때 우상을 안치했던 장막을 다시금 거룩하게 하시는 것이다.

둘째, 유혹은 은밀하게 그 독소를 퍼뜨릴 뿐 아니라 직업과 신분을 막론해 모든 사람을 올무에 걸리게 한다. 어떤 사람은 친구나 지인들 사이에서 유명인사로 통해 인기와 관심을 한 몸에 받기도 한다. 그로 인해 우쭐한 마음이 생기는 순간 유혹의 올무가 그들을 옭아맨다. 그럴 때는 더 많은 영광을 구하기보다 스스로의 부패함을 깨닫고 더욱 겸손히 몸을 낮추는 것이 바람직하다.

어떤 사람은 가르치는 것을 좋아하고 어떤 사람은 다른 사역에 관심을 기울인다. 어떤 사역을 하든 자칫하면 스스로의 유익을 구하는 데 치우치기 쉽다. 능력이 뛰어나 말씀을 잘 전달하고, 대중 앞에서 하는 모든 일에 성공을 거두면 유혹을 받기 쉽다. 상황이 유혹을 더욱 강하게 부추기는 요인으로 변한다. 어떤 일을 하든 우리의 정욕을 채우는 데로 치우칠 수 있다. 좋은 일이든 나쁜 일이든 시험에 들게 하는 원인으로 작용할 수 있다.

셋째, 정욕을 억제하지 못하고 유혹을 받는 순간 시험에 들게 된다. 앞서 말했듯 시험에 든다는 것은 단지 유혹을 받는 것이 아니라 그 힘에 사로잡히는 것이다. 정욕을 만족시키려 한다면 절대 유혹에서 빠져나올 수 없다. 히스기야는 바벨론 왕이 보낸 사신들 앞에서 교만하게 행동하다 시험에 들었다(대하 32:31 참조). 아람의 왕이 된 하사엘은 그 잔인함과 야욕을 억제하지 못하고 이스라엘에 포악한 행위를 저질렀다. 가룟 유다는 제사장들이 은을 달아 주자 탐심을 이기지 못하고 그리스도를 팔아넘겼다.

오늘날에도 그와 같은 사례를 많이 찾을 수 있다. 땅벌이 사는 구멍에서 장난을 치면서 쏘이지 않기를 바라거나 검댕을 만지면서 더럽혀지지 않기를 바라거나 불 위에 옷을 얹어 놓고는 타지 않기를 바랄 수 없다. 그럴 수 있다고 생각한다면 큰 착각이다. 사업상의 일이나 삶의 방식, 또는 문화적 관습을 통해 우리의 정욕이 자극을 받는다면 이미 시험에 든 상태라고 할 수 있다. 추잡한 생각, 높은 직위를 얻으려는 야심, 성적 쾌락을 추구하는 마음, 불온한 서적을 탐독하는 행위 등 유혹은 우리를 옭아매기 위해 사회에 존재하는 다양한 수단을 이용한다.

넷째, 아무 열의나 활력이 없이, 즉 참된 만족과 기쁨과 유익을 얻으려는 생각 없이 나태하고 경솔하고 무기력한 태도로 의무를 행할 때도 시험에 들 가능성이 매우 높다. 열심으로 신앙생활을 하지 않으며 기도나 성경 읽기 같은 영적 훈련에 냉담하고 무관심하고 경솔하게 임하는 사람이 얼마나 많은지 모른다. 열이면 아홉이 그런 올무에 걸려든다. "내가 기도를 등한시했구나", "내가 하나님의 말씀을 묵상하지 않았구나", "내가 마땅히 귀를 기울여야 할 말씀을 듣지 않았구나"라고 후회할 때면 이미 너무 늦은지도 모른다. 오늘날 우리의 상황은 죽은 의식과 의무에 치중했던 사데 교회를 방불케 한다(계 3:1 참조).

아가서에는 "내가 잠들었다"(아 5:2)고 말하는 신부가 나온다. 그녀는 "내가 옷을 벗었으니 어찌 다시 입겠으며"(아 5:3)라고 말하면서 신랑 맞이하기를 지체했다. 마침내 문을 열었을 때 "그는 벌써 물러가고 없었다"(아 5:6). 그리스도께서 가버리신 것이다. 신부는 신랑을 찾았지만 발견할 수 없었다. 아가서의 말씀은 새로 거듭난 신자의 본성과 그리스도를 예배하는 것이 밀접한 관련을 맺고 있음을 보여준다. 신자의 새로운 본성은 그리스도를 통해 더욱 강화되고 사랑스러워지고 충만해진다. 시편 119편에서 노래한 대로 우리의 마음은 하나님만을 사모하려 하지만, 유혹은 하나님을 사모하는 마음과 그분과의 관계를 방해하려고 호시탐탐 기회를 노린다.

유혹의 위험에 대한 대비책

그러면 어떻게 경계심을 잃지 않고 "깨어 기도하라"(마 26:41)는 말씀을 지킬 수 있을까? 주님의 명령은 시험에 들면 큰 위험을 당할 수 있음을 늘 명심하라는 의미를 함축한다. 항상 위험을 의식하고 있어야 한시라도 경계심을 늦추지 않을 수 있다.

1. 시험에 들면 큰 위험을 당할 수 있다는 점을 늘 명심하라.

많은 사람들이 이 점을 소홀히 한다. 사람들은 공개적인 죄만 피하려 할 뿐 마음에서 작용하는 유혹의 현실에는 관심을 기울이지 않는다.

젊은이들은 사람을 가리지 않고 쉽게 어울리다 악한 사람과 사귈 수 있다. 위험을 경고할 쯤이면 너무 늦은 경우가 많아 하나님이 멸망의 문턱에서 강권적으로 건지시지 않으면 회복이 불가능한 상태로 전락하고 만다. 다른 한편으로 사람들은 소위 "자유"를 원한다. 좋아하는 일을 마음껏 하려는 욕심에 이곳저곳 기웃거리며 거짓을 퍼뜨리는 사람과 유혹자의 말에 관심을 갖다가 결국에는 거의 모두가 상처를 입고 믿음을 잃는다. 유혹을 두려워하지 않으면 죄를 짓는 것도 두려워하지 않게 된다. 유혹과 죄는 서로 불가분의 관계이다. 사탄은 유혹과 죄를 하나로 연계시키므로 둘을 분리할 수 없다. 유혹이 뿌리라면 죄는 그 열매다. 유혹만 즐기고 죄는 짓지 않을 수는 없다.

우리의 마음은 부패했고 매우 연약하다. 항상 이를 의식하는 예민한 도덕적 감각이 필요하다. 사탄의 역사와 책략을 경계하고, 죄의 악함과 유혹의 힘이 우리를 목표로 하는 것을 기억해야 한다. 부주의하거나 소홀히 한다면 결코 죄와 유혹의 덫에서 벗어날 수 없다. 끊임없이 유혹의 위험성을 상기해야 한다.

2. 언제라도 시험에 들 수 있다는 점을 기억하라.

하나님의 은혜 없이는 시험에 들 수밖에 없다. 우리에게는 시험에 들지 않을 능력과 지혜가 없다. 오직 하나님의 능력과 지혜가 우리를 지킨다. 우리는 "하나님의 능력으로 보호하심을 받는다"(벧전 1:5). 예수님은 성부 하나님이 우리를 보호하셔서 세상 유혹에 넘어가 죄를 짓지 않기를 구하셨다(요 17:5).

우리는 이렇게 생각해야 한다. "나는 연약하고 비참한 존재다. 그에 비해 사탄의 역사는 너무나 은밀하고 교활하며 강력하다. 그는 항상 내 영혼을 넘본다. 세상은 온갖 유혹으로 나의 관심을 자극하고 나를 사정없이 압박한다. 나의 부패한 마음은 항상 격정적이고 소란스러우며 계속 나를 유혹하고 죄로 옭아맨다. 아, 유혹을 느끼는 때가 얼마나 많은가! 나는 죄와 얼마나 깊이 연루되었는가! 오직 하나님만을 늘 의지하고 바라보는 것이 나를 보전하는 길이다."

하나님께 자신을 맡긴 사람에게는 세 가지 현상이 나타난다.

첫째, 하나님의 긍휼과 은혜를 얻게 된다. 하나님은 의지할 곳 없는 이들과 연약한 이들을 불러 자기를 의지하게 하신다. 하나님의 초청에 응해 그분을 전적으로 의지한 사람들 가운데 은혜를 받지 못한 이가 하나도 없다.

둘째, 유혹의 위험을 의식하고 하나님의 보호를 구하게 된다.

셋째, 우리를 보호하시겠다는 하나님의 약속을 믿고 살아가게 된다. 하나님이 우리를 보전하신다는 사실을 믿는 것 자체가 우리를 보호하는 수단이다. 하나님은 우리를 보호하시며 시험에 빠지기 직전에 피할 길을 주신다. 하나님이 이미 약속하신 것을 간구해야 한다. 우리의 간구는 하나님의 약속과 명령에 근거한다. 믿음은 약속을 받아들임으로써 안위를 얻는다. 우리는 "믿음으로" 필요한 것을 하나님께 구해야 한다. 그러지 않으면 "무엇이든지 주께 얻기를 생각하지 말아야 한다"(약 1:5-7 참조).

하나님은 우리를 모든 길에서 지켜주겠다고 약속하셨다. 우리는 "대로"를 지나듯 확실한 인도를 받을 것이다(사 35:8 참조). 하나님은 우리를 인도하시고 악한 자의 손아귀에서 구해주신다. 그 약속을 믿고 선하고 확신에 찬 삶을 살아가라. 그리스도의 약속을 신뢰함으로써 받게 되는 축복은 우리의 상상을 초월한다.

3. 유혹에 맞서려면 기도를 가장 중요하게 여겨야 한다.

시험에 들지 않기를 기도하는 것이 유혹을 극복하는 수단이다. 기도를 통해 놀라운 경험을 했다고 말하는 이들이 많다. 하지만 우리는 기도의 탁월한 능력과 효력을 절반도 알지 못한다.

유혹을 피하려는 자는 기도해야 한다. 히브리서 저자는 "그러므로 우리는 긍휼하심을 받고 때를 따라 돕는 은혜를 얻기 위하여 은혜의 보좌 앞에 담대히 나아갈 것이니라"(히 4:16)고 말했다.

바울은 시험의 때에 넘어지지 않고 굳건히 서기 위해 "하나님의 전신 갑주를 입으라"(엡 6:11)고 권고하는 한편 "모든 기도와 간구를 하되 항상 성령 안에서 기도하고 이를 위하여 깨어 구하기를 항상 힘쓰라"(엡 6:18)고 말했다. 기도하지 않고서는 아무런 도움을 기대할 수 없다. 이 말씀을 깊이 생각해 보자. "구하기를 항상 힘쓰며"라는 것은 때와 장소를 가리지 말고 늘 기도하라는 뜻이다(살전 5:17 참조). "모든 기도와 간구로 하되 성령 안에서 기도하라"는 말은 성령의 도우심을 받아 하나님의 뜻에 부합하는 기도를 드리라는 의미다. "이를 위하여 깨어 있으라"는 말은 기도의 중요성을 한시도 잊어서는 안 된다는 뜻이고, "항상 힘쓰라"는 말은 일시적인 변덕에 그치지 말고 늘 기도하려는 마음을 품으라는 뜻이다. 이런 기도를 드려야만 유혹에 견딜 수 있다.

기도하지 않으면 유혹에 넘어가고 만다. 우리는 날마다 "하나님, 제 영혼을 보전하시고 제 마음을 지키셔서 단 한순간도 죄의 유혹에 빠지는 일이 없게 하소서"라고 기도해야 한다. 늘 이렇게 기도하며 산다면 유혹은 결코 우리를 이길 수 없다. 다른 사람들은 유혹의 노예가 될지 몰라도 우리는 자유하게 될 것이다.

묵·상·과·토·의·를·위·한·질·문
TRIUMPH OVER TEMPTATION

1. 명예와 성공을 얻으면 대개 어떤 유혹이 뒤따르는가? 유명인사의 경우 대중의 존경을 받다 보면 유혹에 빠지기 쉽다. 그런 결과가 어떻게 나타나는지 생각해 보라.

2. 오웬은 "기도하지 않으면 유혹에 넘어가고 만다"고 말했다. 우리가 늘 기도에 힘쓰려면 어떻게 해야 할까?

11

모든 순간을 덮치는 유혹

주님은 기도 외에도 "깨어 있으라"고 당부하셨다(마 26:41). 특히 큰 성공을 거두었을 때나 하나님의 놀라운 영적 축복을 경험했을 때, 또는 하나님의 은혜를 소홀히 할 때나 자만심이 느껴질 때 각별한 주의가 필요하다.

유혹의 순간

1. 큰 성공을 거두었을 때 유혹이 찾아온다.

성공에는 여러 가지 유혹이 뒤따른다. 그런 때는 은혜의 필요성을 잊기 쉽다. 우리의 영혼은 그런 상황에서 종종 유혹을 받고, 그 덫에 걸릴 빌미를 스스로 제공한다. 성경은 "미련한 자의 안일은 자기를 멸망시키려니와"(잠 1:32)라고 말씀한다. 어리석은 자는 성공을 거두게 되면 마음이 강퍅해지고 훈계를 무시하며 악한 생각을 일삼게 된다.

성공은, 하나님의 특별한 도움이 없으면 신자들에게도 상상을 초월하는 악한 영향을 미친다. 이것이 아굴이 부를 경계하며 "혹 내가 배불러서 하나님을 모른다 여호와가 누구냐 할까 하오며"(잠 30:9)라고 기도한 이유다. 하나님은 "그들이 배가 부르니 나를 잊었다"고 말씀하셨다(호 13:6). 다윗은 "내가 형통할 때에 말하기를 영원히 흔들리지 아니하리라"(시 30:6)고 했지만 결국 죄를 짓고 말았다. "주의 얼굴을 가리시매 내가 근심하였나이다"(시 30:7)라는 말씀이 암시하듯 다윗이 자만심을 갖자 하나님은 그를 떠나셨다.

그렇다면 성공과 번영을 어떻게 생각해야 할까? "형통한 날에는 기뻐하고"(전 7:14)라는 솔로몬의 말대로 하나님의 자비를 기뻐해야 한다. 하지만 그와 동시에 악이 문 앞에 이르지 않도록 경계해야 한다. 성공의 때는 사탄이 활동하기에 매우 유리한 시기다. 그런 때는 균형을 잃지 않고 침착한 마음을 유지하는 방책이 필요하다. 왜냐하면 신앙생활이 형식에 치우쳐 유혹의 공격에 무방비 상태가 될 가능성이 높기 때문이다.

세상이 주는 위로에 만족하고 기뻐하는 것은 영혼에 해를 가져온다. 성공의 때는 그런 위험에 빠지기 쉽다. 또한 성공의 때에는 영적 감각이 둔해지거나 아예 사라질 수 있다. 물론 항상 조심하고 주의해야 하지만, 성공의 때는 특히 더 그래야 한다.

2. 하나님의 은혜에 냉담해지고 그분과의 관계를 소홀히 하며 형식적인 신앙생활이 이루어질 때 유혹은 찾아온다.

겟세마네 동산에서 잠든 세 제자의 이야기를 언급한 바 있다. 예수님은 그들에게 "깨어 기도하라"고 경고하셨다(마 26:41, 눅 22:46). 또한 신랑이 왔는데도 잠을 잔 신부의 이야기를 살펴보았고(아 5:2-6), 거의 죽기 직전에 이른 사데 교회도 생각해 보았다. 주님은 "그 남은 바 죽게 된 것을 굳건하게"(계 3:2) 하지 않으면 심각한 결과를 초래할 것이라고 경고하셨다.

우리는 "혹시 내 열정이 식지는 않았는가? 내 마음이 하나님의 사랑에 더는 감격하지 않는가? 기도의 의무를 게을리하거나 말씀을 듣는 일을 소홀히 하지는 않는가? 무기력한 신앙생활을 하고 있지는 않는가? 동료 신자들과 더불어 기뻐하는 마음이 식지는 않았는가? 동료 신자들에 대한 사랑이 형식적인가?"라고 자문해 봐야 한다. 만일 그런 나태한 상태에 빠졌다면 얼른 정신을 차리고 깨어나야 한다.

3. 하나님의 큰 복을 체험했을 때 유혹이 찾아온다.

사도 바울은 하나님과 예수 그리스도에 관한 영광스런 계시를 받았다. 그러자 사탄이 즉시 접근해 와 공격을 가했다. 바울은 육체의 가시를 제거해 주시기를 간절히 기도했다. 하지만 그의 기도는 응답되지 않았고 싸움은 계속되었다(고후 12장 참조).

하나님은 때로 특별한 복과 사랑을 베풀어주시고 우리의 마음을 은혜로 가득 채워주신다. 그럴 때면 말로 다 할 수 없는 영광스런 기쁨이 느껴지면서 "세상에서 이보다 더 안전하고 축복된 상태가 있겠는가?" 하는 생각을 갖게 된다. 우리의 영혼은 베드로처럼 "여기에서 영원히 거하는 것이 좋겠습니다"라고 외치게 된다(막 9:5). 하지만 바로 그 순간 유혹의 손길이 접근하는 경우가 많다. 그럴 때 우리는 하나님과 진정한 관계를 형성하는 기회를 놓치기 쉽다. 사탄은 바로 그 순간을 노려 접근함으로써 우리를 유혹한다.

더욱이 아무런 근거 없이 하나님의 사랑을 확신함으로써 스스로를 속이는 일도 있을 수 있다. 그런 영적 경험은 때로 한갓 우리 자신의 감정에 현혹된 것일 수 있다. 나중에 그 사실을 알고는 낙심에 빠져 결국 온갖 유혹에 쉽게 넘어갈 수도 있다. 자신의 감정이 만들어낸 어리석은 공상에 현혹되었음을 알게 된다면 과연 어디에서 양심을 달래줄 위로를 찾겠는가?

실제로는 세상의 길로 행하며 헛된 것들을 추구하면서도 하나님의 사랑을 확신한다고 자랑하는 사람들을 주변에서 쉽게 찾아볼 수 있다. 과연 그들의 말이 사실일까? 결코 그럴 수 없다. 그들의 실상은 참으로 가련한 상태다.

4. 자만심을 품을 때 유혹은 찾아온다.

베드로의 경우를 기억하자. 그는 유혹 앞에서 자신만만했지만 결국에는 비통한 눈물을 흘려야 했다. 그는 "다 버릴지라도 나는 그리하지 않겠나이다 ……내가 주와 함께 죽을지언정 주를 부인하지 않겠나이다"(막 14:29, 31)라고 장담했다.

베드로는 후에 비로소 자신의 교만을 깨우쳤다. 성령의 능력을 충만하게 받고 나자 그는 자만심을 버리고 겸손히 행할 수 있었다. 그는 다른 사람들도 헛된 자만심에 빠지지 않기를 바라는 마음으로 "너희가 나그네로 있을 때를 두려움으로 지내라"(벧전 1:17)고 당부했다. 자만심을 가지면 자기처럼 실족할 수 있음을 깨달았기 때문이다.

베드로는 처음 시련에 직면했을 때 자신과 다른 사람들을 비교하며 "다 버릴지라도 나는 그리하지 않겠나이다"(막 14:29)라고 말했다. 하지만 예수님은 나중에 그에게 "요한의 아들 시몬아 네가 이 사람들보다 나를 더 사랑하느냐"(요 21:15)고 물으셨다.

그는 자신과 다른 사람들을 비교하지 않고 "주님 그러하나이다 내가 주님을 사랑하는 줄 주님께서 아시나이다"라고 대답했다. 이제 그는 다른 사람들에 대해 우월감을 갖지 않았다. 사도 바울은 이렇게 말했다. "높은 마음을 품지 말고 도리어 두려워하라"(롬 11:20), "선 줄로 생각하는 자는 넘어질까 조심하라"(고전 10:12). 그리스도와 함께 호수 위를 걷고, 그분을 하나님의 아들이라 고백하고, 변화산에 올라가 하늘의 음성을 들었던 베드로가 하녀의 말 한마디에 화를 내며 그리스도를 맹세코 부인할 줄 누가 알았겠는가? 자만심을 갖지 않도록 주의하자. 유혹이 찾아오는 순간을 기억하고, 항상 우리의 마음을 굳게 지키도록 노력하자.

유혹의 순간을 피하는 방법

상황을 주시하면서 유혹의 순간을 식별하는 것만으로는 충분하지 않다. 우리는 또한 마음속을 살펴 유혹이 접근하는 순간을 파악해야 한다. 무엇보다도 우리의 마음상태, 기질, 정욕, 영적인 약점 등을 잘 알아야 한다. 예수님은 야심과 복수심을 품은 제자들을 엄히 꾸짖으셨다(눅 9:55). 그들이 자신의 약점을 알았더라면 스스로 주의했을 것이다. 다윗은 자신의 행위를 살펴 죄악에서 스스로 지켰다고 말했다(시 18:23 참조).

자기 자신을 알면 유리하다. 유혹은 종종 타고난 기질과 성품을 이용하기 때문이다. 어떤 사람은 친절하고, 온화하고, 낙천적인 성격을 지녔다. 그런 성품은 분명 미덕이 될 수 있지만, 주의하지 않으면 유혹의 빌미가 될 수도 있다. 반면에 세속적이고 까다롭고 충동적인 사람도 있다. 그런 사람은 남을 혹평하기 좋아하고, 화를 잘 내고, 이기적일 뿐 아니라 악의적이며 질투심이 많다. 그런 사람은 누구보다도 쉽게 유혹에 빠질 수밖에 없다. 성미가 매우 급한 사람도 그렇다.

유혹을 피하려면 자신의 타고난 기질을 잘 파악해야 한다. 그래야만 어떤 유혹에 약한 성향을 지녔는지 알 수 있다. 만일 예후와 같은 기질이라면 광분하여 충동적으로 행동하지 않도록 조심해야 한다(왕하 9:20 참조). 또 요나와 같은 기질이라면 불평을 일삼지 않도록 주의해야 한다(욘 4장 참조). 다윗과 같은 기질이라면 성급한 결단을 내리지 않도록 조심해야 한다. 타고난 기질이 선량하고 온후할지라도 얼마든지 유혹의 빌미가 될 수 있다.

사람들은 저마다 타고난 기질과 성향이 다르다. 따라서 각자 특별히 약한 유혹이 있다. 유혹은 기질이나 교육을 비롯한 많은 요인에 좌우된다. 타고난 기질, 인간관계, 다양한 가능성 등을 조심해서 살피지 않으면 언제라도 유혹의 덫에 걸릴 수 있다. 자신의 기질과 성향을 아는 것이 매우 중요한 이유가 여기에 있다.

자신이 어떤 유혹에 약한지를 파악하라. 불평하는 성격 때문에 마음의 평화를 얻지 못하는 이들, 화를 잘 내는 성격 때문에 아무 짝에도 쓸모없게 된 이들, 상냥하고 예민한 성격 때문에 쉽게 상처를 받는 이들이 얼마나 많은지 모른다. 자신의 마음을 잘 알아야 한다. 깊이 감추어져 있더라도 엄밀히 조사해야 하고, 흐릿해서 잘 보이지 않더라도 반드시 찾아내야 한다. 우리의 약점은 그럴듯한 변명을 내세워 자신을 은폐하려고 한다. 그런 논리에 속아 넘어가서는 곤란하다.

스스로를 잘 알면 그릇된 길로 행하지 않을 것이다. 하지만 우리는 여러 가지 변명을 내세워 스스로의 약점을 가리려 한다. 마음의 악을 샅샅이 색출하여 과감하게 없애기보다 정당화하고, 그럴듯한 논리로 옹호하려 든다. 그럴 경우에는 우리 자신의 실상을 알기 어렵다. 무기력하고 수치스런 삶은 우리 자신을 알지 못하는 데서 생겨나는 열매다. 자기 자신을 알려고 노력하거나 또 그렇게 할 용기를 지닌 자가 매우 드물다.

한편 유혹이 접근할 때를 대비해 만반의 준비를 갖춰야 한다. 그러면 어떤 준비를 해야 하며, 또 어디에서 그런 준비가 이루어져야 할까? 주님은 우리의 마음을 준비해야 한다고 말씀하신다. 선한 것과 악한 것은 마음에서 비롯하기 때문이다(마 12:35). 우리는 원수의 공격에 대비해 마음을 지켜야 한다. 세상의 임금인 사탄이 찾아왔을 때 어떠한 공격도 막아낼 정도로 우리의 마음이 견고한 것을 보면 멀리 도망할 것이다(약 4:7 참조).

그리고 그리스도 안에 나타난 하나님의 사랑을 감격스럽게 받아들여야 한다. 이것이 유혹의 힘을 막아내는 가장 큰 대비책이다. 요셉이 "내가 어찌 이 큰 악을 행하여 하나님께 죄를 지으리이까"(창 39:9)라고 말하자, 유혹은 결국 어찌지 못하고 물러나야 했다. 그리스도의 사랑은 그분을 위해 살 수 있는 힘을 제공한다. 또한 그분의 사랑은 유혹에 저항하게 해준다.

그리스도 안에 나타난 하나님의 사랑을 기억하자. 그리스도가 흘리신 보혈과 하나님의 영원하신 계획을 믿고 받아들이자. 의롭다 함을 얻어 하나님의 자녀로 입양된 놀라운 특권을 기억하자. 하나님의 계획으로, 그리스도의 죽으심으로 거룩한 삶을 살 길이 열렸다. 항상 이를 생각하며 살아가면 하나님과 늘 동행하는 중에 큰 평화를 경험하고 유혹을 피할 수 있다.

하나님의 사랑을 의식하지 않거나 그리스도가 흘리신 보혈을 생각하지 않으면 유혹의 올무를 피할 길이 없다. 바울은 하나님의 평강이 우리의 마음과 생각을 지키신다고 말했다(빌 4:7 참조). 이 말은 곧 마음이 공격의 대상이라는 것과 하나님의 평강 덕분에 원수의 공격을 모면할 수 있다는 의미를 함축한다.

그러면 하나님의 평강이란 무엇을 의미하는가? 그것은 예수 그리스도 안에 나타난 그분의 사랑과 은혜를 인식하는 마음이다. 그런 마음을 가지면 원수의 공격을 능히 막아낼 수 있다. 하나님의 평강은 유혹이 우리의 영혼에 접근하기 위해 이용하는 모든 수단과 방법을 막아낸다. 그리스도 안에 나타난 하나님의 사랑을 의식하며 살 때 유혹의 손길을 막아낼 수 있다. 유혹의 공격을 막아내려면 복음의 풍성한 은혜를 마음에 가득 받아들여 우리의 영혼을 성처럼 견고하게 해야 한다.

항상, 유혹이 처음 그 손을 뻗힐 때 경각심을 곤두세워야 한다. 그래야만 언제 그것이 공격할지 알 수 있다. 사람들은 대개 부상을 당하기 전에는 원수의 존재를 의식하지 않는다. 유혹에 깊이 연루된 사람들을 보면서도 정작 자신의 위험을 감지하지 못한다. 이들은 다른 사람이 집에 불이 났다고 알려줄 때까지 전혀 위험을 의식하지 않은 채 잠에 빠져 있는 사람과 같다.

앞서 살펴보았듯 평범한 노력으로는 유혹을 쉽게 감지할 수 없다. 유혹을 깨닫게 된 때는 이미 너무 늦었거나 상처가 깊지는 않더라도 최소한 쉽게 빠져나올 수 없는 경우가 많다. 항상 깨어 있어 유혹이 쳐놓은 덫을 발견할 수 있어야 한다. 원수가 어떤 유리한 고지를 점유하고 있는지 잘 파악해야 한다. 사탄은 우리의 정욕을 부추겨 그 독소를 우리의 영혼에 주입하기도 전에 얼마든지 힘과 영향력을 행사할 수 있기 때문이다.

유혹의 목표와 성향을 익히 알아야 한다. 사탄과 우리의 정욕이 서로 하나가 되어 유혹과 더불어 역사한다는 점을 잊지 말라. 정욕이 일어날 때는 반드시 악한 생각이 뒤따르기 마련이다. 정욕을 하나님의 철천지원수로 생각하라. 어떤 식으로 위장하더라도 처음 고개를 쳐드는 순간을 잘 포착해야 한다. 바울은 자기 안에 역사하는 정욕을 "미워하는 것"(롬 7:15)으로 표현했다. 그의 말은 "가장 악한 원수가 내게 있다. 그 원수가 완전히 파괴되어 죽어버렸으면 얼마나 좋을까! 그 영향력에서 벗어났으면 정말 좋겠다"라는 의미이다. 유혹이 첫 번째 공격을 가하는 순간부터 우리는 우리의 완전한 파멸을 노리는 철천지원수와 맞서는 셈이다. 이는 "죄 죽임"(3부)에서 자세히 논하고 있다.

우리의 또 다른 원수인 사탄은 뱀처럼 우리를 속이며 사자처럼 우리를 삼키려 한다. 그가 아무리 친절해 보이는 제안을 하더라도 각별히 주의해야 한다. 사탄은 단지 계명을 어기라고 우리를 유혹하지 않는다. 그의 진정한 목적은 복음에 대한 관심을 딴 데로 돌리는 데 있다. 즉 사탄은 우리의 죄를 발판으로 삼아 그리스도에 대한 관심을 포기하게 만드는 데 역점을 둔다. 그는 "한번 그 죄를 용기 있게 저질러봐. 그래도 그리스도는 널 도와주실 거야"라고 말한 뒤 우리가 죄를 지으면 "너 죄를 지었지. 그리스도는 이제 너를 도와주시지 않아"라고 말한다.

그리스도와 그분의 구원을 믿는 믿음으로 유혹에 맞서 싸우라. 시험에 들기를 원치 않는다면 유혹과 대화를 나누거나 논쟁을 벌이려고 하지 말라. 그 죄에 대해 이미 "그리스도가 나를 위해 죽으셨다"라고 잘라 말하라(롬 8:34 참조). 그것이 바로 "악한 자의 모든 불화살을 소멸하는 믿음의 방패"(엡 6:16)다. 그리스도의 구원사역과 사랑을 믿는 믿음이 이런 효력을 발휘하는 이유는 그분이 우리의 죄를 위해 고난을 당하셨기 때문이다.

두려움이든 의심이든 낙심이든 어떤 유혹이든 상관없다. 십자가를 높이 쳐든 믿음 앞에서 유혹은 아무런 힘을 발휘할 수 없다. 어떤 사람들은 십자가 표시 자체가 마귀를 쫓는 효력을 지닌다고 생각한다. 하지만 그리스도 안에서 믿음으로 행하는 삶만이 마귀를 대적하는 진정한 십자가다(벧전 5:9 참조).

그렇다면 이미 유혹의 올무에 걸려든 상태에서는 어떻게 해야 할까? **유혹이 처음 시작되었을 때 저항하지 못해 유혹의 권세에 속박된 경우 취해야 할 조처를 알아보자.**

첫째, 유혹이 물러나게 해달라고 거듭 기도하라(고후 12:8 참조). 간절히 기도하면 하나님이 신속하게 구원을 베풀어주신다. 아니면 충분한 은혜를 주셔서 치명상을 입지 않게 해주신다. 그리고 자신을 유혹하는 것들을 더는 생각하지 말고, 단호히 맞서 싸워야 한다. 만일 계속 생각한다면 더욱더 깊이 얽히게 될 것이다. 유혹이 떠나기를 기도하라. 유혹이 떠난 뒤에는 자신이 무엇에 유혹을 받게 되었는지 가만히 생각해 보라.

둘째, 그리스도께 나아가 "때를 따라 돕는 은혜"를 구하라(히 4:16). 히브리서 저자는 "그가 시험을 받아 고난을 당하셨은즉 시험 받는 자들을 능히 도우실 수 있느니라"(히 2:18)고 말했다. 유혹을 받아 거의 정신을 잃을 지경에 이르러 도움이 필요할 때는 그리스도도 친히 유혹을 받으셨다는 사실을 기억하고 그분의 도우심을 간절히 구하라. 그러지 않으면 자칫 사망에 이르고 만다. 그리스도가 유혹을 당하셨으나 우리를 위해 그것을 정복하셨다는 사실을 알면 새로운 힘을 얻을 수 있다. 항상 그리스도의 도우심을 기대하라(히 4:15, 16 참조). 그분의 발에 엎드려 마음의 짐을 내려놓고 도우심을 구하라. 결코 헛되지 않을 것이다.

셋째, 하나님이 약속하신 구원을 바라보라. 하나님은 신실하시다. 그분은 감당할 수 없는 시험을 허락하지 않으신다(고전 10:13). 하나님은 모든 환난과 시련 중에 우리를 위로하신다고 약속하셨다(고후 1:4 참조). 도우심과 구원을 약속하신 말씀들을 기억하고 마음속으로 깊이 묵상하라. 그 약속들을 굳게 붙잡으라.

여기서 잠시 하나님이 구원을 베푸시는 방법을 알아보자.

하나, 하나님은 고난을 주어 정욕을 죽이게 하셔서 유혹을 극복하게 하신다. 그러면 전에는 달콤했던 유혹에 더는 아무런 흥미를 느끼지 못한다. 그것을 원하는 마음 자체가 사라졌기 때문이다. 둘, 섭리를 베풀어 유혹의 원인을 제거해 주신다. 연료공급을 중단하면 불이 저절로 꺼지는 이치와 같다. 셋, 사탄이 우리를 유혹하려고 할 때 그의 의도를 좌절케 하신다. 하나님의 평강이 우리를 지켜주시면 사탄이 아무리 달콤한 말을 속삭여도 들리지 않는다. 넷, 유혹을 아예 받지 않게 하시지는 않지만 그 올무에 걸리지 않도록 은혜를 베풀어주신다. 바울이 그 대표적인 경우다(고후 12:7-10). 다섯, 승리의 확신을 주어 시련의 와중에도 새 힘을 공급받게 하신다. 즉 바울의 경우처럼 유혹으로 인한 고통 속에서도 안전하게 지켜주신다. 여섯, 유혹을 제거해 완벽한 승리를 거두게 하신다.

하나님은 이 밖에도 여러 가지 방법을 통해 우리를 유혹에서 지켜주신다. 느닷없이 유혹에 걸려들어 영혼에 상당한 타격을 입었더라도 우리는 하나님이 제공하시는 방법으로 그 상처를 신속히 치유할 수 있다.

둑이 무너져 홍수가 나지 않도록 처음에 물이 새는 구멍을 철저히 밀폐해야 한다. 지혜로운 의사처럼 자신의 영혼을 돌보라. 언제, 어떻게, 무엇이 자신을 시험에 들게 했는지 철저히 분석하라. 영혼을 돌보는 일에 부주의했거나 경솔했던 것이 드러나거든 그런 약점이나 성향을 잘 갈무리하라. 설혹 죄를 짓더라도 주님 앞에 고백하고, 주어진 의무를 다시 성실히 수행하라.

묵·상·과·토·의·를·위·한·질·문
TRIUMPH OVER TEMPTATION

1. 특히 일이 잘될 때 유혹에 직면할 가능성이 높다. 일이 잘될 때 어떤 위험이 뒤따르는지 생각해 보라. 또 어려운 때에 받기 쉬운 유혹에 대해서도 생삭해 보라.

2. 오웬은 "유혹을 피하려면 우리 자신의 타고난 기질을 잘 파악해야 한다"고 조언했다. 이 말에 동의하는가? 그 이유를 설명해 보라. 자신감이 넘치는 사람이 받기 쉬운 유혹은 무엇인가? 또 활동적인 성격이나 만사태평한 성격, 감정적인 성격이나 상냥한 성격의 소유자들이 받기 쉬운 유혹은 무엇인가?

12

지침 /

그리스도의
인내의 말씀

　유혹의 본질과 유혹의 순간을 알아보았으니 이제 유혹의 독소를 해독하는 확실한 한 가지 방법을 살펴보자. 그리스도께서 직접 확실한 성공과 효과를 보장하신 방법으로, 빌라델비아 교회를 향한 말씀에서 찾을 수 있다. "네가 나의 인내의 말씀을 지켰은즉 내가 또한 너를 지켜 시험의 때를 면하게 하리니 이는 장차 온 세상에 임하여 땅에 거하는 자들을 시험할 때라"(계 3:10).

　"어제나 오늘이나 영원토록 동일하신"(히 13:8) 예수님은 빌라델비아 교회를 대하듯 우리를 대하신다. 우리가 그리스도의 인내의 말씀을 지키면 그분도 우리를 시험의 때에 지켜주신다. 우리의 염려를 그리스도께 맡기면 그분이 모두 감당해 주신다. 이 점을 좀 더 자세히 살펴보기로 하자.

그리스도의 인내

그리스도의 말씀은 복음의 말씀을 의미한다. 곧 그리스도가 성부의 품에 계실 때 그분에게 계시된 말씀이다. 또 말씀이신 그리스도의 말씀이요, 역사 속에 계시된 영원한 말씀이다. 성경은 이를 "그리스도의 말씀"(골 3:16), "그리스도의 복음"(롬 1:16, 고전 9:12), "그리스도의 도"(히 6:1)라고 표현한다. "그리스도의"라는 수식어는 말씀의 원저자가 그리스도이심을 뜻한다(히 1:2 참조). 동시에 그리스도는 말씀의 주제이기도 하시다(고후 1:20). 요한계시록 3장 10절은 이 말씀을 "그리스도의 인내의 말씀"이라고 부른다. 이는 그분의 인내와 관용을 강조하는 표현이다.

그리스도는 다음과 같이 모든 신자를 인내로 대하신다.

첫째, 그리스도는 성도에 대해 오래 참으신다. 그리스도는 성도를 용납하시고 기꺼이 참으신다. 베드로는 "오직 주께서는 너희를 대하여 오래 참으사 아무도 멸망하지 아니하고"(벧후 3:9)라고 말했다. 이렇듯 복음은 신자들에 대해 오래 참으시는 그리스도의 말씀이다. 그리스도는 우리가 불순종을 일삼고 그분의 사랑을 무시하며, 은혜를 거부하고 이유 없이 등을 돌려도 오래 참으시며 인내로 대하신다. 즉 그리스도는 은혜의 말씀만이 아니라 인내의 말씀을 통해 복음을 드러내신다. 그리스도는 우리가 그분의 영광을 가리고 그분의 뜻을 거역함으로써 비롯하는 온갖 비난을 다 감수하신다. "그들의 모든 환난에 동참하사"(사 63:9)라는 말씀대로 그리스도는 성도 안에서 고통을 감수하신다.

둘째, 그리스도는 아직 부르심을 받지 못한 선택받은 백성에 대해 오래 참으신다. 요한계시록 3장 20절에 보면 문 밖에서 마음의 문을 두드리며 문이 열리기를 기다리시는 그리스도를 볼 수 있다. 그리스도는 "머리에는 이슬이, 머리털에는 밤이슬이 가득하기까지" 오래 참으시며 밖에 서서 기다리신다(아 5:2 참조). 아침이 밝으면 문을 열어 줄지도 모른다고 생각하시며 한밤중의 추위와 불편을 모두 감수하신다. 때로는 인격의 모독을 받고 성도들과 함께 박해와 욕을 당하시면서도 반역하는 영혼들을 뜨겁게 사랑하시며 오랫동안 문 밖에서 기다리신다.

셋째, 그리스도는 멸망해 가는 세상에 대해 오래 참으신다. 하나님 나라가 세상에서 활동하는 시기는 "참음"의 때라고 불린다

(계 1:9). 하나님은 "진노의 그릇을 오래 참으심으로 관용하신다"(롬 9:22). 신자들이 세상에 복음을 전하는 동안 그리스도는 모든 사람에 대해 인내심을 발휘하신다. 그분은 하늘과 땅의 모든 성도가 "어느 때까지 하시려나이까?"라고 부르짖을 정도로 인내하신다(시 13:1, 2, 계 6:10).

혹자는 그리스도를 우상처럼 무기력한 존재로 생각하기도 한다(벧후 3:4 참조). 사람들이 그분의 이름을 욕되게 하거나 그분의 뜻을 거역해도 여전히 인내하시기 때문이다. 그리스도는 참된 예배가 이루어지지 않고, 자신의 영예와 사랑이 거부되고, 신자들이 잘못을 저지름으로써 모욕을 당해도 그들을 멸망하도록 내버리지 않으신다. 그리스도는 더는 복음을 전할 필요가 없을 때까지 인내하신다. 이처럼 복음에는 항상 인내가 뒤따른다.

그리스도의 인내의 말씀을 지키는 법

"시험의 때"를 면하려면 그리스도의 인내의 말씀을 지켜야 한다. **인내의 말씀을 지키려면 그 말씀이 무엇인지 알고, 그것을 귀중히 여기며, 그에 복종하는 세 가지가 필요하다.**

첫째, 그리스도의 인내의 말씀을 지키려면 그 내용부터 알아야 한다. 그리스도의 인내의 말씀은 우리를 구원하는 은혜와 자비의 말씀이요, 우리를 성결케 하는 거룩한 말씀이며, 우리를 고귀하게 하고 자유롭게 하는 자유와 능력의 말씀이고, 우리를 모든 상황에서 지켜주는 위로의 말씀이다.

하나, 그리스도의 인내의 말씀은 우리를 구원하는 은혜와 자비의 말씀이다. 곧 "구원을 주시는 하나님의 능력이며"(롬 1:16), "모든 사람에게 구원을 주시는 하나님의 은혜다"(딛 2:11). 바울은 "지금 내가 여러분을 주와 및 그 은혜의 말씀에 부탁하노니 그 말씀이 여러분을 능히 든든히 세우사 거룩하게 하심을 입은 모든 자 가운데 기업이 있게 하시리라"(행 20:32)고 말했다. 야고보는 이를 "영혼을 능히 구원할 바 마음에 심어진 말씀"(약 1:21)이라고 표현했다. 복음의 말씀을 자비와 용서와 은혜의 말씀, 생명을 주는 유일한 원천, 영원한 기업을 누릴 수 있는 보증으로 받아들일 때 우리는 참 생명을 얻게 된다. 우리가 그 말씀을 힘써 지켜야 할 이유가 여기에 있다.

둘, 그리스도의 인내의 말씀은 거룩하고 순결한 말씀이다. 예수님은 "너희는 내가 일러준 말로 이미 깨끗하여졌으니"(요 15:3)라고 말씀하셨다. 우리는 그리스도의 인내의 말씀이 우리를 성결케 하고 깨끗하게 함을 알아야 한다(요 17:17 참조). 입으로만 믿음을 고백하는 형식적인 신자들은 이 진리를 알지 못한다. 이것이 많은 사람이 유혹의 덫에 걸리는 이유다. 분노와 야심과 정욕으로 가득 찬 사람들, 즉 세속적이며 자기중심적인 사람들은 그리스도의 인내의 말씀을 지키는 것을 단지 말로만 늘어놓는다(벧전 1:2, 딤후 2:19 참조).

셋, 그리스도의 인내의 말씀은 우리를 고귀하게 하고 죄와 진노에서 우리를 해방하는 자유와 능력의 말씀이다. 이 말씀은 거룩한 말씀으로서 우리를 죄의 능력에서 구원할 뿐 아니라 사람들이나 세상에 얽매이지 않도록 우리를 보호한다.

우리는 그리스도로 인해 자유로운 몸이 되었으며 아무에게도 속박되지 않는다(요 8:32, 고전 7:23). 물론 이는 의무를 거부하거나 권위자에 대한 정당한 복종을 거부하는 자유가 아니라, 속박으로부터의 해방과 관대한 마음과 능력을 가져다주는 자유를 뜻한다(벧전 2:16 참조). 또한 이 자유는 하나님을 예배하는 양심의 자유이자(갈 5:1 참조), 하늘나라를 향한 순례의 길을 가로막는 사람들 또는 세상의 것들을 노예처럼 천박하게 숭배하는 태도로부터의 자유다.

복음은 오직 하나님께 복종하겠다는 거룩하고 자유롭고 고귀한 마음을 가져다준다. 이 자유는 "두려워하는 마음이 아니요 오직 능력과 사랑과 절제하는 마음"(딤후 1:7)을 바탕으로 한다. 그것은 "무슨 일에든지 대적하는 자들 때문에 두려워하지 아니하는"(빌 1:28) 마음이다. 이 마음을 소유한 자는 다른 사람에게 필요이상으로 굴종하지 않는다. 사람이나 사물에 속박되거나 인간의 정욕이나 세상에 대한 두려움 때문에 영적 간음을 일삼는 행위는 복음의 정신에 합당치 않다. 그리스도의 인내의 말씀을 아는 자는 온갖 유혹에서 자유롭다.

넷, 그리스도의 인내의 말씀은 모든 상황에서 우리를 지켜줌으로써 부족함이 없게 하는 위로의 말씀이다. 이는 "말할 수 없는 영광스러운 즐거움으로 기뻐해야 할" 말씀이다(벧전 1:8). 우리는 어떤 상황이든 이 말씀을 통해 위로, 구원, 만족, 평화, 기쁨, 영광, 능력을 얻을 수 있다. 그리스도의 인내의 말씀을 아는 것은 곧 복음을 아는 것이다. 시험의 때에 유혹의 덫에 걸리지 않으려면 복음을 잘 이해해야 한다.

둘째, 우리는 그리스도의 인내의 말씀을 귀중히 여기며 보화처럼 간직해야 한다(딤후 1:14 참조). 사도 바울은 그리스도의 인내의 말씀이 보화처럼 귀하고 신실함을 강조하며 굳게 지키라고 당부했다(딛 1:9). 복음에는 세상을 향한 그리스도의 사랑과 관심이 드러나 있다. 우리는 복음을 가장 귀한 보물로 여겨야 하는데, 이것이 곧 그리스도의 인내의 말씀을 지킨다는 의미다. 시험의 때에 그리스도의 도우심을 구하려면 그분의 말씀을 무시해서는 안 된다.

셋째, 우리는 그리스도의 인내의 말씀에 복종해야 한다. 요한복음 14장 15절은 계명에 복종하지 않고서는 그리스도의 말씀을 지킬 수 없다고 강조한다. 그리스도의 인내의 말씀에 복종한다는 것은 항상, 특히 세상이 그리스도의 복음을 대적할 때 그리스도를 굳게 붙잡는 것을 의미한다. 이러한 마음과 정신을 지니려면 그리스도의 말씀을 지키는 데 모든 관심과 열의를 기울여야 한다.

복음의 탁월함을 충실히 이해하는 한편 그 말씀이 자비, 성결, 자유, 위로의 말씀임을 알아야만 보물처럼 소중히 간직할 수 있고 신명을 바쳐 복종할 수 있다. 그래야만 복음을 대적하고 믿음을 저버리는 행위가 극에 달해 그리스도의 인내를 극한으로 몰고 가는 유혹의 때에도 하나님의 보호하심을 받을 수 있다.

하나님의 약속과 신자의 책임

지금까지 말한 내용을 진지하게 생각해야만 유혹을 피할 수 있다. 시험의 때에 우리를 보호하겠다는 하나님의 약속과 그리스도의 인내의 말씀을 지켜야 하는 우리의 책임을 따로 분리해서 생각해서는 곤란하다.

1. 그리스도의 인내의 말씀은 우리를 보호하신다는 하나님의 약속을 포함한다.

요한계시록 3장 10절에서 그리스도는 자신의 말씀을 지키는 이들에게 장차 온 세상에 임할 시험의 때를 면하게 하겠다고 약속하셨다. 이 약속의 성취에는 삼위일체 하나님이 모두 관여하신다.

하나, 성부 하나님의 신실하심이 약속의 성취를 보증하신다. 우리가 시험의 때에 보전되는 이유는 "하나님은 미쁘사 너희가 감당하지 못할 시험 당함을 허락하지 아니하시기" 때문이다(고전 10:13). "약속하신 이는 미쁘시다"(히 10:23). "주는 항상 미쁘시니 자기를 부인하실 수 없으시다"(딤후 2:13). 하나님은 신실하시기에 약속하신 대로 우리를 보호하고자 일하신다.

둘, 하나님의 모든 약속에는 성자 하나님의 은혜의 언약이 포함된다. 그리스도는 "내가 너를 지키겠다"(계 3:10)고 약속하셨다. 그러면 어떻게 그 약속을 지키실까? 그리스도는 "우리와 함께하신 하나님의 은혜로"(고전 15:10 참조) 약속을 이행하신다. 바울은 시험을 당해 극심한 고통을 받았을 때 주님께 도움을 간구했고, 주님은 "내 은혜가 네게 족하다"(고후 12:9)고 응답하셨다. 바울은 응답을 듣고 "나의 여러 약한 것들에 대하여 자랑하리니 이는 그리스도의 능력이 내게 머물게 하려 함이라"고 말했다. 이처럼 그리스도의 은혜는 우리를 보호해준다(히 2:18, 4:16 참조).

셋, 하나님의 약속에는 성령의 역사가 뒤따른다. 성령은 "약속의 성령"(엡 1:13)으로 불리는데, 성령이 그리스도의 강림을 약속하셨을 뿐 아니라, 우리 안에서 약속을 확실히 이루시기 때문이다. 성령은 약속을 믿는 이의 영혼을 보전하신다(사 59:21 참조).

2. 하나님은 우리가 그리스도의 인내의 말씀을 지킬 때 우리를 보호하신다.

첫째, 그리스도의 말씀을 지킬 때 유혹에 맞서 우리의 마음을 지킬 수 있다. 다윗은 "내가 주를 바라오니 성실과 정직으로 나를 보호하소서"(시 25:21)라고 기도했다. 하나님은 그에게 선한 성품을 허락하셔서 유혹이 침투할 여지를 허용하지 않으셨다. 이와는 달리 "악인에게는 평강이 없다"(사 57:21). 악한 자들에게 유혹은 풍랑이 쉴 새 없이 일어나 크게 요동치는 바다와 같다. 그들에게는 평화가 없다. 그리스도의 말씀으로 마음을 지킬 때 하나님은 우리를 혼란에서 건져내신다.

둘째, 우리는 정욕을 죽임으로써 마음을 지킬 수 있다. 야고보는 모든 시험이 자신의 정욕에서 비롯한다고 말했다(약 1:14). 정욕을 제거하면 유혹이 침투하는 경로를 완전히 봉쇄할 수 있다.

바울은 "내가 그리스도와 함께 십자가에 못 박혔나니"(갈 2:20)라고 말했다. 그리스도를 가까이하는 것이 곧 그분과 함께 십자가에 못 박히는 것이다. 그것은 세속적인 모든 욕망에 대해 죽는 것을 의미한다. 아간은 정욕을 죽이는 데 실패했다. 그는 "내가 노략한 물건 중에 시날 산의 아름다운 외투 한 벌과 은 이백 세겔과 그 무게가 오십 세겔 되는 금덩이 하나를 보고 탐내어 가졌나이다"(수 7:21)라고 말했다. 정욕을 십자가에 못 박아 죽일 때 우리는 죄의 유혹에서 벗어날 수 있다.

셋째, 마음을 보배롭고 귀한 것들로 가득 채우는 것도 마음을 지키는 또 하나의 방법이다. 사도 바울은 세상의 것들을 배설물로 여겼다(빌 3:8 참조). 새로운 것이 훨씬 더 낫다. 매일 주님의 선하심을 맛보면 그 밖의 것들은 모두 무가치해 보인다.

우리의 마음을 더 좋은 것들로 채우려면 다음 세 가지에 대한 관심을 유지해야 한다.

하나, 그리스도에 대한 관심이다. 그리스도의 사랑과 은혜는 신자와 항상 함께한다. 그리스도는 신자의 명예를 지켜주고, "거룩하고 흠 없고 책망할 것이 없는 자"(골 1:22)로 만들어주신다. 그 사역이 장애에 부딪칠 때 성령이 근심하신다(엡 4:30 참조). 그리스도의 의도를 아는 신자는 그분의 뜻을 거역하거나 그분을 욕되게 하거나 그분의 사랑을 경멸하고 그분의 복음을 짓밟는 행위를 저지르지 않는다. 그의 마음에 그리스도의 강권적인 사랑이 거하기 때문이다(고후 5:14 참조).

둘, 그리스도가 유혹을 극복하고 승리를 거두신 사실에 대한 관심이다. 그리스도는 세상에 계실 때 종종 마귀의 유혹을 받으셨지만 그때마다 승리하셨다. 그리스도는 모든 유혹을 거부하고 정복하셨으며, 복종하는 자들을 구원으로 인도하는 승리자가 되셨다(히 2:10 참조). 그리스도를 따르는 신자가 유혹에 굴복해 그분의 승리를 욕되게 하는 일이 과연 있을 수 있겠는가?

셋, 그리스도와 연합했다는 사실에 대한 관심이다. 신자는 그리스도의 은혜를 알고 그분의 사랑을 맛보고 그분과 사귐을 갖고 그분의 인정을 받은 자이다. 신자는 아가서 3장 4절에 언급된 신부처럼 그리스도와 떨어져 있는 상황을 견디지 못한다. 주님을 일단 알게 되면 결코 그분을 놓칠 수 없다. 다시는 그분을 떠나려고 하지 않을 것이다.

무엇보다도 그리스도의 인내의 말씀을 지키는 일은 신자의 관심뿐 아니라 삶의 태도에도 깊은 영향을 미친다.

먼저 신자는 하나님을 믿는 믿음으로 살게 된다(갈 2:20 참조). 믿음이 신자의 마음에 온전히 역사한다. 신자는 자신의 지혜와 지식을 의존하지 않으며 결코 자기만족에 치우치지 않는다. 그는 그리스도의 지혜를 의지한다. "너는 마음을 다하여 여호와를 신뢰하고 네 명철을 의지하지 말라"(잠 3:5)는 말씀은 유혹을 물리치는 데 큰 도움이 된다. 이는 한마디로 믿음을 의미한다. 믿음이란 하나님을 신뢰하고 그분을 의지하며 사는 삶이다. 자신을 의지하는 자는 "그가 마련한 꾀에 스스로 빠지는 자"이다(욥 18:7). 오직 믿음만이 자아를 비우게 한다. 신자는 자신을 위해 살거나 자신의 힘으로 살지 않는다. 그는 그리스도를 위해, 그리스도에 의해, 그리스도 안에서 산다.

그리고 신자는 다른 사람들을 배려하며 살게 된다. 그는 다른 사람들을 실족케 할 빌미를 제공하지 않는다. 다윗은 "주 만군의 여호와여 주를 바라는 자들이 나를 인하여 수치를 당하게 하지 마옵소서 이스라엘의 하나님이여 주를 찾는 자가 나로 말미암아 욕을 당하게 하지 마옵소서"(시 69:6)라고 기도했다. 이는 "나의 잘못된 행동으로 다른 사람이 수치와 비난과 욕을 당하지 말게 하소서"라는 의미다. 하나님은 다른 사람의 행복을 배려하는 이를 구원하신다. 자기중심적인 사람은 멸망한다.

하나님이 우리를 보호하겠다고 약속하셨는데도 유혹에 빠지는 신자들이 왜 그렇게 많은지 반문할 수도 있다. 그 이유는 그들이 그리스도의 인내의 말씀을 지키지 않기 때문이다. 바울은 "그러므로 너희 중에 약한 자와 병든 자가 많고 잠자는 자도 적지 아니하니"(고전 11:30)라고 말했다. 하나님은 그리스도의 말씀을 지키지 않고 그분과 동행하지 않는 사람들을 징계하신다.

신자들이 그리스도의 말씀을 지키지 않는 사례가 너무 많아 일일이 열거할 수 없다. 다만 그 가운데 네 가지를 간추리면 다음과 같다. 하나, 세상의 쾌락과 즐거움 때문에 구원을 얻고서도 세상에 순응하는 경우다. 둘, 그리스도의 명령에 복종하지 않고 기도생활이나 공적인 의무를 등한시하는 경우다. 셋, 성도의 공동체를 유지하는 데 아무 관심이 없고 오히려 서로를 경멸하며 분쟁과 싸움을 일삼는 경우다. 넷, 이기심을 채우기에 급급한 삶을 살아가는 경우다. 신자가 이런 식의 삶을 추구하면 그리스도의 인내의 말씀은 아무런 결실을 맺지 못한다. 하나님은 그런 신자를 유혹에서 지켜주지 않으신다.

마지막 당부

시험의 때에 하나님의 보호를 받기 원한다면 그리스도의 인내의 말씀을 지키지 못하게 방해하는 요인들을 용납하지 말아야 한다. 다음 몇 가지 사항을 염두에 두기 바란다.

하나, 자신의 생각이나 지식, 또는 논리를 신뢰하지 말아야 한다. 둘, 정욕을 억제하고자 기도나 금식과 같은 영적 훈련을 열심히 수행해도 세속적인 삶, 타협을 일삼는 삶, 게으른 삶, 도덕적으로 나태한 삶을 사는 한 실패할 수밖에 없다. 셋, 성도를 안전하게 보존하고 믿음을 저버리지 않게 보전하는 것이 하나님의 뜻이지만 이를 빌미로 은혜를 남용해서는 안 된다. "값싼 은혜"로 양심을 적절히 달래보려는 이들이 많다. 하지만 그런 태도는 삶에 더욱더 혼란을 가중시킬 뿐이다.

한편 유혹의 성격에 따라 하나님의 말씀을 적절히 적용하는 지혜가 필요하다. 예를 들어, 유명인사가 되고 싶은 유혹을 받았다고 할 때 이렇게 극복할 수 있다. 먼저, 말씀을 통해 개인의 가치를 판단하는 하나님의 기준이 인간의 기준과 다르다는 점을 이해한다. 다음으로 세상의 관점과 하나님의 관점이 다르다는 점을 기억한다. 그러면 사람들의 인기를 누리지 못해도 만족하는 마음을 갖게 될 것이다. 아울러 하나님이 기도와 믿음을 강조하신다는 사실을 기억하라. 인간의 권세나 지혜보다 기도와 믿음을 더욱 귀하게 여겨야 한다. 마지막으로 정욕에 눈이 어두워 하나님이 확립하신 규범이나 명령을 형식적으로 준수하지 말고 오히려 성령의 능력 안에서 진심을 다해야 한다.

세속성의 본질은 그리스도의 인내의 말씀을 지키지 않는 데 있다. 그것은 하나님의 백성을 무시하고 세상의 기준으로 그들을 판단하며, 인간의 지혜와 지식에 의존한다. 세속에 물든 이들은 하나님의 계명을 짓밟는 불의한 삶을 살면서도 버젓이 예배당에 나와 믿는 척 돌아다닌다. 따라서 항상 경각심을 지녀야 한다. 안전을 보장받으려면 그리스도의 인내의 말씀을 지켜야 한다. 곤란 중에 도움을 받으려면 늘 깨어 있는 마음으로 주 예수 그리스도의 약속을 믿고 그분께 기도해야 한다. 은혜로운 대제사장이신 그분 앞에 날마다 무릎을 꿇어야 한다.

병원을 방문해 환자들에게 어떻게 병에 걸리게 되었느냐고 물어보라. 그들은 "이런저런 결과 질병에 걸리게 되었습니다"라고 답할 것이다. 그렇다면 당신 역시 동일한 상황에 빠지지 않도록 더욱 주의를 기울이지 않겠는가? 또 감옥에 가서 범죄자들에게 어떻게 그런 형벌을 당하게 되었는지 듣는다면 죄의 결과를 두려워하며 더욱 조심하게 될 것이 분명하다. 성경은 "사람이 불을 품에 품고서야 어찌 그의 옷이 타지 아니하겠으며 사람이 숯불을 밟고서야 어찌 그의 발이 데지 아니하겠느냐"(잠 6:27, 28)라고 말씀한다. 유혹의 올무에 걸려들어 그 막강한 힘을 경험하고 나서야 정신을 차릴 셈인가?

마지막으로 다음의 세 가지를 주의하기 바란다.

하나, 시험에 들지 않도록 깨어 있으라는 주님의 명령을 듣고도 유혹을 경계하지 않으면 베드로처럼 시험에 들게 된다. 지금까지는 운이 좋아서 부주의했음에도 유혹을 피할 수 있었을지 모른다. 하지만 정신을 차리고 인내와 사랑으로 우리를 대하시는 하나님께 감사하자.

둘, 구원의 인도자이신 그리스도(히 2:10 참조)가 항상 우리를 바라보고 계신다는 사실을 잊지 말자. 그리스도는 시험에 들지 않게 깨어 기도하라고 명령하셨다(마 26:41 참조). 폭풍우와 같은 시련이 몰려오는 것을 보시고 제자들에게 경고하셨다. 그리스도의 책망을 듣고 슬퍼하며 뉘우치겠는가? 우리의 부주의함을 꾸짖는 주님의 우레와 같은 음성이 두렵지 않은가?(계 3:2)

셋, 깨어 기도해야 할 의무를 소홀히 함으로써 시험에 드는 경우 하나님이 큰 고난을 허락하실지도 모르고, 분노하신 나머지 심판하실지도 모른다. 실제로 그런 일을 당하면 이런 경고가 공허한 위협이 아님을 알게 될 것이다. 죄를 슬퍼하며 뉘우치지 않으면 불행을 당하게 된다.

악은 모양이라도 버려야 한다. 우리는 유혹을 물리쳐 우리의 영혼을 안전하게 지켜야 한다. 특히 사회에 나가 사람들과 어울리며 직장 생활을 할 때 각별히 주의해야 한다. 왜냐하면 그 모든 길에 우리를 옭아매기 위한 함정이 도사리고 있기 때문이다.

묵·상·과·토·의·를·위·한·질·문

TRIUMPH OVER TEMPTATION

1. 오웬은 "복음에는 항상 인내가 뒤따른다"고 말했다. 복음, 즉 그리스도의 좋은 소식이 우리가 시련을 당하는 와중에 인내할 힘을 주는 이유를 생각해 보라. 국제적인 분쟁과 갈등이 증폭될 때나 다른 사람들이 우리를 오해하거나 잘못 대할 경우 어떻게 인내할 수 있을까?

2. 신자라면 누구나 "세상의 관점과 하나님의 관점이 다르다"는 말에 동의할 것이다. 우리는 믿음으로 성경이라는 렌즈를 통해 삶을 인식한다. 삶의 의미, 재물의 가치, 죄의 본질, 그리스도의 아름다우심, 안전한 삶, 미래의 삶, 사후의 삶과 같은 문제들을 바라볼 때 신자의 관점과 불신자의 관점이 어떻게 다른지 생각해 보라.

PART 3

죄 죽임

너희가 육신대로 살면 반드시 죽을 것이로되
영으로써 몸의 행실을 죽이면 살리니
_ 롬 8:13

OF THE MORTIFICATION OF SIN IN BELIEVERS

13

육신의 행실을 죽인다는 것

나는 두 가지 이유에서 이 글의 출판에 동의했다. 하나, 오늘날의 신자 가운데 유혹에 맞서 싸울 능력이 부족한 이들이 너무나도 많다. 신자들이 세상에서는 평화를 누릴지 몰라도 정작 자신들끼리는 갈등과 분열을 일삼는다. 둘, 영적 훈련에 관한 가르침 가운데 일부 위험한 오류를 발견했기 때문이다. 일부 지도자들은 복음의 신비와 그리스도의 구원사역의 참된 의미를 알지 못하는 탓에 신자들에게 불필요한 멍에를 지운다. 영적 훈련에 관한 그들의 견해는 복음의 본질과 전혀 무관할 뿐 아니라 그 수단이나 효력과도 전혀 무관하다. 그릇된 영적 훈련에 임하는 이들이 미신적인 태도와 양심의 불안, 또는 자기 자신의 의를 주장하는 태도를 지니게 되는 이유가 여기에 있다.

나는 이 글에서 복음의 정신과 진리에 입각해 영적 훈련을 설명하려고 한다. 특히 은혜 언약을 강조해, 육체의 행실을 죽인다는 것이 성경적으로 어떤 의미를 지니는지 밝히고자 한다. 모든 신자가 영적 훈련을 통해 거룩한 삶을 이룸으로써 하나님께 영광을 돌리기를, 아무쪼록 이 글이 주 예수 그리스도의 복음을 더욱 영광스럽게 빛낼 수 있기를 간절히 바란다.

올바른 영적 훈련 : 로마서 8장 13절

영적 훈련의 근거는 "너희가 육신대로 살면 반드시 죽을 것이로되 영으로써 몸의 행실을 죽이면 살리니"(롬 8:13)라는 말씀에서 찾을 수 있다. **그 후반부에 영적 훈련의 다섯 가지 요점이 드러난다.**

- 조건 – "(만일)……하면"
- 주체 – "너희"
- 수단 – "영으로써"
- 과제 – "몸의 행실을 죽이면"
- 약속 – "살리니"

첫째, "만일"이라는 조건이다. 보통 이 조건은 두 가지를 함축한다. 하나, 약속된 사건의 전제조건을 제시한다. 뒤에 언급된 사건이 이루어지려면 전제조건이 충족되어야 한다. 둘, 언급된 사실을 확실하고 일관성 있게 관련짓는다. 의사는 "이 약을 복용하면 건강을 되찾을 것입니다"라고 말한다. 즉 조건이 충족될 때 약과 건강의 확실한 인과관계가 형성되는 것이다.

그런데 로마서 8장 13절은 원인과 결과의 관계를 설정하지 않는다. 수단과 목적의 관계를 설정한다. 하나님은 성령을 통해 육체의 행실을 죽이는 수단을 제공하심으로써 생명에 이르는 목적을 달성하게 하신다. 이 수단을 사용하면 생명을 얻을 것이다.

둘째, 이 과제를 수행하는 주체다. "너희", 즉 신자가 육체의 행실을 죽이는 주체가 된다. 스스로를 의롭다고 하며 이 의무를 다른 사람에게 강요하는 것이 바리새주의의 특징이다. 하지만 이 의무를 수행하는 주체는 바로 우리 신자들이다. 죄에서 자유롭기 원하는 가장 훌륭한 신자들도 세상에서 사는 한 내주하는 죄를 죽이는 의무를 성실히 수행해야 한다.

셋째, 이 의무를 이루는 데 가장 중요한 수단, 즉 성령이다. 여기서는 "하나님의 영"(롬 8:9, 14), "그리스도의 영"(롬 8:9, 11), "양자의 영"(롬 8:15), "성도를 위해 간구하시는 영"(롬 8:26)으로 각각 표현되었다. 성령을 통하지 않는 다른 영적 훈련의 방법은 모두 무익하다. 다른 방법들은 우리를 무력하게 만들 뿐이다. 육체의 행실을 죽이는 것은 오직 "성령으로" 이루어진다. 사도 바울은 로마서 9장 30-32절에서 다른 원리와 방법을 좇는 이들이 많다는 점을 암시했다. 그러나 육체의 행실을 죽이는 것은 성령의 사역이다. 오직 그분만이 그 일을 이루실 수 있다. 다른 방법은 소용이 없나. 인위적으로 만들어낸 방법을 사용해 인간의 힘으로 이루려고 하면 스스로를 의롭게 여기는 결과를 낳게 된다. 이것이 바로 세상의 모든 거짓 종교의 본질이자 실체다.

넷째, 영적 훈련의 과제, 즉 "몸의 행실을 죽이는 것"이다. 이것을 알려면 먼저 "몸"은 무엇을 의미하고, 몸의 "행실"은 무엇을 의미하는지 알아둘 필요가 있다.

여기에서 "몸"은 전반부("육신대로 살면 반드시 죽을 것이로되")에 언급된 "육신"과 같은 의미다. 사도 바울은 육신과 영(성령)을 대조한다. 몸은 우리의 부패하고 타락한 본성을 의미한다. 우리의 몸은 부패한 본성에 따라 행동한다. 여기에서 말하는 요지는 내주하는 죄, 즉 부패한 육신(또는 정욕)이다. 바울은 로마서 6장 6절에서 "옛 사람", "죄의 몸"과 같은 표현을 사용했다. 이처럼 몸은 왜곡된 감성과 정욕이 구체화되어 나타나는 통로다.

몸의 "행실"은 갈라디아서 5장 19절에서 "육체의 일"로 표현되었다. 사도 바울은 여기서 "분명하다"라는 표현을 사용한 뒤 열일곱 가지(개역개정과 영어 NIV성경에는 열다섯 가지_ 역자 주)의 구체적인 행위를 명시했다. "육체의 정욕과 탐심"(갈 5:24)은 구체적인 행위를 낳는다. 바울이 "몸은 죄로 인해 죽었다"(롬 8:10)라고 말한 것도 바로 이런 의미에서다. 이처럼 "행실"은 결과를 뜻한다.

"죽인다"는 말은 말 그대로 죽여 없앤다는 뜻이다. 바울은 "육신의 행실을 죽이라"고 말했다. 신자 안에 내주하는 죄는 죽여 없애야 할 옛 사람이다. 옛 사람의 기능과 속성과 지혜와 교활함과 힘은 완전히 제거되어야 한다. 즉 그리스도의 십자가로 그 힘과 생명과 활력을 파괴해 없애야 한다. 새 생명을 얻으려면 옛 사람을 "그리스도와 함께 십자가에 못 박아야 한다"(롬 6:3-6). 하지만 이 사역은 점진적으로 이루어지며 평생이 걸리는 일이다. 하나님은 육신의 생명과 힘을 제거하기 위해 우리의 죽을 몸에 거하는 죄를 없애는 방법을 제공하셨다.

다섯째, "너희가 살리니"라는 약속이다. 육신은 죽음을 가져다주지만 하나님은 생명을 약속하신다. 육체는 "썩어질 것을 거둘 뿐"이다(갈 6:8). 하나님은 육체의 행실을 심판하신다.

하지만 이 약속은 본질적인 생명에 관한 약속이 아니다. 신자는 이미 그리스도 안에서 새 생명을 얻었다. 여기에서 말하는 생명은 그리스도 안에서 누리는 기쁨과 활력과 위로로, 우리는 그 생명을 더욱 풍성히 경험할 수 있다. 바울은 데살로니가 교인들에게 "너희가 주 안에 굳게 선즉 우리가 이제는 살리라"(살전 3:8)고 말했다. 이는 "너희가 그렇게 살면 땅에서 사는 동안 선하고 활기차고 위로가 넘치는 삶을 영위할 수 있다. 그로 인해 나 역시 위로를 받고 기뻐하리라"는 의미다. 능력 있고 활기차고 위로가 넘치는 영적 생활은 육신의 행실을 죽이는 일에 달려 있다.

육신의 행실을 죽인다는 것

영적 훈련을 행하기 전에 육신의 행실을 죽인다는 것이 무슨 의미인지 이해해야 한다. **먼저 여러 가지 그릇된 견해를 논박함으로써 죄를 죽인다는 것의 참된 의미를 살펴보자.**

첫째, 죄를 죽인다는 것은 죄를 아예 없애버린다는 것을 의미하지 않는다. 이 세상에 사는 한 죄를 완전히 없애기는 불가능하다. 바울은 "내가 이미 얻었다 함도 아니요 온전히 이루었다 함도 아니라"(빌 3:12)고 말했다. 그는 다른 사람들의 귀감이 될 만한 훌륭한 신자였지만(빌 3:17 참조) 여전히 타락한 육신을 입고 있었으며, 그리스도를 통해 마지막으로 이루어질 변화를 갈구했다(갈 3:21 참조). 우리 스스로는 결코 완전해질 수 없다. 우리는 오직 그리스도 안에서 완전해질 수 있다(골 2:10 참조).

둘째, 육신의 행실을 죽인다는 것은 마치 죄를 완전히 제거한 것처럼 행동하는 것을 의미하지 않는다. 그런 태도는 이중적인 마음을 갖게 하여 불법에 위선을 더하는 셈이 되고, 거룩한 삶에 이르기는커녕 더욱 교활해지는 결과를 초래한다.

셋째, 육신의 행실을 죽인다는 것은 기질을 잘 다스리는 것과도 무관하다. 어떤 사람들은 침착한 기질을 갖고 태어난다. 자기 통제, 신중한 태도와 같은 좋은 인격적 자질을 향상시키면 변화될 수 있다고 생각하기 쉽다. 하지만 우리의 마음은 여전히 시궁창처럼 고약한 냄새를 풍긴다. 반면 어떤 사람들은 일평생 나쁜 기질을 버리지 못하고 고민한다. 하지만 그런 사람이 오히려 좋은 기질을 타고난 사람보다 육신의 행실을 죽이는 일을 훨씬 잘 할 수도 있다.

넷째, 죄는 피할 수 있을 뿐 완전히 제거할 수 없다. 마술사 시몬은 한동안 마술행위를 중단했다. 하지만 그의 탐욕과 야심은 조금도 변하지 않았다. 베드로는 그에게 "내가 보니 너는 악독이 가득하며 불의에 매인 바 되었도다"(행 8:23)라고 말했다. 그는 변화되려고 노력했지만 여전히 과거의 마술사 시몬이었다. 정욕의 형태를 바꾸는 행위, 즉 한 가지 형태의 정욕을 버리고 다른 형태의 정욕을 취하는 것은 치유책이 되지 못한다. 교만을 버렸지만 세속적으로 변하거나, 관능적인 욕망을 버렸지만 바리새주의에 빠지거나, 허영심을 버렸지만 냉소적인 태도를 취하는 것은 죄를 죽이는 것과는 거리가 멀다.

다섯째, 죄를 이따금 한 번씩 극복했다고 해서 육신의 행실을 죽였다고 생각하면 큰 오산이다. 스캔들이나 불행한 일처럼 느닷없이 공격을 가하는 죄를 단호하게 물리치면 죄를 죽였다고 생각하기 쉽다. 그런 경우 고린도후서 7장 11절에 언급된 고린도 교인들처럼 죄를 격렬히 거부하게 된다. 그러다가 정욕이 한동안 가라앉으면 곧 그것을 잊어버린다. 하지만 정욕은 마치 도둑처럼 납작 엎드린 채 다시 악을 저지를 채비를 갖추고 있다는 점을 명심해야 한다. 불행한 결과를 초래하거나 죄를 저지른 것이 노출되었을 때는 다시는 그런 죄를 짓지 않겠다고 다짐하기 마련이다. 그런 때 죄가 사라졌다고 생각하기 쉽지만 사실은 재차 공격을 감행하기 위해 그 모습을 잠시 숨기고 있을 뿐이다.

시편 78편 32-37절은 "이러함에도 그들은 여전히 범죄하여 그의 기이한 일들을 믿지 아니하였으므로 ……하나님이 그들을 죽이실 때에 그들이 그에게 구하며 ……하나님이 그들의 반석이시며 지존하신 하나님이 그들의 구속자이심을 기억하였도다 그러나 그들이 입으로 그에게 아첨하며 자기 혀로 그에게 거짓을 말하였으니 이는 하나님께 향하는 그들의 마음이 정함이 없으며 그의 언약에 성실하지 아니하였음이로다"라고 말씀한다.

그렇다면 육신의 행실을 죽인다는 것, 죄를 죽인다는 것은 진정 어떤 의미인가? 세 가지로 나눠 살펴볼 수 있다.

1. 육신의 행실을 죽이는 것은 죄를 계속해서 약화시켜 나가는 것을 의미한다.

모든 정욕은 악을 저지르도록 마음을 부추기는 부패한 습관이나 성향에서 비롯된다. 정욕을 죽이지 않으면 모든 사람은 "그 마음으로 생각하는 모든 계획이 항상 악할 뿐이다"(창 6:5). 거듭나지 못한 사람이 특정한 몇 가지 정욕만 계속적으로 추구하지 않는 이유는 그를 유도하는 다른 정욕이 많기 때문이다. 정욕의 일반적 성향은 쉽게 식별이 가능하다. 왜냐하면 모든 정욕은 자기를 즐겁게 하려는 데서 비롯하기 때문이다. 인간은 정욕을 위해 육신의 일을 도모하는 악한 성향을 갖고 있다(롬 13:14 참조).

육신의 행실을 죽인다는 것은 바로 이런 죄의 성향을 지속적으로 약화시켜 그 힘과 빈도수와 혼란함과 불안정함과 도발을 억제하는 것을 뜻한다. 정욕은 무궁무진한 사탄의 충동을 받거나, 그에 적합한 기질을 만났을 때 맹렬한 위세를 떨친다. 무엇보다도 정욕은 유혹에 의해 자극을 받는다. 정욕과 유혹이 서로 마주치면 죄가 살아나서 격렬하게 활동한다.

어떤 정욕은 특히 격렬하다. 바울은 다른 어떤 죄보다도 "음행을 피하라"고 권고하며 "사람이 범하는 죄마다 몸 밖에 있거니와 음행하는 자는 자기 몸에 죄를 범하느니라"(고전 6:18)고 그 이유를 설명했다. 음행은 다른 죄보다 더 격정적이고 공개적이다. 어떤 사람이 그런 죄를 피하는 모습을 보이면 주변 사람들은 그를 절제력과 자기 통제력이 뛰어난 사람으로 생각하기 마련이다. 하지만 그런 사람도 눈에 덜 띄는 범죄를 저지르기는 마찬가지다. 즉 여전히 정욕에 사로잡힌 상태에서 벗어나기 어렵다.

육신의 행실을 죽인다는 것은 이처럼 정욕을 약화시키는 것을 의미한다. 사도 바울은 "세상"은 물론 "육체의 정욕과 탐심"을 십자가에 못 박는 것에 대해 말했다(갈 5:24, 6:14). 이는 십자가에 못 박힌 사람의 상황과 비슷하다. 십자가에 못 박힌 사람은 안간힘을 다해 버티려고 노력하지만 점차 피를 흘리면서 정신을 잃고 죽어간다. 바울은 "우리의 옛 사람이 예수와 함께 십자가에 못 박힌 것은 죄의 몸이 죽어 다시는 우리가 죄에게 종 노릇하지 아니하려 함이니"(롬 6:6)라고 말했다. "죄에게 종 노릇 하지 않는다"는 말은 마음이 죄로 치우치는 것을 허용하지 않는다는 뜻이다.

2. 육신의 행실을 죽인다는 것은 단호하게 죄에 맞서 싸우는 것을 의미한다.

죄가 맹렬한 위세를 떨치는 상황에서 영혼이 진퇴양난의 난국에 처했다면 죄와 한판 싸움을 벌여야 한다. 다윗은 "나의 죄악이 나를 덮치므로 우러러볼 수도 없으며"(시 40:12)라고 말했다. 우리가 그와 같은 상황에서 단호히 죄에 맞서 싸우려면 어떻게 해야 할까?

하나, 우리가 맞서 싸울 원수를 파악해야 한다. 바꾸어 말해 죄를 진지하게 생각하는 태도가 필요하다. 죄를 피상적으로 생각하는 이들이 많다. 그들은 죄를 죽여야 할 동기나 필요성을 느끼지 못한다. 하지만 "자기의 마음에 재앙을 깨닫게 되면"(왕상 8:38) 죄를 두렵게 알고 조처를 취할 수 있다. 원수에 대해 무지한 자는 자신을 권고하거나 책망하는 자들을 못마땅하게 생각한다(대하 16:7-10 참조).

둘, 영적 싸움에 임하기 전에 죄의 책략과 전술을 익히 파악해야 한다. 이는 전쟁을 시작하기에 앞서 적군의 계획과 전략에 대한 정보를 수집하여 그 동태를 파악하는 것과 같다. 첩보전에서 뒤지면 전쟁은 패배로 끝날 수밖에 없다. 죄의 경우도 마찬가지다. 죄의 활동방식을 알아야 예방할 수 있다. 다윗은 "나는 내 죄과를 아오니"(시 51:3)라고 말했다. 내주하는 죄의 교묘함과 책략과 그 깊이를 피익하는 것이 중요하다. 죄의 전형적인 변명, 호소력, 위장술 등을 철저히 파악해야 한다. 죄의 책략을 미리 알고 항상 대비해야 한다.

셋, 모든 화력을 집중시켜 호된 공격을 가함으로써 죄를 파괴해야 한다. 매일 죄를 공격해 상처를 입혀야 한다. 바울은 "그러므로 땅에 있는 지체를 죽이라"(골 3:5)고 말했다. 죄나 정욕이 완전히 죽었다고 생각하지 말라. 잠시 활동을 멈춘 것뿐이다.

3. 죄를 자주 정복함으로써 육신의 행실을 죽였음을 입증해야 한다.

죄의 기세를 꺾는 것만으로는 부족하다. 끝까지 추적해 완전히 정복해야 한다. 죄가 우리의 의무나 마음의 평화를 가로막지 않는다면 육신의 행실을 죽이는 일이 어느 정도 성공을 거둔 것이라 할 수 있다.

지금까지 살펴본 내용을 바탕으로 육신의 행실을 죽이는 것을 두 가지로 정리하면 다음과 같다.

하나, 그것은 내주하는 죄의 성향을 약화시키는 것을 의미한다. 겸손으로 교만을 약화시키고, 인내로 격정을 중화시키고, 마음과 양심의 순결로 더러움을 씻어버리고, 하늘나라를 사모하는 마음으로 세상을 사랑하는 마음을 없애는 것이 곧 육신의 행실을 죽이는 것이다. 그런 은혜는 성령에게서 비롯한다.

둘, 그것은 성령이 주시는 힘과 활력과 민첩함으로 또는 새 사람의 힘으로 정욕에 맞서 싸우는 것을 의미한다. 육신의 행실을 죽이는 일은 그 성공의 정도가 다양하다. 죄가 타고난 기질 속에 너무 깊이 침투하지 않아야만 완전한 승리를 거둘 수 있다.

묵·상·과·토·의·를·위·한·질·문
TRIUMPH OVER TEMPTATION

1. "육체의 행실을 죽이는 삶"에 대한 오웬의 글을 읽은 뒤 "죄를 죽인다"는 의미를 어떻게 정의하게 되었는가? 죄를 죽이는 것과 죄를 완전히 없애는 것의 차이점은 무엇인가?

2. 오웬은 죄와의 싸움이 평생의 과업이라고 말했다. 그의 말에 동의하는가? 죄와의 싸움이 평생의 과업이라면 신자는 매일 어떻게 죄를 죽여야 할까?

14

죄를 죽이는 일반 원칙

영적 생활의 활력과 생명력은 죄를 얼마만큼 효과적으로 죽이느냐에 달려 있다. 신자가 영적인 능력을 얻으려면 죄를 약화시키고, 그릇된 야심을 품지 않고, 생각을 깨끗하게 해야 한다. 또한 감성을 복종시켜 세상의 우상을 숭배하기보다 하나님을 예배해야 한다. 육신의 행실을 죽이는 것은 내주하는 죄를 쳐내 하나님의 은혜가 우리의 삶에서 더욱 활기차게 역사하도록 하는 것이다.

하나님은 우리에게 평강과 위로를 주신다(사 57:18, 19). 하나님은 우리를 양자로 선택해 그분의 가족이 되는 특권을 허락하셨다(롬 8:16 참조). 하지만 우리의 법정적인 신분은 일상생활에서 죄를 죽임으로써 구체화될 수 있다. 육신의 행실을 죽이는 것은 죄를 무력화시키고 그 단결된 힘을 깨뜨려 영향력을 약화시키는 것이다. 육신의 행실을 죽이지 않으면 죄가 생각을 어둡게 하고 육신의 정욕이 잡초처럼 무성하게 자란다. 육신의 행실을 죽이는 것은 자아중심의 삶을 단호히 거부하는 것을 의미한다.

참 신자가 그를 옭아매는 죄에 시달리고 있다고 가정해 보자. 그의 마음은 고민이 가득하고, 생각은 혼란스럽고, 하나님과의 관계가 약해지고, 마음의 평화가 흐트러지고, 양심이 오염될 것이다. 심지어는 죄의 속임수에 넘어가 마음이 강퍅해질 수도 있다. 그는 과연 어떻게 해야 할까? 그런 상황에서 어떻게 하나님과의 관계 및 평화와 능력을 유지할 수 있을까? 답은 간단하다. 자신을 고민하게 하는 죄를 죽여야만 그리스도 안에서 다시 생명을 누릴 수 있다.

매일의 훈련

경건한 신자, 즉 우리를 정죄하는 죄의 능력에서 벗어나 자유를 누리는 신자는 내주하는 죄를 죽이는 일을 일상의 의무로 생각해야 한다. 바울은 "그러므로 땅에 있는 지체를 죽이라"(골 3:5)고 권고했다. 그의 말은 "땅의 지체를 죽이는 일을 일상의 의무로 삼아라. 하루도 중단하지 말라. 죄를 죽여라. 그러지 않으면 죄가 너를 죽일 것이다"라는 뜻이다. 하나님은 열매를 맺게 하고자 날마다 포도나무의 가지를 치신다(요 15:2 참조).

신자 안에는 죄가 내주하기 때문에 늘 그것을 죽여야 한다. 우리는 "이미 얻었다거나 온전히 이루었다"고 장담할 수 없다(빌 3:12). 우리는 날마다 속사람을 새롭게 해야 한다(고후 4:16). 죄는 우리와 함께 거할 뿐 아니라 육신의 일을 행하도록 끊임없이 그 영향력을 행사한다. 바울은 지체 속에 있는 법이 마음의 법과 맞서 싸운다고 말했다(롬 7:23 참조). 야고보는 "하나님이 우리 속에 거하게 하신 성령이 시기하기까지 사모한다"(약 4:5)고 말했다. 죄는 활동하고, 잉태하고, 유혹하고, 미혹하기를 계속한다. 따라서 싸움을 멈춘다면 곧 패배하고 말 것이다.

죄를 방치하면 영혼을 파괴하는 저주스럽고 수치스러운 죄악을 낳게 될 뿐이다. 바울은 갈라디아서 5장 19-21절에서 이를 가리켜 "육체의 일"이라고 했다. 매일, 계속해서 죽이지 않으면 죄가 우리를 짓밟아 파괴할 것이다.

하나님은 우리의 가장 큰 원수인 죄를 물리칠 힘을 제공해주신다. 신자가 죄를 죽이는 의무를 게을리하는 것은 곧 그분의 도우심을 거부하는 것이다. 하나님의 도우심을 거부하면 마음이 죄로 인해 강퍅해질 뿐 아니라(히 3:13), 신앙생활이 전반적으로 무기력해진다(시 31:10, 38:5, 8, 40:12, 51:8).

날마다 우리의 속사람을 새롭게 하여(고후 4:16) "하나님을 두려워하는 가운데서 거룩함을 온전히 이루는 것"(고후 7:1), 즉 은혜 안에서 자라는 것(벧후 3:18)이 우리의 의무다. 매일 죄를 죽이지 않으면 은혜 안에서 성장할 수 없다. 죄는 거룩한 삶을 방해하고 믿음의 길을 가로막는다. 물론 그리스도의 십자가로 모든 죄가 완전히 속죄되었다. 하지만 우리는 십자가의 능력을 일상생활에 적용해 매일 죄를 죽여야 한다.

죄를 죽이지 못하면서 믿는다고 자처하는 사람이 있다. 그들은 대개 두 가지 악한 속성을 띤다.

하나, 그들은 자신의 삶에 존재하는 죄의 현실에 무관심하다. 그들은 근심하거나 죄를 뉘우침 없이 죄 가운데 나뒹구는 삶을 살아간다. "경건하지 않은 것"을 거부하지 않을 뿐 아니라(딛 2:12 참조) 그리스도의 보혈로 씻음을 받지 않는다(요일 1:7, 딛 2:14). 그들은 우리 주 예수 그리스도를 아는 지식을 통해 세상의 더러움을 피하려고 하지 않는다(벧후 2:20 참조).

둘, 그들은 죄를 죽이지 못한 상태이면서도 마치 죽인 척 다른 사람을 속인다. 그들은 다른 사람들에 비해 상당히 의로워 보인다. 겉으로는 세상과 구별된 삶을 사는 것 같지만 사실은 여전히 죄의 길로 치닫고, 입으로는 신령한 일을 말하지만 삶에서는 세상 것들을 추구한다. 그들은 하나님의 용서를 높이 칭송하면서도 다른 사람들을 용서하는 법이 없으며 스스로 영생을 소유했다는 착각에 빠져 살아간다.

오직 성령의 능력으로

죄를 죽이는 유일한 수단은 바로 성령의 능력이다. 성령의 도우심 없이는 그 어떤 방법으로도 죄를 죽일 수 없다. 다른 치유책을 찾는 것은 헛된 일이다. 맹세와 금식을 비롯해 어떤 영적 훈련을 시도하더라도 성령이 함께하시지 않으면 아무런 효과를 거둘 수 없다.

하나님은 인간이 스스로 고안한 수단이나 방법을 인정하지 않으신다. 그분은 "이것을 누가 너희에게 요구하였느냐"(사 1:12)라고 물으신다. 예수님은 바리새인과 서기관들을 향해 "사람의 계명으로 교훈을 삼아 가르치니 나를 헛되이 경배하는도다"(마 15:9)라고 말씀하시며 그들의 위선을 지적하셨다. 사도 바울은 "항상 배우나 끝내 진리의 지식에 이를 수 없느니라"(딤후 3:7)고 말했다.

병든 영혼은 스스로의 노력으로 자신을 치유할 수 없다. 의무를 이행하는 것은 건강한 영혼에게는 도움이 되지만 병든 영혼에게는 아무 효과가 없다. 그리스도를 신뢰함으로써 성령의 역사가 이루어져야만 죄를 죽일 수 있다. 하나님은 바로 그 목적을 위해 우리에게 성령을 보내주셨다. 성경은 "새 영을 주어 그 속에서 돌 같은 마음을 제하겠다"(겔 11:19, 36:26)고 말씀한다. 오직 그리스도의 은혜가 있어야만 죄를 죽일 수 있다. 그분 없이 우리는 아무것도 할 수 없기 때문이다(요 15:5 참조).

그렇다면 성령은 어떻게 죄를 죽이시는가?

첫째, 성령은 우리의 마음을 감동해 은혜 안에 거하게 하시며 성령의 열매를 맺게 하신다. 성령의 열매는 육체의 행실과 정반대되는 결과물이다(갈 5:19-21과 5:22, 23을 비교하라). 신자는 성령으로 행함으로써 육신을 십자가에 못 박는다(갈 5:16 참조). "성령의 새롭게 하심"(딛 3:5)은 죄를 죽이는 가장 효과적인 방법이다. 성령은 육신의 파괴적인 열매들과 정반대되는 열매를 맺게 하실 뿐 아니라 신자가 충만한 은혜를 누리며 그 안에서 성장하고 번성하게 하신다.

둘째, 성령은 "심판하는 영과 소멸하는 영"(사 4:4)으로 죄를 죽이신다. 성령은 정욕의 뿌리를 사르는 불이시다.

셋째, 성령은 그리스도의 십자가를 믿음으로 받아들이게 하신다. 즉, 성령은 그리스도의 고난에 참여하게 하여 그 죽으심을 본받게 하신다(빌 3:10 참조).

"죄를 죽이는 일이 성령으로만 가능다면 왜 굳이 우리에게 죄를 죽이라고 요구하는 것인가?"라고 물을 수도 있다. 그에 대한 대답은 이렇다.

성경이 우리에게 육신의 행실을 죽이라고 요구하는 첫 번째 이유는 하나님이 우리 안에 "소원을 두고 행하게 하시기 때문이다"(빌 2:13). 하나님은 "우리의 모든 일도 우리를 위하여 이루신다"(사 26:12). 그리고 "믿음의 역사를 능력으로 이루게 하신다"(살후 1:11). 성령은 우리에게 기도할 마음을 주신다. 뿐만 아니라 친히 말할 수 없는 탄식으로 우리를 위해 간구하신다(롬 8:26, 슥 12:10).

두 번째 이유는 죄 죽임이 우리가 성령께 복종할 때 이루어지기 때문이다. 성령의 사역은 우리의 자유의지를 인정하신다. 따라서 우리는 생각과 의지와 감성과 양심을 통해 죄를 죽이는 일에 동참해야 한다. 성령은 우리를 배제하거나 우리의 참여 없이 사역하지 않으신다. 그분은 우리 안에서 우리와 더불어 역사하신다. 성령은 우리가 의지를 북돋울 수 있도록 도우신다.

참 신자들만이

죄를 죽이는 의무를 행하는 주체를 분명히 이해하기 전에는 그 수단과 방법을 논하기 어렵다. 참 신자, 즉 그리스도께 진정으로 속한 신자가 아니면 결단코 단 하나의 죄도 죽일 수 없다. 이것이 우리가 생각해야 할 근본원리다.

"너희가 육신대로 살면 반드시 죽을 것이로되 영으로써 몸의 행실을 죽이면 살리니"(롬 8:13)라는 바울의 말에 이와 같은 원리가 함축되어 나타난다. 바울은 "그러므로 땅에 있는 지체를 죽이라"(골 3:5)고 말했는데 같은 장에서 "그리스도와 함께 다시 살리심을 받은 자"(골 3:1), "그리스도와 함께 하나님 안에 감추어진 자"(골 3:3)와 같은 표현을 사용했다. 이런 표현은 불신자를 가리키지 않는다.

세네카와 에픽테토스와 같은 스토아학파 철학자들은 인생을 논하며, 세속적인 쾌락을 경멸하고 훈련에 의한 극기를 통해 과도한 감정과 열정을 정복해야 한다고 역설했다. 하지만 그들은 자신의 원칙을 따라 살지 못했다. 자기만족에 치우쳤던 그들의 삶이 그 실상을 여실히 드러냈다. 한마디로 그리스도의 죽으심 없이는 죄에 대해 죽을 수 없다.

교회 내에도 맹세, 고행, 면죄부와 같은 수단을 통해 죄를 죽이려고 시도하는 이들이 있다. 하지만 그런 방법으로는 결코 죄를 죽일 수 없다. "믿음을 의지하지 않고 행위를 의지하는 것"(롬 9:32)이기 때문이다. 죄를 죽이는 것은 신자의 의무지만 스스로의 힘으로는 절대로 성공할 수 없다.

성령만이 신자 안에 거하는 죄를 죽일 수 있다. 성령은 그 일을 하겠다고 약속하셨다. 성령이 없이는 그 어떤 방법도 무익하다. 성경은 "육신에 있는 자들은 하나님을 기쁘시게 할 수 없느니라 ……누구든지 그리스도의 영이 없으면 그리스도의 사람이 아니라"(롬 8:8, 9)고 말씀한다. 죄를 죽이는 일은 그리스도와의 연합을 통해 이루어진다(롬 8:11 참조). 방금 인용한 성경구절들에 근거해 다음과 같은 결론을 내릴 수 있다.

1. 죄를 죽이는 일은 거듭나지 못한 자연인의 힘으로는 불가능하다.

먼저 회심이 필요하다. 기초를 닦지 않고 건물을 짓는 건축자는 세인의 비웃음을 살 수밖에 없다. 양심의 가책을 느낀 유대인들은 "형제들아 우리가 어찌할꼬"(행 2:37)라고 물었다. 베드로는 어떻게 대답했는가? 교만과 분노와 악의와 잔인함과 같은 악한 성향을 버리라고 말했는가? 그렇지 않다. 그들의 심령을 꿰뚫어 본 베드로는 회개하고 그리스도를 믿으라고 권유했다(행 2:38 참조). 십자가 밑에 겸손히 엎드리는 것이 먼저다. 그다음에 죄를 죽이는 의무가 뒤따른다. 거듭나지 않은 상태에서 죄를 죽이려는 시도는 실패로 돌아갈 수밖에 없다.

거듭나지 않으면 근본적인 문제를 외면한 채 지엽적인 문제에만 관심을 기울이게 된다. 인위적인 훈련이나 삶에서 드러난 문제에 관심을 기울이기 전에 하나님 앞에 나와 자신의 참된 실상을 알아야 한다. 호세아는 에브라임에 대해 "그들은 돌아오나 높으신 자에게로 돌아오지 않았다"고 말했다(호 7:16). 이스라엘 백성은 죄를 버리기 원했으면서도 먼저 회개하지 않았다. 이처럼 사람들은 하나님께 먼저 돌아오지 않고 인위적인 영적 훈련에만 몰두한다.

더욱이 인위적인 훈련을 통해 양심이 자유로워지는 효과를 경험한 사람들은 모든 문제를 그런 식으로 해결할 수 있다고 착각하게 된다. 사람들은 그런 수단을 의지함으로써 스스로의 상태와 조건에 만족할 뿐 아니라 홀로 의롭다는 생각에 사로잡혀 마음이 강퍅해진다. 그들은 후에 죄를 죽이지 못했다는 사실을 깨닫고는 자신이 진정으로 변화될 수 있는지 의문시하며 절망하기 시작한다. 심지어는 자신감을 잃고 죄의 능력과 현실에 스스로를 내맡기기도 한다.

그리스도를 영접하지 않고 스스로 죄를 죽이려는 사람들은 대개 그런 결말을 맞이하고 만다. 죄는 먼저 그들을 속여 생각을 미혹하고, 그런 다음 마음을 강퍅하게 만들며, 궁극적으로 그들을 파괴한다. 살아 있는 자, 즉 거듭난 자만이 죄를 죽일 수 있다. 죽어 있는 자들, 즉 믿지 않는 자들의 경우 죄가 살아서 더욱더 위세를 떨칠 뿐이다.

2. 죄를 죽이는 일은 믿음의 사역이다.
신자의 마음은 믿음으로 깨끗해진다(행 15:9 참조). 베드로는 "진리를 순종함으로 너희 영혼을 깨끗하게 하라"(벧전 1:22)고 말했다. 죄를 죽이고 싶다면 그리스도를 믿고 의지해야 한다. 그러지 않고서는 결단코 죄를 죽일 수 없다.

"그렇다면 거듭나지 못한 사람들에게 굳이 죄의 현실을 깨닫게 할 필요가 없지 않은가? 그들을 가만히 내버려 두는 것이 낫지 않은가? 정욕에 치우쳐 방탕한 삶을 살아서는 안 된다고 설득할 필요가 없지 않겠는가?"라고 반문할지 모르겠다. 하지만 그것은 악을 저지하는 하나님의 방법 가운데 하나다. 선하고 지혜로우며 사랑이 많으신 하나님은 악인들이 더욱 부패하여 큰 죄를 짓지 않도록 다양한 방법으로 그들의 행위를 억제하신다. 세상이 지금보다 더 나빠져 죄와 혼란이 가중되지 않은 이유는 바로 하나님의 은혜 때문이다.

비록 회개하지 않았다고 하더라도 하나님의 말씀은 사람들의 삶에 역사해 그들을 책망하고 겸손하게 낮추신다. 하나님의 말씀이 계속 전파되는 이유는 악을 억제하기 위해서다. 세상 사람들은 말씀을 받아들이지는 않아도, 최소한 양심의 찔림은 받게 될 것이다.

세상 사람들은 여전히 어둠 속에 살고 있다. 우리는 그들에게 삶의 훈련이 필요하다는 점을 알려 주어야 한다. 그들의 실상을 깨우쳐 줌으로써 무엇이 진정으로 필요한지 깨닫게 해야 한다. 하지만 먼저 그들이 마음의 빗장을 열고 그리스도를 영접하지 않으면 절대로 죄를 죽일 수 없다. 몇몇 영적 지도자들은 하나님에 대해 열정을 품고 영원한 행복을 얻으려는 가엾은 영혼들에게 무거운 훈련의 짐부터 부과하기도 한다. 참으로 안타까운 일이 아닐 수 없다.

복종을 통해

오직 참 신자만이 죄를 죽일 수 있다. 하지만 모든 신자가 그와 같은 경험을 하는 것은 아니다. 하나님께 대한 복종 없는 신자일지라도 죄를 죽일 수 없다. 하나님의 계명에 복종하지 않으면 죄를 죽이는 일에 관심을 기울일 수 없다.

죄를 죽이기를 간절히 원하는 사람이 있다고 하자. 그는 기도하고, 탄식하고, 고민하며 구원을 갈망한다. 그러나 실제 삶에서는 성경 읽기, 기도 생활, 하나님을 묵상하는 일 등을 소홀히 한다. 과연 그는 어떻게 될까? 단언컨대 그는 죄의 영향력에서 벗어나지 못할 것이다. 아마도 본인은 그 이유를 몰라 궁금해할지도 모른다. 불행히도 교회 안 대다수의 사람들의 형편이 그러하다.

이스라엘 백성은 죄를 의식하고 기도와 금식에 힘쓰며 부지런히 하나님을 가까이하려고 애썼다. 성경은 "그들이 날마다 나를 찾아 나의 길 알기를 즐거워함이 마치 공의를 행하여 ……의로운 판단을 내게 구하며 하나님과 가까이 하기를 즐거워하는도다"(사 58:2)라고 말씀한다. 하지만 하나님은 그 모든 것을 인정하지 않으셨다. 이스라엘 백성의 금식은 그들을 치유하지 못했다. 그들은 그 모든 의무를 이행하면서도 스스로의 삶을 진정으로 돌아보지 못했기 때문이다. 이스라엘 백성은 마치 암에 걸린 환자처럼 스스로를 치유할 수 없었다. 그들은 죄를 증오하지 않았다. 그들이 자신의 참 모습을 깨닫지 못한 이유는 자기를 사랑했기 때문이다.

하나님의 말씀과 그분이 제공하신 구원의 방법에 복종하지 않으면서 홀로 죄를 죽이려는 시도는 아무런 실효를 거둘 수 없다.

복종이 반드시 필요하다. 사도 바울은 "하나님을 두려워하는 가운데서 거룩함을 온전히 이루어 육과 영의 온갖 더러운 것에서 자신을 깨끗하게 하자"(고후 7:1)라고 말했다. 죄나 약점을 미워하는 것만으로는 충분하지 않다. 삶의 전반적인 성향이 하나님께 대한 복종으로 이어져야 한다.

한 가지 죄가 발생했다는 것은 곧 영혼 전체가 질병에 걸렸다는 징후다. 그것은 죄의 뿌리가 우리의 존재 깊숙한 곳에 박혀 있다는 증거다. 하나님이 우리로 한 가지 죄에 사로잡혀 고민하게 하시는 이유는 그분에 대한 우리의 미온적 태도를 깨닫게 하시기 위해서다.

특정한 정욕이나 죄에 지배를 당하고 있다면 그것은 그동안 우리가 깨어 있지 못하고 부주의한 삶을 살아온 결과다. 모든 행위의 배후에는 정욕이 도사리고 있다. 부지런히 경계해야만 그 지배에서 벗어날 수 있다. 잠시라도 경계심을 늦추면 곧 정욕의 노예가 되고 만다.

하나님은 때로 징계를 베풀어 더 큰 죄에 빠지지 않게 하신다. 예를 들어, 바울은 삼층천을 다녀 온 뒤에 사탄에 의해 괴롭힘을 당했다. 그는 그 이유를 "여러 계시를 받은 것이 지극히 크므로 너무 자만하지 않게 하시려고"라고 설명했다(고후 12:7). 자비로우신 하나님은 바울이 자칫 교만해져 죄를 짓게 될까봐 그를 적절히 징계하셨다. 죄를 죽이기 원한다면 하나님의 징계를 거부해서는 안 된다. 삶의 한 부분에서 죄를 죽였다고 결코 자랑할 것이 못 된다. 왜냐하면 다른 부분에서 여전히 죽여야 할 죄가 남아 있기 때문이다.

묵·상·과·토·의·를·위·한·질·문
TRIUMPH OVER TEMPTATION

1. 오웬은 입술로만 믿음을 고백할 뿐 매일 죄를 죽이지 않는 신자를 강력히 비판했다. 그 부분을 다시 읽고 그가 내린 결론을 생각하며 본인이 견해를 밝혀 보자.

2. 오웬은 성령이 죄를 죽이시는 장본인이고 우리는 그분의 사역에 협력해야 한다고 말했다. 성령과 우리의 역할은 서로 뚜렷이 구별되면서도 서로 의존하고 있다. 성령의 역할과 우리의 역할을 각각 설명해 보자.

3. 하나님의 징계가 죄 죽임에 어떤 도움을 주는지 생각해 보라. 또한 하나님의 징계를 좀 더 적극적으로 수용하려면 어떻게 해야 할지 이야기해 보자.

15

특정한 죄 죽임의 실천

지금까지 죄를 죽이는 것에 대한 일반 원칙을 살펴보았다. 두 가지로 정리하자면 하나, 죄 죽임은 신자 안에서 이루어지는 하나님의 사역이다. 둘, 죄를 죽이기 위해서는 철저한 복종이 필요하다. 이제 우리에게 영향을 미치는 특정한 죄를 죽이는 데 필요한 실천 방법을 몇 가지 살펴보자.

1. 특별히 위험한 징후를 띠는 죄인지 파악하라.

치명적인 죄의 경우에는 특별한 치유책이 필요하다. 그런 죄는 평범한 방법으로는 치유가 불가능하다. 따라서 "이 죄는 어떤 점에서 위험한가?"를 묻고, 그 이유를 생각해야 한다.

첫째, 도무지 피할 수 없는 죄라는 느낌이 드는지 살피라. 특정한 죄가 오랫동안 머물면서 마음을 부패하게 하거나 아무런 극복 의지 없이 그 영향력 아래 좌지우지된다면 영혼의 병이 매우 심각한 상태라고 할 수 있다. 세속적인 생각, 야심, 심지어는 학문연구를 통해서도 죄가 마음에 침투해 오랫동안 신앙의 의무, 특히 하나님과의 교제를 저해하는 상황이 발생할 수 있다. 혹은 불결한 생각을 은밀히 즐기는 상황이 발생할 수도 있다. 다윗은 "내 상처가 썩어 악취가 나오니 나의 우매한 까닭이로소이다"(시 38:5)라고 고백했다. 죄가 오랫동안 부패한 정욕을 부추기면 결국에는 영혼 전체가 부패해 비참한 상태에 이른다.

그런 상태에서는 단순히 수치심과 부끄러움을 느끼는 것만으로는 충분한 효과를 거두기 어렵다. 생각과 양심에 깊숙이 침투한 죄는 쉽게 제거될 수 없다. 심한 고통을 느끼며 하나님의 은혜에 호소해 보아도 그런 죄는 마치 고질병처럼 잘 치유되지 않는다. 그런 상태는 참으로 위험한 지경이 아닐 수 없다.

둘째, 이런저런 변명을 내세워 자기 안에 존재하는 죄를 관대히 눈감아주고 있지 않은지 살피라. 우리는 우리를 지배하는 죄를 도외시한 채 자신의 좋은 성품을 부각시킴으로써 그것을 무마하려는 경향이 있다. 하나님을 가까이하고 늘 그분을 생각하며 살아야 한다. 다윗은 하나님이 행하신 일을 "기억하여 마음에 묵상하며 심령으로 간구했다"(시 77:6). 그 점은 바울도 마찬가지였다(고후 13:5 참조). 하지만 죄를 죽여야 할 필요성을 간과하거나 죄를 뉘우치지 않고 거짓 경건으로 적당히 은폐하려 든다면 그것은 심각한 자기기만이다. 유대인들은 그리스도의 책망을 들으면서도 스스로를 "아브라함의 자손"으로 일컬으며 하나님이 자기들의 경건함을 인정하신다고 믿었다.

죄를 죽이지 않거나 심각하게 여기지 않으면서 은혜와 자비를 구하는 행위는 사기행각과 다름없다. "오직 한 가지 일이 있사오니 여호와께서 당신의 종을 용서하시기를 원하나이다"(왕하 5:18)라고 말했던 나아만이 대표적인 경우다. 하나님의 자비를 원하면서도 죄를 기뻐하는 것은 참 신앙과 거리가 멀다. 그것은 위선이요, "하나님의 은혜를 도리어 방탕한 것으로 바꾸는"(유 4) 행위다. 우리는 그런 거짓을 용납해서는 안 된다.

셋째, 아무리 죽이려고 해도 그때마다 교묘히 실체를 감추는 죄인지 살피라. 이런 현상은 행위로는 잘못을 저지르지 않아도 마음으로 은밀히 죄를 즐길 때 나타나곤 한다. 또한 깨어 주의하지 않거나 죄의 올무에 사로잡혔는데도 정신을 차리지 않을 때 그런 현상이 나타난다.

넷째, 형벌이 두렵다는 이유만으로 죄를 경계하는 것은 아닌지를 살피라. 만일 그렇다면 이미 죄에 굴복된 상태라고 할 수 있다. 그런 태도는 사람들에게 수치를 당할 일이나 하나님의 징벌만을 두려워할 뿐 실제로는 죄나 정욕을 죽이는 데 아무런 관심이 없다는 증거다. 그리스도에게 속한 이들, 즉 복음의 원리에 복종하는 이들은 그런 태도를 취하지 않는다. 참 신자는 그리스도의 죽으심과 그분의 사랑을 확신하고 죄를 혐오하며 하나님과 친밀한 교제를 나눔으로써 힘을 얻는다. "그리스도의 사랑이 우리를 강권하신다면"(고후 5:14) 우리는 어떤 죄의 유혹도 극복할 수 있다.

"억제의 은혜"는 우리를 멸망하지 않게 지켜준다. 하지만 마음이 새롭게 되어 실제로 죄를 극복하려면 "소생의 은혜"가 필요하다. 바울은 "법 아래에 있지 아니하고 은혜 아래에 있다"(롬 6:14)는 사실을 깨달아야만 죄의 지배에서 벗어날 수 있다고 말했다. 율법적인 두려움이나 동기만으로는 영혼을 온전히 지키기에 충분하지 않다.

다섯째, 하나님의 징계로 마음이 강퍅하게 되지 않도록 주의하라. 유대인들은 "어찌하여 ……우리의 마음을 완고하게 하사 주를 경외하지 않게 하시나이까"(사 63:17)라고 여쭈었다. 하나님은 때로 거듭나지 못한 자들을 그런 식으로 대하신다. 옛 죄악을 상기시키고자 또 다른 죄악을 저지르도록 방치하심으로써 새로운 고통을 안겨주기도 하신다. 하나님의 특별한 자비나 보호, 구원을 경험했는데도 자신의 행위를 말씀에 비추어 바르게 하지 못했다면 정신을 바짝 차리고 자신의 부족함을 뉘우쳐야 한다.

여섯째, 죄 때문에 하나님을 향한 마음이 소원해지지 않도록 주의하라. "그의 탐심의 죄악으로 말미암아 내가 노하여 그를 쳤으며 또 내 얼굴을 가리고 노하였으나 그가 아직도 패역하여 자기 마음의 길로 걸어가도다"(사 57:17)라는 말씀에서 그런 상태를 엿볼 수 있다. 참으로 비참한 상태가 아닐 수 없다. 하나님의 말씀을 읽거나 설교를 들으면 마땅히 죄를 뉘우쳐야 하는데, 죄가 마음을 장악하면 악을 버리는 대신 오히려 하나님께 등을 돌리게 된다. 그러면 영혼은 비참한 상태로 전락할 수밖에 없다.

우리에게 영향을 미치는 죄나 정욕이 위와 같은 위험한 징후를 드러내는지 면밀히 살피라. 만일 그런 징후가 발견되었다면 "기도 외에 다른 것으로는"(막 9:29 참조) 극복하기 어렵다. 참 신자의 경우도 얼마든지 그런 징후가 나타날 수 있다. 물론 그것은 참 신자의 특성과는 거리가 멀다. 참 신자도 다윗처럼 간음과 같은 죄를 저지를 수 있다. 지혜로운 사람도 죄의 지배를 받으면 어리석은 일들을 저지르기도 한다. 그런 경우 참 신자는 "내가 신자라면 아마도 최악의 신자일 거야"라고 탄식할 수밖에 없다. 하지만 참 신자는 자신의 악한 행위만을 보지 않고, 은혜의 복음을 굳게 붙들고 하나님께 구원을 호소한다.

2. 죄에 대한 뚜렷한 의식, 죄의 위험성, 죄의 악한 속성을 분명히 인식하라.

첫째, 죄에 대한 뚜렷한 의식을 지니라. 나아만은 림몬의 신당에서 우상을 숭배하게 해달라고 간청했다. 그의 타협적인 태도는 죄에 대한 의식을 둔화시켰다(왕하 5:18 참조). 죄를 나쁘다고 주장하면서 실제로 심각하게 여기지 않는 태도는 결코 바람직하지 않다. 조금은 죄를 지어도 괜찮다는 생각, 흐릿한 관념, 적절한 타협 등은 생각에 혼선을 야기한다. 그런 이유를 내세워 죄를 변명해서는 곤란하다.

잠언은 어리석은 자들을 언급한다. 그들은 창녀에게 유혹된 청년처럼 "지혜 없는 자"들이다(잠 7:7). 그 청년은 어리석게도 자신의 행위가 가져다줄 값비싼 대가를 예견하지 못했다(잠 7:23). 한마디로 그는 죄의 심각성을 이해하지 못했다. 하나님은 에브라임을 가리켜 "어리석은 비둘기 같이 지혜가 없다"(호 7:11)고 말씀하셨다. 에브라임은 자신의 비참한 상태를 깨닫지 못했다.

죄에 대한 분명한 인식이 필요하다. 바울은 "은혜를 더하게 하려고 죄에 거하겠느냐"(롬 6:1, 2 참조)라고 말했다. 은혜가 주어진 이유는 더 이상 죄를 짓지 않게 하기 위해서다. 더욱이 인간의 마음을 살피시는 하나님은 마음에 숨겨진 죄가 드러난 죄보다 더욱 심각하다는 사실을 알고 계신다. 눈에 보이는 죄를 범하지 않았더라도 죄의 심각성에 대해 경계심을 늦춰서는 안 된다. 죄를 변명하는 것은 오히려 그 힘을 축적할 기회를 제공할 뿐이다.

둘째, 죄의 위험성을 의식하라. 죄의 위험성 가운데 하나는 죄에게 속아 넘어가 마음이 완고해지는 것이다(히 3:12, 13 참조). 한때 부드러웠던 마음이 바위처럼 단단해지면 어떤 설교를 들어도 냉담하고 어떤 죄를 지어도 무감각해진다. 그런 마음은 하나님의 은혜와 자비 또는 사랑을 전혀 생각하지 않을 뿐 아니라 아무것에도 감동을 느끼지 못한다. 마음이 강퍅해지고, 양심이 화인을 맞은 상태에 이르고, 생각이 어두워지고, 감성이 둔화되면 나중에는 온 영혼이 죄에게 속아 넘어가는 결과가 발생한다.

또 하나의 위험은 하나님의 교정(敎正) 사역이다. 성경은 이를 "하나님의 원수 갚으심", "심판" 또는 "징벌"로 부른다. 이를 생각하면 두려운 마음이 들어 애써 부인하고 싶을지 모른다. 그러나 하나님은 종종 그런 사역을 행하신다. 무엇보다도 마음이 강팍해지는 형벌을 받지 않도록 조심하라.

이 밖에 평화와 능력의 상실도 영혼을 위협하는 위험요소 가운데 하나다. 하나님과의 평화와 그분 앞에서 행할 수 있는 힘은 곧 은혜 언약을 통해 주어진 약속이다. 영혼의 생명이 여기에 달려 있다. 이것이 없으면 생명을 잃어 죽고 만다. 다윗의 경우가 대표적인 사례다. 그는 죄로 인한 깊은 상처 때문에 심령의 안정을 잃고 몹시 고통스러워했다. 하나님은 자신의 백성에게 "내가 너희를 떠나서 내 얼굴을 감추면 너희의 평강과 힘이 어떻게 되겠느냐?"라고 말씀하신다(애 3:1, 17, 18 참조).

우리 앞에 놓인 궁극적인 위험은 당연히 영원한 멸망이다. 성경은 죄를 계속 짓다가는 영원한 멸망을 당한다고 경고한다. 죄의 지배를 받고 살아간다면 하나님과 영원히 분리되는 운명을 피할 수 없다. 이것이 죄인을 대하시는 하나님의 법칙이다. 사람이 믿음을 갖지 못하고 하나님에게서 등을 돌릴 경우 하나님은 그 사람을 결코 기뻐하지 않으신다(히 3:12, 10:38). 결과는 오직 멸망뿐이다(갈 6:8 참조).

혹자는 이렇게 반문할지도 모르겠다. "성경은 '이제 그리스도 예수 안에 있는 자에게는 결코 정죄함이 없나니'(롬 8:1)라고 확증하지 않는가?" 그러나 그 말씀은 "육신을 따르지 않고 그 영을 따라 행하는"(롬 8:4) 사람들에게 주어진 확증이다.

이 대답에 다시 "그건 사실이오. 하지만 누가 이 확신의 말씀에서 위로를 얻고, 그것이 자신에게 해당하는 말씀인지 알 수 있겠소?"라고 반문할 수도 있다. 하지만 하나님의 심판은 죄를 지은 당사자에 대한 심판과 그 잘못된 행위에 대한 심판이라는 이중성을 띤다. 우리가 지금 말하는 심판은 당사자가 아니라 잘못된 행위에 대한 심판을 뜻한다. 우리는 행위를 조심함으로써 그에 대한 심판을 피해야 한다. 자신이 저주를 받을지도 모른다고 생각하면 결국 하나님 앞에서 행위를 고치고 싶은 마음이 들 것이다. 하지만 그것은 죄의 위험한 결과를 피하라는 경고의 의미일 뿐, 사람을 심판한다는 의미가 아니다.

셋째, 죄의 악한 속성을 생각하라. 위험이 미래의 일과 관련된다면 죄의 악한 속성은 현재와 관련된다. 즉 죄는 현재의 상황에서 성령을 근심케 한다. 성경은 "하나님의 성령을 근심하게 하지 말라 그 안에서 너희가 구원의 날까지 인치심을 받았느니라"(엡 4:30)고 말씀한다. 배은망덕한 행위는 마음이 부드럽고 사랑이 많은 친구에게 상처를 안겨 준다. 그렇다면 우리의 마음에 거하시는 자애롭고 사랑이 많으신 성령께서는 더욱 그 근심이 크시지 않겠는가? 성경은 "주께서 인생으로 고생하게 하시며 근심하게 하심은 본심이 아니시로다"(애 3:33)라고 말씀한다. 그런데도 날마다 그분을 근심시킬 셈인가?

더욱이 죄를 지으면 주 예수 그리스도가 다시 상처를 받으신다. 즉 그분의 사랑이 좌절되고 원수가 득의의 웃음을 짓는다. 죄를 짓는 것은 "하나님의 아들을 다시 십자가에 못 박아 드러내 놓고 욕되게 하는"(히 6:6) 행위다.

죄의 악한 속성은 당대에 유익한 사람으로 쓰임 받지 못하게 한다. 그 사람의 일과 노력을 비롯해 모든 수고가 하나님의 복을 받지 못하게 된다. 예를 들어 그가 설교자라면, 하나님이 축복을 거두시고 사역의 열매를 맺지 못하게 하신다. 오늘날 세상에는 생명을 잃고 시들어가는 신자들이 너무나 많다. 주님의 아름다우심과 영광을 기리며 신앙생활을 하는 이들을 찾아보기가 매우 어렵다. 이런 결과가 빚어지는 데는 많은 이유가 있다. 그 가운데 하나는 은밀히 죄를 품기 때문이다.

죄는 식물의 뿌리를 갉아먹는 벌레처럼 하나님께 복종하는 힘을 앗아간다. 죄는 하나님의 은혜를 가로막는다. 이런 점에서 죄에 대한 의식과 그 위험성과 악한 속성을 분명히 인식하며 사는 것이 얼마나 중요한지 모른다. 죄의 심각성을 진지하게 생각하라. 또한 늘 깨어 있는 태도로 죄를 경계하라.

3. 양심을 칼날처럼 세워 죄를 피하려고 노력하라.

거룩하고 정의로운 율법을 늘 양심으로 느끼며 살아가라. 율법의 거룩함, 신령함, 엄격함, 내향성, 절대성 등을 진지하게 숙고하라. 그러한 율법의 기준에 부합하는 삶을 살고 있는지 생각해 보라. 주님이 얼마나 정의롭게 죄를 심판하시며, 또 얼마나 두려우신 존재인지 명심하라. 아마도 우리의 양심은 율법의 엄격함을 피하고 싶어 하고, 그 정죄함에서 벗어나 자유롭게 되기를 원할 것이다. 율법에 복종하는 것이 마땅한데도 그렇게 할 수 없는 자신을 바라보며 양심의 가책을 느끼지 않는다면, 참으로 뻔뻔한 태도가 아닐 수 없다.

죽지 않은 죄가 마음에 웅크리고 있는 한 율법의 정죄로부터 자유로울 수 없다는 사실을 양심으로 느껴야 한다. 율법이 우리를 완전히 지배한다면 우리는 정죄될 수밖에 없다. 은밀한 죄의 즐거움을 누리고자 율법의 판단을 피하려고 하는 자는 복음을 통한 양심의 자유를 누릴 수 없다. 그런 사람은 겉으로는 자유로운 척하지만 사실은 그렇지 않다. 문제가 무엇이든 율법은 범죄를 저지른 죄인을 하나님의 보좌 앞에 끌어내어 심판을 받게 하는 권위를 지닌다. 용서를 구하지 않으면 심판을 당할 뿐이다.

율법의 고유한 사역은 죄를 죄로 드러냄으로써 영혼을 각성케 하고 겸손한 마음을 갖게 하는 데 있다. 만일 죄를 부인한다면 죄에 현혹되어 마음이 강퍅해졌다는 증거다. 신자가 믿음을 저버리는 과정은 이렇다. 처음에는 율법으로부터 자유롭게 되었다고 고백한다. 하지만 점차 하나씩 죄의 영향을 받게 되고, 결국에는 죄의 지배 아래 놓여 의지와 감성이 악을 도모하게 된다.

우리는 양심을 일깨워 부패한 마음과 정욕의 실체를 고발하는 율법에 관심을 집중해야 한다. 죄를 죽이고 싶다면 율법에 대한 철저한 이해를 바탕으로 양심을 무장해야 한다. "내 죄가 항상 내 앞에 있나이다"(시 51:3)라고 말한 다윗처럼 항상 죄의 심각성을 의식해야 한다.

복음을 이용해 정욕과 죄에서 자유롭게 되려고 하기보다 오히려 양심의 칼날을 더욱 날카롭게 벼리는 기회로 삼으라. 우리의 죄 때문에 피를 흘리며 고통당하신 주님을 생각하라. "내가 저지른 일을 보라. 주님의 사랑과 은혜와 보혈을 경멸하고 짓밟지 않았는가? 이것이 사랑을 베풀어주신 성부와 나를 위해 보혈을 흘리신 성자와 은혜를 주시는 성령께 보답하는 행위란 말인가? 이것이 주님께 대한 보답인가? 그리스도가 목숨을 버리시면서까지 깨끗하게 씻어주신 마음, 곧 성령이 거처로 삼고 거하시는 마음을 더럽히지 않았는가? 귀하신 주 예수님께 무슨 말씀을 드릴 수 있단 말인가? 주님과의 교제를 이렇게 하찮게 생각한단 말인가? 이 큰 구원을 등한시한다면 어떻게 심판을 면할 수 있겠는가? 아, 나는 주님의 사랑, 자비, 은혜, 선하심, 평화, 기쁨, 위로를 멸시했구나. 고집스럽게 죄를 짓겠다고 그 모든 것을 무가치하게 여겼구나. 구원의 날까지 나를 인 치신 성령을 이렇게 근심케 해서야 되겠는가?"라고 생각해야 한다.

이렇게 생각하는 데서 그치지 말고 더 나아가 우리가 저지른 세세한 범죄 행위를 하나님 앞에서 살펴보아야 한다.

첫째, 우리를 무한히 참아주시는 하나님의 인내하심을 생각하라. 하나님은 그분을 배신하는 행위, 곧 입술로는 그분을 공경한다 하면서도 실제로는 모든 약속과 헌신을 저버리는 행위를 속속들이 드러내어 우리를 부끄럽게 하실 수 있다. 하지만 하나님은 그렇게 하지 않고 거듭 참아주신다. 하나님을 거역하고 죄 짓기를 고집할 셈인가? 하나님의 인내를 시험하여 그분의 심판을 자초할 생각인가? 하나님이 더는 관용을 베풀지 않으실 수도 있다는 생각을 해 본 적 없는가? 언젠가는 그분의 인내가 다하는 날이 오지 않겠는가? 은혜로우신 하나님은 심판을 받아 마땅한 상황에서도 죄인인 우리를 오래오래 사랑으로 대해주신다.

둘째, 죄의 속임수에 넘어가 마음이 강퍅해지기 직전에 하나님의 무한한 은혜에 힘입어 그분과의 관계가 회복되었던 적이 얼마나 되는지 생각하라. 또 신앙생활에 힘을 잃어 영적 훈련을 기뻐하는 마음, 말씀에 대한 복종, 기도와 묵상이 시들해진 지는 얼마나 되었는지 깊이 반성해 보라. 그 밖에도 방탕한 삶을 살고 싶은 충동에 이끌려 하나님이 싫어하시는 사람들과 어울려 지낸 적이 얼마나 있는지 생각해 보라. 마음이 강퍅해질 대로 강퍅해질 때까지 위험한 모험을 계속할 셈인지 묻고 싶다.

셋째, 하나님이 우리를 구원하시고 징계하시며 자비와 축복을 베풀어주신 일들, 곧 그분의 섭리로 인한 일들을 생각하라. 그런 일들을 양심으로 느끼며 하나님 앞에서 회개하라. 양심이 죄의 심각성을 깊이 느끼지 못하면 진지한 태도로 죄를 죽일 수 없다.

4. 죄의 권세에서 자유롭게 되기를 갈망하라.

잠시라도 현재 상태에 안주하려 하지 말라. 예를 들어, 마음에 어떤 간절한 욕구가 일어났다고 하자. 그것을 채우고자 부지런히 노력하지 않는다면 만족을 얻을 수 없을 것이다. 그런데 영적인 상황에서는 조금 다르다. 구원에 대한 갈망과 간절한 욕구 그 자체가 은혜가 되어 갈망하는 것을 닮으려는 강한 열망이 일어난다. 바울은 고린도 교인들의 회개와 경건한 근심을 두고 그것이 그들을 "얼마나 열심 있게 했는가"(고후 7:11)라고 말했다.

바울은 로마서 7장에서 내주하는 죄에 대해 논하면서 극복의 욕구를 강하게 드러냈다. 죄에서 자유로워지려면 구원을 갈망하는 간절함이 필요하다.

강한 열망이 있어야만 늘 경각심을 잃지 않고, 원수를 제압하는 데 도움이 되는 것은 무엇이든 받아들일 마음의 준비가 이루어진다. 죄를 죽이겠다는 열심이 있어야만 쉬지 않고 기도할 수 있다. "쉬지 말고 기도하라"(살전 5:17)는 명령은 곧 기도보다 더 중요한 것은 없다고 여기며 어떤 상황에서든지 기도하라는 말씀이다. 이러한 영적 갈증은 우리의 영혼이 회복되어 다시금 하나님을 찾게 되는 순간에 해갈된다. 다윗의 경우를 기억하라. 탄식하고 부르짖으면서 마음으로 간절히 죄로부터의 구원을 갈망해야 한다.

5. 우리를 당혹스럽게 하는 악이 우리의 본성에 깊이 뿌리 내려 타고난 기질에 의해 더욱 강화되고 확대되어 나타나는지 살피라.

특정한 죄에 이끌리는 성향은 타고난 기질과 성품에서 비롯될 수 있다. 그러나 이를 죄책감을 무마하기 위한 빌미로 생각해서는 안 된다. 어떤 사람들은 파렴치하게도 심각한 범죄행위가 인간의 타고난 본성과 마음의 성향에서 비롯하는 것이라고 대놓고 주장한다. 또 드러내놓고 말하지는 않더라도 은밀히 그렇게 생각하는 이들이 적지 않다.

하지만 죄가 우리의 삶에 들어온 이유는 인간의 타락, 즉 인간의 본성이 왜곡됨으로써 나타난 결과이다. 우리의 타고난 본성은 죄를 더욱 구체적으로 형성하고 증대하는 데 일조할 뿐이다. 다윗은 "죄 중에 잉태되어 죄악 중에 출생했다"(시 51:5)고 말했다. 인간의 범죄 행위는 단지 본래의 악한 본성을 밖으로 표출한 것뿐이다. 사람마다 특별히 약한 죄가 있다. 그 점을 기억할 때 우리는 겸손한 태도를 취할 수 있다.

신앙생활을 하는 동안 우리는 특정한 죄에 이끌리는 우리의 성향을 예의 주시해야 한다. 그러지 않으면 사탄이 그 약점을 노리고 우리의 영혼을 장악하려 할 것이다. 약점 때문에 지옥의 심판을 성급히 재촉하는 사람들이 많다. 자신의 약점을 안다면 그런 결과를 좀 더 늦출 수 있을 것이다.

이 문제를 해결하는 방법은 하나뿐이다. 바울은 "내가 내 몸을 쳐 복종하게 한다"(고전 9:27)고 말했다. 이것이 죄를 죽이는 방법, 즉 특정한 죄에 이끌리는 타고난 성향을 억제하는 방법이다. 로마 가톨릭은 그리스도의 의와 성령의 사역에 무지한 탓에 이를 너무 과장하여 자의적인 행위와 고행으로 죄를 죽일 수 있다고 주장한다. 반면 개신교는 하나님이 죄를 죽이는 데 사용하라고 마련하신 방법과 수단을 아예 무시하는 경우가 있다. 우리는 이러한 극단에 치우치지 않게 조심해야 한다. 하나님은 금식을 하거나 음식을 가려 먹는 것 같은 방법을 통해 몸을 쳐 복종케 하는 행위를 인정하신다. 하지만 두 가지 주의할 점이 있다.

하나, 외적인 수단을 통해 식욕을 억제하는 행위가 그 자체로 선하다는 생각은 금물이다. 또한 그런 행위만으로 죄를 죽일 수 있다는 생각도 잘못이다. 그렇게 생각한다면 육체는 물론 영혼까지도 비쩍 야위는 결과를 초래할지 모른다.

둘, 음식을 가려 먹는 방법이나 금식이 그 자체로 사람을 덕스럽게 만드는 능력을 가졌다는 생각은 금물이다. 그런 방법은 죄를 온전히 죽일 수 없다. 만일 그럴 수 있다면 거듭나지 않은 사람도 성령의 도우심 없이 얼마든지 죄를 죽일 수 있을 것이다. 우리는 그것들을 성령의 도구, 즉 죄가 우리의 자연적인 성향과 기질 안에 뿌리를 내리고 있을 때 성령이 우리 안에서 그분의 사역을 행하시기 위해 사용하는 도구로 간주해야 한다.

6. 죄의 질병이 발생할 기회를 주지 않도록 깨어 있으라.

이는 예수님이 제자들에게 명령하신 의무 가운데 하나다. 그분은 "깨어 있으라"(막 13:37)고 명령하셨다. 조심하라. 그러지 않으면 크게 실패할 것이다(눅 21:34 참조). 부패한 본성이 곪아 터질

기회를 주지 말라. 다윗은 "나의 죄악에서 스스로 자신을 지켰다"(시 18:23)라고 말했다. 그는 죄가 고개를 쳐들 기회를 주지 않고자 매사에 신중한 태도를 취했다. 그런 식으로 그는 죄를 예방했다.

하나님은 우리에게 "자기의 행위를 살필지니라"(학 1:5, 7)고 명령하신다. 어떤 친구나 기회가, 또 어떤 상황이나 일이 우리 안에 죄의 질병을 발생시킬 가능성이 있는지 살펴야 한다. 육체의 질병에 관심을 기울이듯 영혼의 질병에도 관심을 기울여야 한다. 우리는 육체를 돌보기 위해 어떤 계절과 상황 또는 어떤 음식을 피해야 하는지 관심을 기울인다. 영혼이 육체보다 덜 중요하다고 생각하는가? 어찌하여 이러한 영적 현실을 도외시하려는 것인가?

하사엘은 자신이 사악한 행위를 저지를 것이라고는 꿈에도 생각하지 못했다. 하지만 엘리사 선지자는 "네가 아람 왕이 될 것"(왕하 8:13)이라고 말하며 미래에 있을 그의 행위를 확증했다. 엘리사의 말은 하사엘이 잔인하게 행동할 입장이 되면 잔인한 행위를 불사할 것임을 의미한다. 마찬가지로 우리도 이러저러한 죄를 저지르게 될 것이라는 경고를 들으면 처음에는 놀라며 애써 부인하겠지만, 유혹에 빠져들 환경과 기회가 제공되면 자신 있게 부인했던 그 일을 저지를 소지가 높다.

7. 악한 마음이 처음에 들기 시작할 때 강력히 대응하라.

죄가 고개를 쳐들 기회를 주지 말라. "이만큼만 하고 더는 하지 말아야지" 하는 생각은 금물이다. 한 번의 기회를 주면 두 번의 기회도 주게 되고, 결국에는 제어하기 어려운 지경에 빠진다. 마치 수로에 있는 물과 같다. 수로에 있는 물은 일단 흐르기 시작하면 정해진 경로를 따라 흘러가기 마련이다. 야고보서 1장 14, 15절은 죄가 발전해 가는 과정을 잘 보여준다.

죄가 처음 고개를 쳐들 때 혼신의 힘을 다해 억제하라. 이미 저지른 죄를 대할 때와 똑같은 열정으로 시작 단계부터 단호히 맞서는 노력이 필요하다. 자신을 오염시키고 어리석게 만든 악한 생각이 무엇인지 파악하고, 죄가 무엇을 목표로 하는지 철저히 파헤치라. 죄의 목표는 우리를 사망에 이르게 하고 멸망케 하려는 것이다. 이미 죄가 잉태되었다 생각하고 적극적으로 대처하라. 그런 태도가 없으면 결코 승리할 수 없다. 죄가 감성에 깊이 뿌리를 내린 후에는 생각만으로 극복하기 어렵다.

8. 하나님의 완전하심과 우리의 부패함을 묵상함으로써 스스로를 낮추는 겸손한 태도를 취하라.

하나님의 탁월하신 위엄과 그분과 우리 사이의 무한한 괴리감을 묵상하라. 그렇게 할 때 우리의 악한 본성을 깨닫고 우리 안에 내주하는 죄의 뿌리를 뒤흔들 수 있다.

욥을 기억하라. 그는 하나님의 위대하심과 탁월하심을 발견하고는 스스로 탄식하며 겸손한 태도를 취했다(욥 42:5, 6). 하박국 선지자도 주님의 위엄을 깨닫고 비슷한 태도를 취했다(합 3:16 참조). 욥은 "하나님께는 두려운 위엄이 있느니라"(욥 37:22)고 말했다. 하나님을 본 사람들이 이제 죽을 수밖에 없다고 생각했던 것도 무리가 아니다. 하나님의 위엄 앞에서 인간의 초라함과 사악함을 드러내는 성경 구절이 많다. 인간은 하나님과 비교하면 "메뚜기"나 "저울의 작은 티끌" 또는 "없는 것, 즉 빈 것"에 불과하다(사 40:12-28). 이런 점을 묵상하면 마음의 교만이 사라지고 겸손을 유지할 수 있다.

또한 하나님에 대한 무지를 깊이 묵상하라. 하나님에 대한 우리의 지식은 너무나 변변치 못해 겸손하지 않을 수 없다. 아굴은 "나는 다른 사람에게 비하면 짐승이라 내게는 사람의 총명이 있지 아니하니라 나는 지혜를 배우지 못하였고 또 거룩하신 자를 아는 지식이 없거니와 하늘에 올라갔다가 내려온 자가 누구인지, 바람을 그 장중에 모은 자가 누구인지, 물을 옷에 싼 자가 누구인지, 땅의 모든 끝을 정한 자가 누구인지, 그의 이름이 무엇인지, 그의 아들의 이름이 무엇인지 너는 아느냐"(잠 30:2-4)라고 말했다.

이 점을 깊이 묵상하면 교만한 마음을 버릴 수 있다. 하나님을 과연 얼마나 아는가? 하나님은 지극히 광대하시지만 우리의 지식은 너무나도 부족하다. 영원의 심연을 두려운 마음 없이 들여다 볼 수 있는가? 결코 그럴 수 없다. 우리는 하나님의 영광스런 광채를 감당하지 못한다.

나는 이런 점을 묵상하는 일이 귀한 가치가 있다고 생각한다. 동시에 우리는 예수 그리스도 안에서 우리에게 주어진 아들의 지위, 즉 은혜의 보좌 앞에 담대히 나아가게 하는 은혜를 기억해야 한다. 그럴 때 마음이 크게 감동되어 하나님 앞에서 겸손히 행하려는 마음을 유지할 수 있다.

하나님의 일을 묵상하면 위대한 성인들, 즉 하나님과 각별히 친밀하게 지내는 사람들조차도 세상에서 사는 동안에는 하나님과 그분의 영광을 아는 지식이 매우 부족했음을 알 수 있다. 하나님은 모세에게 그 영광스런 신성을 드러내시며 놀라운 이름을 계시하셨다(출 34:5-7 참조). 하지만 모세는 "하나님의 등"을 보았을 뿐이다(출 33:23). 모세의 지식은 하나님의 완전한 영광과 비교하면 지극히 하찮은 것이었다. "본래 하나님을 본 사람이 없으되"(요 1:18)라는 말씀은 특별히 모세를 염두에 둔 듯하다. 물론 이 말씀은 그리스도의 성육신에도 적용된다. 그리스도를 직접 본 사람들조차도 단지 부분적인 면만을 보았을 뿐이다.

우리는 하나님과 그분의 사역과 뜻과 경륜을 언급한다. 하지만 분명한 것은 하나님에 대한 우리의 지식이 너무나도 부족하다는 사실이다. 하나님에 대한 우리의 생각과 묵상과 표현은 충분하지 않다. 그 무엇도 그분의 영광에 합당하지 못하며, 아무도 그분의 완전함에 이를 수 없다.

혹자는 "모세는 율법의 지배를 받으며 예표와 제도로 이루어진 어두운 시대에 살았기 때문에 하나님을 볼 수 없었다. 하지만 이제는 생명과 불멸을 가져다주신 그리스도의 영광스런 복음의 빛 아래 하나님이 온전히 자신을 드러내셨다(딤후 1:10). 따라서 우리는 그분을 훨씬 더 분명히 볼 수 있다. 모세는 하나님의 등을 보았지만 우리는 그분의 얼굴을 볼 수 있다"고 주장할지도 모르겠다.

물론 우리가 지금 아들을 통해 우리에게 말씀하시는 하나님을 아는 것(히 1:2 참조)과 율법 시대에 살았던 신자들이 그분을 아는 것과는 엄청난 차이가 있다. 하지만 모세도 복음의 비전을 통해 하나님을 보았다고 할 수 있다. 왜냐하면 그 역시 은혜롭고 자비로우신 하나님을 보았기 때문이다(출 34:6, 7). 물론 우리는 "수건을 벗은 얼굴로 거울을 보는 것 같이 주의 영광을 본다"(고후 3:18). 하지만 성경은 또한 "거울로 보는 것 같이 희미하다"(고전 13:12)고도 말한다. "하나님의 등"을 보는 것처럼 말이다(출 33:23).

어린아이들은 진리를 이해하는 힘이 약하고 불확실하다. 우리는 하나님을 이해하는 일에 있어서 바로 어린아이와 같다. 겉으로는 다 아는 척할지 몰라도 하나님에 관한 우리의 말은 어린아이의 옹알이에 불과하다. 스바 여왕처럼 우리는 스스로 많은 것을 알고 있다고 자부한다. 하지만 그녀는 솔로몬의 영광을 보고 나서 "당신의 지혜가 크다 한 말이 그 절반도 못 되니 당신은 내가 들은 소문보다 더하도다"(대하 9:6, 왕상 10:7)라고 고백했다. 사도 요한은 "우리가 장래에 어떻게 될지" 알지 못한다고 말했다(요일 3:2). 한마디로 말해 우리는 영원하신 하나님을 온전히 알 수 없다.

그러므로 하나님의 진정한 모습이 드러날 때 그분의 신성을 묘사하는 우리의 모든 말들이 얼마나 부적절할지 묵상하라. 우리가 하나님을 불멸의 존재로 묘사하는 이유는 아마도 인간이 죽을 수밖에 없는 유한한 존재이기 때문이다.

사도 바울은 하나님에 대해 "오직 그에게만 죽지 아니함이 있고 가까이 가지 못할 빛에 거하시고 어떤 사람도 보지 못하였고 또 볼 수 없는 이시니"(딤전 6:16)라고 말했다. 인간이 태양도 맨눈으로 볼 수 없거늘 하물며 태양을 창조하신 하나님을 어찌 바라보겠는가? 하나님 앞에 서면 인간의 이해력은 무용지물로 변하고 만다.

그럼에도 불구하고 우리는 하나님의 존재를 묵상해야 한다. 우리는 하나님을 아는 참 지식이 부족한 탓에 우리가 하나님에 관해 말할 때 사용하는 표현들을 근거로 생각 속에 거짓 우상을 만들기 쉽다. 사람들이 나무를 잘라 우상의 형상을 만들 듯이 우리는 신학적인 사변을 통해 얼마든지 생각 속에 우상을 만들 수 있다. 그것은 우리를 만드신 하나님이 아니라 우리 자신이 만든 우상에 불과하다. 어떤 사상으로도 그분을 만족스럽게 묘사할 수 없다. 이 점을 인정하는 것만이 하나님에 대한 가장 합당한 태도다.

하지만 하나님은 우리에게 그분에 관한 몇 가지 사실을 계시해 주셨다. 물론 우리는 그 사실들을 직접적으로 알 수 없다. 우리가 할 수 있는 것은 계시하신 사실들을 믿고 귀하게 여기는 것이다. 우리는 하나님께서 무한하시며 전능하시고 어디에나 계신다는 사실을 믿는다. 우리는 그런 개념들이 무슨 의미인지 논의한다. 그러나 우리가 묘사하는 하나님은 고사하고, 그런 개념조차 우리의 모든 이해를 초월한다. 우리의 지식은 하나님과 비교할 때 얼마나 초라한지 모른다. 감사하게도 우리는 하나님의 본질보다 그분의 사역을 통해 훨씬 더 많은 지식을 얻을 수 있다. 욥도 하나님의 선하신 본성보다 그분의 선하신 행동을 통해 하나님을 더 잘 알 수 있었다. 우리는 하나님의 방법을 부분적으로 알고 있을 뿐이다. 우리는 우리의 경험을 통해 그와 같은 지식을 체득할 수 있다.

하나님의 행동을 통해 그분을 아는 유일한 방법은 바로 믿음이다. 성경은 "믿음이 없이는 하나님을 기쁘시게 하지 못하나니 하나님께 나아가는 자는 반드시 그가 계신 것과 또한 그가 자기를 찾는 자들에게 상 주시는 이심을 믿어야 할지니라"(히 11:6)고 말씀한다. 우리는 믿음으로 하나님을 안다(고후 5:7 참조). 믿음은 "보이지 않는 것들의 증거"(히 11:1)다.

이렇게 반문하는 사람도 있을 것이다. "그런 말들은 사실이다. 하지만 그리스도가 오심으로써 변하지 않았는가? 성경은 '본래 하나님을 본 사람이 없으되 아버지 품 속에 있는 독생하신 하나님이 나타내셨느니라'(요 1:18)고 말씀한다. '하나님의 형상이신 그리스도의 영광의 복음의 광채가 우리 마음에 비추이며'(고후 4:4, 6), '우리가 다 수건을 벗은 얼굴로 ……주의 영광을 본다'(고후 3:18)고 말씀하지 않는가? 우리가 '전에는 어둠이었지만 이제는 빛 가운데'(엡 5:8) 사는 것 아닌가?"

물론이다. 예수 그리스도의 계시를 통해 주어진 하나님에 관한 지식은 지극히 영광스럽다. 하지만 우리는 하나님을 사랑하고 즐거워하며, 그분을 믿고 섬기고 복종하고 신뢰하기에 충분한 지식만을 알고 있을 뿐이다. 신자와 불신자의 차이는 하나님에 관한 지식을 아느냐 모르느냐가 아니라 그 지식을 활용하는 태도에 달려 있다. 마찬가지로 신자의 탁월함은 얼마나 많은 지식이 있느냐에 있지 않다. 그 지식을 흡수해 심령의 변화를 도모하는 데 있다.

우리가 복음 안에서 하나님을 묵상한다는 것은 신성의 본질을 있는 그대로 알게 된다는 뜻이 아니다. 하나님께 나아가 그분을 믿고 사랑하고 복종할 근거를 마련하는 데 필요한 지식을 얻게 된다는 의미이다. 이것이 세상을 살아가는 우리에게 하나님이 기대하시는 신앙이다. 앞으로 하늘나라에서 영원한 경배와 묵상이 필요하다면 그때 새로운 차원의 지식이 제공될 것이다. 지금의 일들은 한갓 겉껍데기에 지나지 않는다. 장차 하나님의 영원한 임재의 광채가 드리워지면 지금의 것들은 그림자처럼 사라질 것이다.

하나님의 말씀에 나타난 계시는 분명하고 명백하다. 하지만 그것을 받아들이기에는 우리의 마음이 너무 느리고 둔하다. 우리는 연약하고 약점이 많기에 하나님은 말씀을 통해 자신을 계시하시고, 그 계시에 항상 의지하게 하신다. 물론 말씀에서 발견되고 인식되는 모든 진리를 알 수 있는 사람은 없다. 따라서 우리의 이해를 초월하시는 하나님과 지극히 작은 우리 사이에는 뛰어넘을 수 없는 거리가 존재함을 다시금 되새겨야 한다. 우리의 가슴을 그분을 경외하는 거룩한 마음으로 가득 채우자.

9. 하나님의 말씀이 있기 전에는 제멋대로 자신에게 양심의 평화를 선언하지 말라.

하나님이 우리의 영혼에 하시는 말씀에 귀를 기울이라. 우리는 자기기만에 빠지거나 죄의 속임수에 넘어갈 가능성이 높을 뿐 아니라 부주의하고 경솔한 태도를 취하기 쉽다. 두 가지 기본 원리를 잠시 살펴보자.

하나, 하나님이 기뻐하시는 자에게 은혜를 베푸시는 것은 그분의 고유한 특권이자 주권이다. "하나님은 하고자 하시는 자를 긍휼히 여기신다"(롬 9:18). 하나님은 사람들 가운데서 원하시는 이들을 부르시고, 원하시는 이들을 성결하게 하신다. 그것은 하나님만의 특권이다.

둘, 양심의 자유에 대한 선언은 하나님의 주권적인 은혜에 달려 있다. 창조와 선택이 하나님의 일이듯, 위로도 역시 그분의 일이다(사 57:18 참조). 하나님만이 영혼의 평화를 허락하신다. 이 일은 그분의 특권이다. 스스로의 상처를 거짓으로 치유하며 평화롭다고 자위했던 라오디게아 교회를 향해 그리스도는 "나는 아멘이요 충성되고 참된 증인이라"고 말씀하셨다(계 3:14 참조).

여기서 양심의 평화와 관련한 두 가지 원리를 알아보자.

첫째, 자신의 죄를 증오하지 않는 사람은 양심의 평화를 얻을 수 없다. 죄로 인해 상처를 입은 사람은 그리스도의 구원사역을 통해서만 치유가 가능하다는 사실을 깨달아야 한다. 그래야만 죄를 뉘우치고 회개할 수 있으며 그리스도 안에서 영혼의 안식을 되찾을 수 있다. "찌른 바 그를 바라보고"(슥 12:10) 애통해할 때 비로소 그분에게 고통을 안겨준 죄를 증오할 수 있다. "그가 징계를 받으므로 우리가 평화를 누리고 그가 채찍에 맞으므로 우리는 나음을 받았다"(사 53:5)는 사실을 깨달아야만 그리스도 안에서 영혼의 치유와 평화를 발견할 수 있다.

하나님은 "내가 ……너와 영원한 언약을 세우리라"(겔 16:60)는 말씀으로 새 언약, 즉 은혜 언약을 언급하시면서 "네 행위를 기억하고 부끄러워할 것이라"(겔 16:61)고 말씀하셨다. 우리의 죄가 하나님과의 소외를 가져왔다는 사실을 알게 될 때 회개와 구원에 이를 수 있다. 욥처럼 우리도 스스로의 죄를 뉘우치기 전에는 지속적인 평화를 얻을 수 없다(욥 42:6 참조).

시편 저자는 "하나님께 향하는 그들의 마음이 정함이 없으며 그의 언약에 성실하지 않은"(시 78:37) 사람은 평화가 없다고 말한다. 내주하는 죄의 현실과 우리의 삶에 역사하는 죄의 심각성을 인식하지 못하면 하나님과 올바른 관계 안에서 양심의 평화를 누릴 수 없다. 죄를 죽이지 않으면 결코 평화를 얻을 수 없으며 시름시름 앓는 환자처럼 살아갈 수밖에 없다.

둘째, 스스로의 죄를 한탄하며 이성적인 원리에 근거해 치유의 방법을 구함으로써 얻은 평화는 오래 지속되지 않는 거짓 평화에 불과하다.

어떤 사람이 하나님과의 관계가 어긋났음을 알았다. 그분의 약속에서 영혼을 치유하고 마음을 평화롭게 할 방법을 찾아내고는, 다시 하나님과 올바른 관계를 맺기 위해 그 약속을 마치 상처에 붙이는 반창고처럼 자신에게 적용했다고 하자. 하지만 그런 노력이 순전히 지성적이고 이론적인 차원에서만 이루어졌다면 그것은 계몽된 자연인의 노력에 불과하다. 오직 성령만이 "죄에 대하여, 의에 대하여, 심판에 대하여"(요 16:8) 우리를 책망하실 수 있다. 인간의 노력만으로는 참된 영적 생명을 얻을 수 없다. 자연인은 성령의 능력으로 행하지 않기에 성령의 참 열매를 맺을 수 없다.

또 어떤 사람이 죄책감에 시달리다가 "그가 긍휼히 여기시리라 ······그가 너그럽게 용서하시리라"(사 55:7)는 약속의 말씀이나 "내가 그들의 반역을 고치고 기쁘게 그들을 사랑하니"(호 14:4)라는 말씀을 읽었다고 하자. 그럴 때는 반드시 성령께 마음을 활짝 열고 그 말씀을 자신의 상황에 진지하게 적용할 수 있어야 한다. 만일 하나님을 바라보지도 않고, 자신의 내면에서 들려오는 그분의 음성에 귀를 기울이지도 않은 채 자기가 적용하고 싶은 구절만 발췌해 합리화를 도모한다면, 결코 참된 평화를 얻을 수 없다.

이렇게 말하면 "우리가 그런 잘못을 저지르는지 어떻게 확인할 수 있느냐?"고 물을지 모른다. 성경은 "온유한 자를 정의로 지도하심이여 온유한 자에게 그의 도를 가르치시리로다"(시 25:9)라고 약속한다. 주님을 바라보라. 주님을 바라본다는 것은 그분의 은혜를 받아들일 뿐 아니라 우리의 상황에서 요구되는 구체적인 믿음을 실천한다는 뜻이다. 이사야는 "이제 야곱의 집에 대하여 얼굴을 가리시는 여호와를 나는 기다리며 그를 바라보리라"(사 8:17)고 말했다. 그는 인내하며 주님을 기다렸다.

그렇다면 스스로의 노력으로 죄를 치유하려는 사람들은 어떤 행동을 보이는가?

첫째, 그런 사람들은 하나님이 참 평화를 허락해주실 때까지 기다리지 않는다. 그들은 스스로 평화를 구한다. 거짓 평화를 구하는 이들은 일시적으로 마음의 안정을 얻을 수도 있다. 하지만 그런 평화는 결코 오래 가지 못하며 그들의 심령에 참된 기쁨을 가져다주지 못한다.

둘째, 거짓 평화는 삶을 확증해주거나 악을 치유하지 못한다. 하나님이 평화를 허락하셔야만 "다시 어리석은 데로 돌아가지 않는다"(시 85:8). 참 평화는 상처를 적당히 덮어 가리는 것이 아니라 근본적으로 치유한다. 참 평화는 기쁨을 주며 하나님의 사랑을 발견하게 함으로써 부패하고 왜곡된 삶을 살지 않겠다는 강한 의지를 심어준다.

셋째, 스스로 양심의 평화를 얻으려는 행위는 단지 피상적인 수준에 그칠 뿐이다. 예레미야 선지자는 "그들이 내 백성의 상처를 가볍게 여긴다"(렘 6:14)라고 말했다. 히브리서 저자도 믿음으로 화합하지 못하면 복음을 들어도 유익이 되지 않는다고 강조했다(히 4:2 참조). 말씀을 단순히 읽는 것으로 그쳐서는 곤란하다. 믿음으로 받아들여야 한다. 그러지 않으면 상처가 피상적으로 치유되어 또다시 재발할 수밖에 없다.

넷째, 평화가 없는 상태인데도 평화롭다고 생각한다면 절대로 하나님과 화평할 수 없다. 하나님은 "눈이 정결하시므로 악을 차마 보지 못하신다"(합 1:13). 죄를 뉘우치거나 적절히 처리하지 못한다면 영혼의 평화를 얻기 어렵다. 그런 사람은 당면한 문제 외에도 세속적인 태도나 교만 또는 숨겨진 우매함 같은 많은 문제를 안고 있을 공산이 크다.

다섯째, 스스로 양심의 평화를 구하는 사람은 하나님께 겸손함을 인정받기 어렵다. 다윗을 통해 볼 수 있듯이 하나님의 평화는 겸손한 평화다(시 51:1 참조). 하나님은 우리가 죄를 짓고 나서 회개하면 즉시 심령에 평안을 허락하실 수도 있고, 잠시 미루셨다가 나중에 하실 수도 있다.

그러면 하나님이 마음의 평화를 허락하신 때를 어떻게 알 수 있는가? 간단히 말해 믿음으로 알 수 있다. 성경은 "목자가 앞서 가면 양들이 그의 음성을 아는 고로 따라간다"(요 10:4)고 말씀한다. 하나님을 알고 그분과의 친밀한 사귐을 유지하면 하나님의 음성을 알 수 있고, 낯선 자의 음성과 그분의 음성을 구별할 수 있다. 하나님이 말씀하실 때는 "마음이 뜨거워진다"(눅 24:32). "내 사랑하는 자가 문틈으로 손을 들이밀매 내 마음이 움직여서"(아 5:4)라는 말씀처럼, 하나님의 음성은 우리의 마음을 움직인다. 다시 말해 마음에 성령의 감동이 일어난다.

하나님의 말씀은 겸손하게 하고, 깨끗하게 하며, 약속한 바를 이룬다. 이것은 그분의 말씀을 식별하는 또 하나의 잣대다. 하나님을 바라보며 그분 앞에서 우리 자신을 비우면, 약속의 말씀이 사랑스럽게 느껴지면서 마음이 부드러워질 뿐 아니라 복종의 의지가 생겨난다.

묵·상·과·토·의·를·위·한·질·문
TRIUMPH OVER TEMPTATION

1. 단지 죄의 부정적인 결과가 두려워서 죄를 짓지 않는다면 과연 고결한 태도일까? 설명해 보라. 죄를 짓지 않을 고결한 이유가 있다면 무엇이 있는가?

2. 오늘날 기독교인들이 죄를 관용하는 입장을 취한다고 생각하는가? 자신의 입장을 밝히고 이유를 설명하라. 우리가 죄를 관용하는 입장을 취하고 있다면 그런 경향을 바꾸기 위해 어떤 조처가 필요하다고 생각하는가?

16

지침 /

오직 그리스도,
오직 성령

지금까지의 내용은 실제로 죄를 죽이는 데 필요한 준비과정에 불과하다. 즉 마음을 준비하게 하는 데 초점이 있다. 이제 죄를 죽이는 실제적인 방법을 알아보자. 그것은 단 두 가지 방법뿐인데, 첫째는 온전히 그리스도를 신뢰하는 것이고, 둘째는 성령의 도우심을 구하는 것이다. 오직 성령만이 죄를 죽이실 수 있다.

그리스도에 대한 신뢰

예수 그리스도 안에 필요한 모든 것이 제공되었다는 사실을 알아야 정욕에 이끌리는 삶을 피할 수 있다. 스스로의 힘이나 방법으로는 악한 본성에 맞서 싸울 수 없다는 사실을 깊이 명심하라. 싸움에 지쳐 포기하고 싶은 마음이 들 때는 항상 예수 그리스도 안에 구원을 얻기에 충분한 능력이 존재한다는 사실을 기억하라(빌 4:13 참조). 탕자도 거의 굶어죽을 상황에 이르고서야 피할 길을 찾았다. 그는 아버지의 집에 "양식이 풍족하다"는 사실을 깨달았다(눅 15:17 참조). 그리스도께서는 능력과 힘과 새 힘을 얼마든지 주시며(사 40:28-31 참조), 우리를 능히 도우신다(요 1:16, 골 1:19 참조).

그리스도 안에 우리의 모든 필요를 채우는 충만함이 있음을 알고 믿음으로 행하는 것이 곧 그리스도 안에 거하는 삶이다. 우리는 이렇게 기도해야 한다.

"저는 비천하고 연약한 존재입니다. 마치 물처럼 불안정하여 신령한 삶을 살기 어렵습니다. 육신의 부패한 행실을 제 스스로 감당하기가 어렵습니다. 죄를 완전히 죽일 수 있다고 생각하며 스스로를 얼마나 많이 속였는지 모릅니다. '내 길은 여호와께 숨겨졌으며 내 송사는 내 하나님에게서 벗어난다'고 말하고픈 유혹을 종종 받습니다. 하지만 저는 '영원하신 하나님 여호와, 땅 끝까지 창조하신 이는 피곤하지 않으시며 곤비하지 않으시며 명철이 한이 없으시며 피곤한 자에게는 능력을 주시며 무능한 자에게는 힘을 더하시는 분'(사 40:27-29)임을 믿습니다."

하나님은 우리에게 그분의 은혜가 족하다고 말씀하신다(고후 12:9 참조). 그리스도의 도우심과 능력을 기대하라. "상전의 손을 바라보는 종들의 눈 같이"(시 123:2), 우리도 그리스도의 도우심을 바라볼 수 있다. 제자들은 "우리가 누구에게로 가오리이까?"(요 6:68)라고 말했다. 그리스도는 "나를 떠나서는 너희가 아무 것도 할 수 없다"(요 15:5)고 말씀하셨다. 믿음으로 그리스도를 마음에 모실 때 속사람이 능력으로 강건해진다(엡 3:16, 17). 그리스도 안에 "모든 충만함이 거한다"(골 1:19). "우리가 다 그의 충만한 데서 받으니 은혜 위에 은혜다"(요 1:16). 그리스도 외에 다른 곳에서 도움을 구하려는 시도는 무익하고 헛되다.

그리스도만 바라볼 때 그분의 자애로운 보살핌을 받을 수 있다. 그리스도는 하나님 우편에 계시는 우리의 대제사장이시다(히 4:14 참조). 하나님은 "어머니가 자식을 위로함 같이 내가 너희를 위로할 것"(사 66:13)이라고 말씀하신다. 하나님은 어린 자식을 돌보는 어머니처럼 자상하시다(시 131:2 참조). 성경은 "그가 범사에 형제들과 같이 되심이 마땅하도다 이는 하나님의 일에 자비하고 신실한 대제사장이 되어 백성의 죄를 속량하려 하심이라"(히 2:17)고 말씀한다. 그리스도는 왜 그토록 자상하고 부드럽게 우리를 도와주시는가? "그가 시험을 받아 고난을 당하셨은즉 시험 받는 자들을 능히 도우실 수 있느니라"(히 2:18)는 말씀에 답이 있다. 그리스도는 우리의 연약함을 체휼하신다(히 4:15, 16 참조).

아울러 그리스도의 신실하심을 기억하라. 그분은 우리의 고통을 달래주시며 도움을 베풀겠다고 약속하셨다. 하나님은 자신의 언약을 천체의 법칙, 즉 태양과 달과 별들이 정해진 궤도를 따라 움직이는 법칙에 빗대어 말씀하셨다(렘 31:35, 36). 다윗은 파수꾼이 아침을 기다리듯 하나님의 신실하심을 기대했다(시 130:6 참조). 매일 한 번도 어김없이 떠오르는 아침 해처럼 그리스도가 약속하신 도우심도 분명하고 확실하다. 그리스도는 자신의 약속에 충실하시다.

우리는 그리스도의 도우심을 기대하며 그분의 신속한 구원을 간구할 수 있다. 그리스도는 은혜와 약속과 긍휼로 도움을 기대하게 하신다. 우리는 시편 저자처럼 "주를 의지하오리니 이는 주를 찾는 자들을 버리지 아니하심이니이다"(시 9:10)라고 말할 수 있다. 간절히 하나님을 찾으면 반드시 충만한 은혜를 베풀어 주신다. 그리스도는 결코 우리를 실망시키지 않으신다.

우리는 그리스도가 제공하신 모든 방법과 수단에 깊은 관심을 기울여야 한다. 우리는 마치 걸인처럼 도움의 문을 두드려야 한다. 그리스도의 도우심을 받기 위해서는 그분을 바라보아야 한다. 믿음으로 그분의 도우심을 기대해야만 마음에서 우러나오는 참된 기도와 묵상이 이루어질 수 있다.

그리스도를 바라볼 때는 그분의 죽으심과 부활에 초점을 맞추라. 죄를 극복하는 것은 곧 죄에 대한 죽음을 의미한다. 그리스도는 우리를 위해 죽으셨다. 그것이 그분의 목적이었다. 성경은 "그가 우리를 대신하여 자신을 주심은 모든 불법에서 우리를 속량하시고 우리를 깨끗하게 하사 선한 일을 열심히 하는 자기 백성이 되게 하려 하심이라"(딛 2:14)고 말씀한다. 그리스도가 교회를 위해 자신을 내어주신 이유는 "물로 씻어 말씀으로 깨끗하게 하사 거룩하게 하시고 자기 앞에 영광스러운 교회로 세우사 티나 주름 잡힌 것이나 이런 것들이 없이 거룩하고 흠이 없게 하려 하심"(엡 5:25-27)이다. 이것이 바로 그리스도의 보혈만이 우리의 죄를 깨끗이 씻을 수 있는 이유다.

그리스도의 죽으심을 믿고, 우리 삶에서 그 능력을 기대하고, 그분의 죽으심을 본받도록 힘쓰자(빌 3:10, 골 3:3, 벧전 1:18, 19 참조).

성령의 도우심

실제로 죄를 죽일 수 있는 분은 오직 성령뿐이시다. **성령이 어떻게 우리를 도우시는지 알아보자.**

첫째, 성령은 악한 마음을 책망해 죽여야 할 죄가 있음을 확실히 드러내신다. 성령은 "죄에 대해" 책망하신다(요 16:8 참조). 성령의 책망이 없이는 죄를 죽이는 사역도 없다. 오직 성령만이 하실 수 있다. 인간의 이성으로 가능했다면 훨씬 더 많은 사람이 죄를 깨달았을 것이다. 하지만 이성의 힘은 강력하지도 못하고 신뢰할 수도 없다. 성령의 사역을 통해 죄를 깨닫지 못하면 스스로의 힘으로 죄를 죽이려는 무익한 노력만 계속될 뿐이다.

둘째, 성령만이 구속에 대한 그리스도의 충만함을 우리에게 드러내신다. 낙심과 잘못된 길에서 우리를 지켜 주실 것이다.

셋째, 성령만이 그리스도의 도우심을 기대하는 마음을 갖게 하신다. 위에서 말한 대로 이것이야말로 죄를 죽일 수 있는 가장 효과적인 수단이다(고후 1:21 참조).

넷째, 성령만이 그리스도의 십자가를 우리의 심령에 세워 죄를 죽일 능력을 갖게 하신다. 우리는 성령으로 세례를 받아 그리스도의 죽으심과 연합했다. 세례를 통해 그리스도의 생명이 우리의 심령에 심겨져 부패한 옛 사람을 대체했다. 바울은 이렇게 말했다. "우리가 알거니와 우리의 옛 사람이 예수와 함께 십자가에 못 박힌 것은 죄의 몸이 죽어 다시는 우리가 죄에게 종 노릇 하지 아니하려 함이라"(롬 6:6).

다섯째, 성령은 성화의 시작과 완성을 이끄시는 주체시다. 성령은 거룩하고 성결한 삶을 살게끔 능력과 은혜를 베푸신다. 성령은 속사람을 강건케 하심으로써 육신의 힘을 약하게 하신다 (엡 3:16-18 참조).

마지막으로, 하나님과 교통할 때도 성령의 도우심이 필요하다. 기도의 능력과 활력과 생명력을 성령 외에 다른 어느 곳에서 얻을 수 있겠는가? 하나님의 마음을 움직이는 호소력이 어디에서 생겨나는가? 바로 성령에게서 비롯하지 않는가? 성령은 "그 찌른 바 그를 바라보는" 이들에게 약속된 "간구하는 영"이시다 (슥 12:10). "마땅히 기도할 바를 알지 못하나 오직 성령이 말할 수 없는 탄식으로 우리를 위하여 친히 간구하시는 분"도 바로 성령이시다(롬 8:26). 성령은 위대하신 중보자이실 뿐 아니라 믿음으로 하나님의 마음을 움직이는 길을 열어주시는 분이다.

묵·상·과·토·의·를·위·한·질·문
TRIUMPH OVER TEMPTATION

1. 오웬은 "그리스도를 신뢰하고 성령의 도우심을 구해야만" 죄를 죽일 수 있다고 강조했다. 기술문명이 고도로 발달한 사회에서 숨가쁜 일상을 영위하면서 이 두 가지 원리를 이떻게 활용할 수 있을지 생각해 보라.

2. 그리스도의 신실하심이 죄와 유혹을 극복하는 힘을 제공하는 이유를 생각해 보라.

3. 본서를 읽고 난 지금, 의로운 삶을 살지 못한다며 고민하는 동료 신자가 있다면 어떤 조언을 하겠는가?

사명선언문

너희가 흠이 없고 순전하여……세상에서 그들 가운데 빛들로
나타내며 생명의 말씀을 밝혀 _ 빌 2:15-16

1. 생명을 담겠습니다
만드는 책에 주님 주신 생명을 담겠습니다.
그 책으로 복음을 선포하겠습니다.

2. 말씀을 밝히겠습니다
생명의 근본은 말씀입니다.
말씀을 밝혀 성도와 교회의 성장을 돕겠습니다.

3. 빛이 되겠습니다
시대와 영혼의 어두움을 밝혀 주님 앞으로 이끄는
빛이 되는 책을 만들겠습니다.

4. 순전히 행하겠습니다
책을 만들고 전하는 일과 경영하는 일에 부끄러움이 없는
정직함으로 행하겠습니다.

5. 끝까지 전파하겠습니다
모든 사람에게, 땅 끝까지, 주님 오시는 그날까지
복음을 전하는 사명을 다하겠습니다.

서점 안내

광화문점 서울시 종로구 새문안로 69 구세군회관 1층
02)737-2288(T) 02)737-4623(F)

강남점 서울시 서초구 신반포로 177 반포쇼핑타운 3동 2층
02)595-1211(T) 02)595-3549(F)

구로점 서울시 구로구 시흥대로 577 3층
02)858-8744(T) 02)838-0653(F)

노원점 서울시 노원구 동일로 1366 삼봉빌딩 지하 1층
02)938-7979(T) 02)3391-6169(F)

분당점 경기도 성남시 분당구 황새울로 315 대현빌딩 3층
031)707-5566(T) 031)707-4999(F)

신촌점 서울시 마포구 서강로 144 동인빌딩 8층
02)702-1411(T) 02)702-1131(F)

일산점 경기도 고양시 일산서구 중앙로 1391 레이크타운 지하 1층
031)916-8787(T) 031)916-8788(F)

의정부점 경기도 의정부시 청사로47번길 12 성산타워 3층
031)845-0600(T) 031) 852-6930(F)

인터넷서점 www.lifebook.co.kr